古典文獻研究輯刊

十 編

潘美月・杜潔祥 主編

第 **7** 冊

《廿二史箚記》研究

黃 兆 強 著

國家圖書館出版品預行編目資料

《廿二史劄記》研究／黃兆強 著 — 初版 — 台北縣永和市：花
木蘭文化出版社，2010〔民99〕
序 2+ 目 2+162 面；19×26 公分
（古典文獻研究輯刊 十編：第 7 冊）
ISBN：978-986-254-145-6（精裝）
1.（清）趙翼 2.學術思想 3.中國史 4.史學評論
610.83   99001899

ISBN - 978-986-2541-45-6

9 789862 541456

古典文獻研究輯刊
十 編 第 七 冊   ISBN：978-986-254-145-6

《廿二史劄記》研究

作　　者　黃兆強
主　　編　潘美月　杜潔祥
總 編 輯　杜潔祥
企劃出版　北京大學文化資源研究中心
出　　版　花木蘭文化出版社
發 行 所　花木蘭文化出版社
發 行 人　高小娟
聯絡地址　台北縣永和市中正路五九五號七樓之三
　　　　　電話：02-2923-1455／傳眞：02-2923-1452
網　　址　http://www.huamulan.tw 信箱 sut81518@ms59.hinet.net
印　　刷　普羅文化出版廣告事業
初　　版　2010 年 3 月
定　　價　十編 20 冊（精裝）新台幣 31,000 元　　版權所有·請勿翻印

《廿二史劄記》研究

黃兆強　著

作者簡介

黃兆強：祖籍廣東省番禺縣（今隸廣州市），1951 年 11 月出生於香港。先後畢業於香港浸會大學、香港新亞研究所及法國巴黎大學。博士學位論文以最優等（TRES HONORABLE）成績通過。在香港肄業期間，先後所追隨之史學界耆宿，計有章群、羅炳綿、蕭作樑、孫國棟、羅夢冊、嚴耕望、全漢昇等等；哲學界則有唐君毅、牟宗三；教育界則有吳俊升；文史哲學界則有徐復觀諸大師。負笈法國期間，博士論文導師則為國際漢學界泰斗謝和耐教授（J. GERNET）。此外，嘗從遊之著名漢學家計有桀溺（J.-P. DIENY）、施舟人（K. M. SCHIPPER）、吳德明（Y. HERVOUET）、雷威安（A. LEVY）等等教授。1987 年迄今任教於東吳大學歷史學系。其間嘗擔任系主任（1995-98、2001-2004）、人文社會學院院長（2004-07）、錢穆故居執行長（2008- ）。主要研究領域為明清學術史、史學史。近今則從事現代新儒家（尤其唐君毅先生之歷史哲學）之研究。

提　　要

　　本書除〈緒言〉及第四章〈綜論〉外，主要內容計有三章。第一章旨在考辨《廿二史箚記》一書的作者。其實，前賢如杜維運先生對這個課題已做過研究（詳見《趙翼傳》）；其結論精當不可易。筆者不揣譾陋，以四萬字的篇幅，在資料更豐富、方法更周延、論證更細密的情況下，對該問題，再作探討。

　　趙翼學術上最大的成就是史學，代表作是《廿二史箚記》。世人藉該書以研究他的史學，比比皆是。然而，一般都只注意他如何綜述、剖析、批判廿二史（其實是廿四史）之編纂體例、編纂方法及如何考證、綜合、歸納此等正史所載之史事而已。然而，《箚記》一書，尤其末尾數卷，其實是相當廣泛地涉獵稗乘小說的。趙氏本人對援引這些書籍以治史究竟抱持何種態度？史官纂修正史時，曾篩選、棄置用不上的稗史小說；後人重撿再拾這些書籍，並據以糾駁正史，趙氏又有甚麼意見等等問題，都是前賢比較不曾注意的。上述種種問題，便構成本書第二章所要探討的內容。

　　第三章是順隨第二章而來的。筆者蒐羅排比《箚記》所徵用援引的各種野史之後，發覺此等書籍的應用途徑，若隱隱然有一規律可尋。剋就與正史的關係來說，野史到底扮演怎麼樣的角色？是主角？抑只是配角？或與正史同為主角？在書中相關條目中，居正位（成為正文的一部份）？抑居輔位（只出現在趙氏的自註中）？又野史可曾完全"獨立自主"過，不與正史發生任何轇輵，而成為趙氏做"箚記"的對象？以上種種問題的答案，可否揭示趙氏對野史刮目相看，而實有不可貶視的地位？上述種種問題，便構成了本書第三章所處理的對象。

目次

自　序

　　中央研究院院士嚴師耕望先生談到研究歷史時，有如下的意見：「……青年時代，應做小問題，但要小題大做；中年時代，要做大問題，并且要大題大做；……」（《治史經驗談》，台北：台灣商務印書館，西元 1981 年，頁 78。）筆者今年四十三歲，可謂已步入中年。要做學問，據嚴先生的意見，當然應在大問題上落墨。但現今呈獻於讀者面前的則只是一種小問題的研究。《廿二史劄記》固然是清代史學家趙翼史學上最具代表性的作品。然而，對它做研究，就是做得再出色，再深入，并能從宏觀的歷史發展脈絡下看待問題（如第二章解釋趙翼何以援用野史），亦只不過是一種「小題大做」式的研究而已。後生小子，才力、學力、識力均有所未逮，然願以老師之言做為未來歲月努力鞭策之南針。

　　做學問固宜從事大問題之研究，但為求「磨練深入研究的方法」（同前書，頁 79），則先前小題大做之訓練絕不可少。無獨有偶，已故中研院另一位院士胡適先生亦曾發表過類似的意見。他說：

> 此書（按指《章實齋先生年譜》）是我的一種玩意兒，但這也可見對於一個人作詳細研究的不容易。……我的哲學史，……我現在只希望開山闢地，大刀闊斧的砍去，讓後來的能者來做細緻的工夫。但用大刀闊斧的人也須要有拿得起繡花針兒的本領。我這本《年譜》雖是一時高興之作，他卻也給了我一點拿繡花針的訓練。（轉引自何炳松《章實齋先生年譜・序》（台北：台灣商務印書館，西元 1968 年，頁 2。）

筆者暫無力提大刀，亦舞不動闊斧。至於本書是否繡花針下的產物，則留待

讀者評鑑好了。然而，筆者希望透過它來作「一點拿繡花針的訓練」，則是內心的一種企盼。希望這個訓練不至於太過貽笑大方。

本書得以面世，須先感謝三兄兆顯和五兄兆漢多年來一直鼓勵出書的雅意。再要感謝的是結髮十一年的內子慧賢。感謝她操持家務、感謝她對我無微不至的照顧。我率性而行，個性剛烈。因此更感謝她對我的忍讓和體諒。鄰居有一個很可愛的小孩，名字叫守容。「守容」這個名字，我覺得取得很好，很可以作為我行事做人的座右銘。守而不容，非狂則狷；容而無守，則難免鄉愿。守其所當守，容其所當容，洵為中道。就我個人來說，守則或有所餘，容則恆感不足。既不能容己，亦不盡能容人容物。慧賢在這方面，亦師亦友。願以至誠之心把本書獻給她；獻給慈母，獻給先嚴在天之靈，并獻給母校香港浸會學院、新亞研究所及法國巴黎大學諸師友。

本書封面題字及版面書趙翼詩句「生平報國堪憑處，總覺文章技稍長」，均出自三兄兆顯手筆，（筆者按：此指 1994 年台灣學生書局出版本書時的情況。2010 年元月按）感銘不已，謹此致以最深的謝意。

一九九四年元月於台北東吳大學

緒　言

一、

　　趙翼《廿二史箚記》、錢大昕《廿二史考異》、王鳴盛《十七史商榷》，唸大學時，清乾嘉時代的史學家及其代表作，大概就只認得這幾個人名及書名。至於各書的內容及特色，則不甚了了。大學畢業後，去了當中學教師。我無甚嗜好，授課之餘，總想詳細研讀中國的歷史典籍。但墳典浩繁，即以正史來說，便超過三千卷，真的是一部廿四史，不知從何讀起。大學時代所認識的趙、錢、王三家書便浮現腦際。《廿二史箚記》，顧名思義，想是廿二種正史的摘要、筆記吧。因此認定透過它來瞭解我國的正史，并從而瞭解歷史，想是最好不過的捷徑了。三書中，所以特別選上《箚記》，其契機即在此。

　　張之洞（西元 1837 年～西元 1909 年）說：

　　　　考史之書，約之以讀趙翼《廿二史箚記》。王氏《商榷》可節取；錢氏《考異》精於考古，略於致用，可緩。〔註1〕

梁啓超（西元 1873 年～西元 1929 年）說：

　　　　乾嘉以還，考證學統一學界，其洪波自不得不及於史，則有趙翼之《廿二史箚記》、王鳴盛之《十七史商榷》，錢大昕之《廿二史考異》，洪頤煊之《諸史考異》，皆汲其流。四書體例略同，其職志皆在考證史跡，訂譌正謬。惟趙書於每代之後，常有多條臚列史中故實，用歸納法比較研究，以觀盛衰治亂之原，此其特長也。〔註2〕

〔註1〕　《張文襄公全集》，《勸學篇》一，〈守約第八〉，《近代中國史料叢刊》，第482號（台北：文海出版社），頁14507。

〔註2〕　《清代學術概論》，節十四（台北：台灣商務印書館，西元 1965 年），頁 54

又說：

> 趙翼之《廿二史箚記》，雖與錢大昕、王鳴盛之作齊名，然性質有絕
> 異處。錢王皆爲狹義的考證，趙則教吾儕以蒐求抽象的史料之法。
> 昔人言『屬辭比事，春秋之教』，趙書蓋最善於此事也。〔註3〕

我對經世致用之學，素來頗感興趣，經張、梁二人"提點"之後，《廿二史箚記》更是成爲我的最愛了。後來讀錢穆先生《中國近三百年學術史》，得知趙翼同時代人章學誠（西元 1738 年～西元 1801 年）對經世致用之學之關注更在甌北（趙翼號甌北）之上，於是彼便取而代之而成爲我的新歡了。一九八○年秋負笈法京巴黎，新歡與我形影不離、朝夕相處六年半。一九八七年春，總算瓜熟蒂落，以章學誠爲研究對象的博士論文通過了。

然而，我不是「但見新人笑，不聞舊人哭」的寡情薄倖郎。趙翼，尤其他的《廿二史箚記》，在八○年代末期又重新攫取了我的關注。

二、

七○年代中期，我在遍讀趙翼本人的作品之外，更蒐羅遍翻所有相干的後人研究。杜維運先生的《清乾嘉時代之史學與史家》〔註4〕及在《新亞學報》、《大陸雜誌》等學刊上發表的論文，以至吳錫澤先生、周億孚先生、謝正光先生的文章〔註5〕便成爲我研讀的主要對象。杜書文筆優雅，讀來使人琅琅上口。即以文章論，已是不可多得之作，且成書於青年時代，尤爲難得。所論趙翼一章，由史學方法中之歸納法切入，其爲入室操戈之作，眞能闡發透晰趙翼史學之精髓者，固不待言矣。先生其後鑽研史學理論及史學方法，自謂「如醉如痴者兩年」。〔註6〕其實，如非事先具備史學方法之相關概念，則又何能以此切入而得悉甌北之史法乎？杜公所謂負笈英國之後才醉心史法，蓋謙辭耳。杜公其他研究甌北之文章，亦多新奇可喜，發人深省。至於吳、周兩先生之文章，所論雖未能深入，然彼等之意，本在對甌北作一述介而已，就開拓推廣甌北之學術而言，自有一定貢獻。謝正光先生之文章，論證甌北

〔註3〕 《中國歷史研究法》（台北：台灣中華書局，西元 1972 年），頁 26。
〔註4〕 此乃杜先生的台灣大學碩士論文。後於 1962 年由台灣大學文學院出版。
〔註5〕 各文章名目，見本書〈參考及徵引書目舉要〉。
〔註6〕 見杜先生：《中國史學史》，冊一〈自序〉（台北：三民書局，西元 1993 年），頁 5。

不是《劄記》的作者，結論雖不免偏差，但謝文草成於大學時代，頗見功力，非一般大學生的習作可比。〔註 7〕

八○年代末期，當我重新關注久違的舊友甌北時，國人對他的研究已經今非昔比。專文數量雖然沒有大量增加，〔註 8〕但兩部大著已先後在一九八三年及一九八八年面世。前者是杜維運先生的《趙翼傳》，後者是東海大學教授王建生先生的《趙甌北研究》。《趙翼傳》可說是杜公數十年斷斷續續研究甌北的一總結集。本書在學術界已早有定評，不待筆者在此喋喋。〔註 9〕王先生的大著，費時整整六年，〔註 10〕全書約六十萬言，甌北各方面都研究到了，其為不朽之作，奚待著卜。一九八四年大陸出版王樹民先生的《廿二史劄記校證》，〔註 11〕書中考出《劄記》譌謬一千多條，其為甌北最大之諍友，又不待言。

最值得一提的是美國竟然有兩位學者以研究甌北及相關問題而同在一九八二年提交了博士論文。V. M. Chan 的一文失諸泛泛。Quinton Gwynne Priest 一文則寫得相當嚴謹出色，〔註 12〕洵為不可多得之作。

三、

據上文，可知最近十多年來中外學者對甌北已作過不少研究了，那麼我又為何要再事鑽探，并出版本書呢？茲略從本書首三章之內容及所處理的問題說起。本書第一章旨在考辨《劄記》一書的作者。按杜維運先生在所撰各相干的論著中已多次論證過這個問題，〔註 13〕其中有僅用數百字交代者，亦

〔註 7〕 筆者對謝文之詳細批評，參本書第一章第一節。謝文之題目，見本書〈參考及徵引書目舉要〉。又洋人至遲在五○年代已開始關注并推崇甌北。如加拿大漢學家蒲立本教授（E. G. Pulleyblank, 1922- ）在 "Chinese Historical Criticism: Liu Chi-Chi and Ssu-ma Kuang" 一文便相當推崇之。此文後收入 *Historians of China and Japan* （Oxford: O.U.P., 1961）。相干段落，見頁 159～60。

〔註 8〕 八○年代十年間研究甌北之專文，總數量相當有限。一九八四年六月間在常州舉辦的趙翼逝世紀念會上發表的論文僅得十二篇，約二十餘萬言。連同雷大受、張曉虎、古偉瀛等先生的論文，總數應不超過二十篇。參杜維運：《憂患與史學》（台北：東大圖書公司，西元 1993 年），頁 227 及本書〈參考及徵引書目舉要〉中之〈專文〉部份。

〔註 9〕 見《憂患與史學》，頁 227～229。

〔註 10〕 王建生：《趙甌北研究》，〈自序〉（台北：台灣學生書局，西元 1988 年），頁 II。

〔註 11〕 本書 1984 年由北京中華書局出版，同年台北仁愛書局即據以翻印。

〔註 12〕 二論文名目，參本書〈參考及徵引書目舉要〉。

〔註 13〕 各文章名目，見本書第一章注 3。

有長至三數千字以申論者。結論精當不可易。筆者不揣譾陋，在本書中以四萬字的篇幅，在資料更豐富、方法更周延、論證更細密的情況下，對本問題，再作探討。

甌北學術上最大的成就是史學，代表作是《廿二史箚記》。世人藉本書以研究他的史學，比比皆是。但一般都只注意他如何綜述、剖析、批判廿二史〔註14〕之編纂體例、編纂方法及如何考證、綜合、歸納廿二史所述載之史事而已。換言之，學者多只關注本書對正史所作的研究。然而，甌北本書處理的對象，難道就只限於正史嗎？答案很明顯的否定的。《箚記》一書，尤其末尾數卷，其實是相當廣泛地涉獵稗乘小說的。甌北本人對援引這些書籍以治史究竟抱持怎麼樣的態度？史官纂修正史時，曾篩選、棄置用不上的稗史小說；後人重撿再拾這些書籍，并據以糾駁正史，甌北又有甚麼意見？甌北本人在《箚記》中有援引史官棄餘之野史以治史，甚至糾駁正史嗎？又他對援引這些書籍治史所發表的意見及他在《箚記》一書中的實際作法是相一致的嗎？抑言行不一而係相矛盾衝突的呢？若係後者，我們又如何對它作解釋？這種種問題，都是本書第二章所要探討的對象。

第三章是順隨第二章而來的。筆者蒐羅排比《箚記》所徵用援引的各種野史之後，則發現此等書籍的應用途徑，若隱隱然有一規律可尋。剋就與正史的關係來說，野史到底扮演怎麼樣的角色？是主角？抑只是配角？或與正史同為主角？在書中相關條目中，居主位（成為正文的一部分）？抑居輔位（只出現在甌北的自註中）？又野史可曾完全"獨立自主"過，不與正史發生任何輵轇，而成為甌北"箚記"的對象？上述種種問題的答案，可否顯示甌北對野史刮目相看，而實有不可貶視的地位嗎？這些都是本書第三章所要處理的問題。

上述二三兩章所提出的問題及其"解答"，都是前人研究甌北時所未曾關注或關注得很不夠的。甌北的史學實踐〔註15〕及實踐背後可有的史學理念，實與上述各問題環環相扣。這些問題的闡釋，或很可以幫助讀者對甌北史學的全貌，多一分瞭解。二、三兩章之撰寫，著眼點即在此。

四、

本書首三章，各有所本。首章本諸三年多前發表於《東吳文史學報》（第

〔註14〕按實係廿四史，參本書第二章，註1。

〔註15〕《箚記》一書即係其史學實踐最具代表性的著作。

八號）之論文。次章本諸發表於同一學報（第十號）之另一文。第三章則將
與刊登在《東吳文史學報》第十二號之論文同時發表。然而，收錄在本書之
前，前後三文均作過大幅度的改動。首章增加上萬字；即以註言，便補充了
近五十條。次章，更修正了舊文的論點；此外，全文又作了結構性的改動，
篇幅是舊作的兩倍，幾等同全新製作。第三章雖將與“舊文”同時發表，然
而該文投稿於去年九月；收入本書時，增改極多，即以其中的附表言，其名
目雖不殊往昔，但體式格局則全變異了。因此，本章至少等同半篇新著。

　　「前修未密」，〔註16〕此固然。至於「後出轉精」與否，此則不敢自許矣。
然既以專著面世，禍棗災梨已不可免；尤恐損人目力，耗人神思，敢不努力
別裁修訂乎？

一九九四年元月於台北

〔註16〕此指上述筆者發表於《東吳文史學報》（第八、十、十二號）之三文。各文章
　　　　名目，見本書〈參考及徵引書目舉要〉。

第一章 《廿二史劄記》作者問題考辨

　　《廿二史劄記》（以下簡稱《劄記》）及《陔餘叢考》（以下簡稱《叢考》）向稱趙翼（號甌北，以下概以甌北稱之：西元 1727 年～西元 1814 年）所撰。但同治九年（西元 1870 年）李慈銘〔註1〕（西元 1830 年～西元 1894 年）提出異議之後，這兩書（尤以《劄記》爲然）到底是否甌北所撰便成爲問題。此後討論此問題之學者不少。〔註2〕其中杜維運先生撰文、撰書，凡論及甌北之史學者〔註3〕均再三舉證指出《劄記》之作者非甌北莫屬。〔註4〕杜氏之斷

〔註1〕 有關李慈銘的生平，可參 Arthur Hummel, *Eminent Chinese of the Ch'ingPeriod, Washington*, 1943。按本書最近大陸曾翻譯成中文，計分三冊。乃西寧：青海人民出版社，1990 年所出版。書中〈譯者說明〉云：「……漢譯本則根據我國編寫傳記慣例，均爲按年代順序編排，以人物生卒年爲準。」筆者認爲這種編排殊欠理想，蓋檢閱本書之學者如不熟悉傳主之生卒年，則檢閱殊不便也！當以傳主姓氏筆劃或注音或四角號碼編排爲便。

〔註2〕 如大陸學者張舜徽先生、台灣學者杜維運先生、旅美學人謝正光先生均曾先後撰文討論此問題（各先生之撰述，詳下文）。

〔註3〕 杜先生論及《劄記》爲甌北所撰之文字凡五見。其中似以《大陸雜誌》第十九卷第六期（西元 1959 年 9 月）〈《廿二史劄記》之作者問題〉一文爲最早。此外，尚見杜先生以下各著作：《清乾嘉時代之史學與史家》（台北：國立台灣大學文學院，西元 1962 年），頁 100～108：杜先生校証補編：《廿二史劄記》（台北：華世出版社，西元 1977 年），〈校証本前言〉，頁 10～11；《趙翼傳》（台北：時報出版公司，西元 1983 年），頁 203～208；〈趙翼之史學〉《大陸雜誌》，第二十二卷，第七期（西元 1961 年 4 月），後收入氏著：《清代史學與史家》（台北：東大圖書公司，西元 1984 年）。有關論述，見頁 384。美國學人皮爾斯徹（Q. G. Priest）亦注意到杜先生此方面之著述；並指出此問題過去經常困擾著學者。Q. G. Priest, *Historiography and Statecraft in Eighteenth century China: The Life and Times of CHAO I（1727～1814）*，（美國阿利桑那大學博士論文，西元 1982 年），P.394, Note72。

案有功於史學固不容置疑，惟有關問題之釐析，尚不無可作進一步深入探究之處。筆者十多年前撰碩士論文﹝註5﹞即嘗關注此問題。後拜讀杜先生《趙翼傳》更重新引起筆者對此問題之思考。爰再事爬梳相關史料，並細閱、參觀近人研究成果，冀對《劄記》、《叢考》之作者問題有所獻曝。

第一節　作者問題的產生及對若干說法的辨證

就閱覽所及，最早否定《劄記》及《叢考》兩書為甌北所作的是李慈銘（西元 1830 年～西元 1894 年）。同治九年（西元 1870 年），李氏說：

> 閱趙翼《廿二史劄記》。常州老生皆言此書及《陔餘叢考》，趙以千金買之一宿儒之子，非趙自作。以《甌北詩話》及《簷曝雜記》諸書觀之，趙識見淺陋，全不知著書之體。此兩書校為貫串，自非趙所能為。《叢考》又多入小說，又不如《劄記》之有體要，然於史事多是正纂集之功，無所發明。筆舌冗沓，尤時露村學究口吻，以視錢氏《廿二史考異》，固相去天壤，即擬王氏之《十七史商榷》，亦遠不逮也。﹝註6﹞

三年後，即同治十二年（西元 1873 年），李氏又說：

> 近代人竊人之書，郊郭象故智者，……趙翼之《廿二史劄記》出於常州一老諸生。武進、陽湖人多能言其姓字。﹝註7﹞

據閱覽所及，李氏前後凡五次談及《劄記》一書。上舉兩條之外，尚有三條。今依年份先後，鈔列如下，以便討論。咸豐八年（西元 1858 年），李氏說：

> 早起閱趙翼《廿二史劄記》。其書惟取歷史事迹之稍新，制度之稍異者，分條連貫，多摘其舛誤，於他書罕所徵引，然殊便讀史者之記

﹝註4﹞ 懷疑《劄記》非甌北所撰者多，懷疑《叢考》非彼所撰者少。如杜維運先生屢論証《劄記》作者問題而不及《叢考》，即以為後者之作者問題無任何可置疑之處。杜先生先後在上揭《大陸雜誌》第一文（頁 161）及《清乾嘉時代之史學與史家》（頁 100）均指出說：「《叢考》為趙氏之作品，無任何問題。」下文所論即以《劄記》作者問題為主要研究之對象；《叢考》作者問題，僅附見而已。

﹝註5﹞ 《趙翼史學研究》（香港新亞研究所碩士論文，西元 1979 年）。

﹝註6﹞ 李慈銘：《越縵堂日記》，《桃花聖解盦日記》，乙集，同治九年（西元 1870 年）七月初五日條。此條又收入《越縵堂日記》（台北：世界書局，西元 1975 年），頁 420。

﹝註7﹞ 同上書，辛集，同治十二年（西元 1873 年）十月廿八日條。

誦，亦案頭之一助也。其所記已徧及廿四史，而云廿二史者，蓋仍合新、舊唐書及新、舊五代史爲一耳。〔註8〕

三年後，即咸豐十一年（西元1861年），又說：

此書貫串全史，參互考訂，不特闕文誤義多所辨明，而各朝之史，皆綜其要義，銓其異聞，使首尾井然，一覽可悉。即不讀全史，寢饋於此，凡歷代之制度大略，時政得失，風會盛衰，及作者之體要各殊，褒貶所在，皆可曉然，誠儉歲之梁稷也。其書以議論爲主，又專取各史本書，相爲援證，不旁及他書，蓋不以考核見長，與同時嘉定錢氏《廿二史考異》、王氏《十七史商榷》不同。所記兼及《舊唐書》、《舊五代史》，實爲廿四史，而曰廿二史者，合新、舊爲一耳。〔註9〕

同年又說：

……惟此書〔指《劄記》〕及《陔餘叢考》俱周密詳慎，卓然可傳，最爲生平傑作。予購是書以咸豐丙辰〔西元1856年〕，家居時閱一過，己未〔西元1859〕攜之京師。庚申〔西元1860年〕後閱一過，及今凡三過矣。〔註10〕

上引五條中，第一條李氏否定《叢考》及《劄記》爲甌北所撰外，尚認爲《劄記》遠不逮《十七史商榷》及《廿二史考異》。第二條主旨與第一條同，皆在否定《劄記》爲甌北所撰（然本條不及《叢考》問題）。其餘三條之主旨與此兩條大不同：除認爲《劄記》爲甌北所撰外，〈題記〉一條尚持之與《廿二史考異》及《十七史商榷》並舉。此雖未明示可與錢、王兩書鼎足而三，但推崇之意，情見乎詞。〈跋語〉一條更指出李氏讀《劄記》前後凡三過。然則被

〔註8〕 《越縵堂日記補編》（台北：文光圖書公司，西元1965年），冊二，頁825～826，咸豐戊午年（西元1858年）八月初五日條。此據上海商務印書館1936年版影印。

〔註9〕 此條寫於咸豐辛酉年（西元1861年）三月，爲李氏批注《劄記》時所寫之〈題記〉。轉引自《廿二史劄記校証》（台北：仁愛書局，西元1984年），附錄，頁887～888。按此《校証》乃從大陸：中華書局之版本影印而來。校証者爲王樹民，出版於一九八四年一月。仁愛書局版內容全同大陸版，只〈前言〉中之若干文字有所刪削而已。

〔註10〕 此條亦寫於辛酉年三月，爲李氏批注《劄記》時所寫之〈跋語〉。轉引自同上書，頁888。按〈跋語〉，又作〈跋尾〉。《越縵堂讀書簡端記》引述同一段話時，即作《廿二史劄記跋尾》。此〈跋尾〉筆者未見，今轉據〈趙翼與《陔餘叢考》〉，《陔餘叢考》（河北人民出版社，西元1990年），頁9。

視爲甌北所撰之《箚記》，其地位在李氏眼中可想見。但爲何數年後的 1870 年及 1873 年，李氏的意見竟會有如此重大的出入：否認甌北爲兩書之作者？《清史稿》說李慈銘「口多雌黃」。〔註11〕這大概是一個最好的答案了。

李氏後生甌北百年有奇（甌北生西元 1727 年，卒西元 1814 年；李氏生西元 1830 年，上距趙氏之卒已十六年）。上述兩條又分別成於 1870，1873 年。上距《叢考》、《箚記》之成書已七八十年。〔註12〕時代既遠隔，兼李氏又僅得自傳聞－常州老生（何人？），實可謂無任何確據。因此李氏之斷語殆難成立。

李氏之外，又有人懷疑《箚記》出自章宗源（西元 1752？年～西元 1800 年）〔註13〕或甌北攘章學誠（西元 1738 年～西元 1801 年）〔註14〕遺稿而來者。然此皆無確據。〔註15〕宗源不必說。就學誠而言，其長在於史學理論、

〔註11〕《清史稿》，卷 486，列傳 273，〈文苑三‧李慈銘傳〉。

〔註12〕《叢考》之成書（包括修訂工作），杜維運先生以爲當在乾隆 52 年（西元 1787年）之後。《叢考‧小引》寫於乾隆 55 年。今假定《叢考》之成書最晚不過此年。參《趙翼傳》，頁 122～123，143～144。《箚記》之成書，據《甌北先生年譜》（收入《甌北集》，卷首；以下簡稱《年譜》）所載，則在嘉慶元年（西元 1796 年）；後來雖有增補，但完全成書至晚當不過嘉慶五年（詳下）。按《甌北先生年譜》未標示作者姓名。或以佚名視之。惟張惟驤《清代毗陵書目》卷二，〈譜錄類〉（本書收入楊家駱主編：《中國學術類編‧毗陵三種》一書內，台北：鼎文書局出版，西元 1978 年）及光緒《武進陽湖縣志》，卷二十八〈史部‧譜錄類〉則著錄撰人是趙懷玉。參看杜維運：《趙翼傳》，頁 12，注 14；王建生：《趙甌北研究》（台北，西元 1988 年），頁 248，註 55。趙懷玉乃甌北族孫。*Eminent Chinese of the Ch'ing Period*（以下簡稱 ECCP）有專傳。此《年譜》後附上數字云：「不孝男廷俊、廷英、廷彥校字。」皮爾斯徹（Priest）上揭論文則誤把校字者三人視爲《年譜》之撰人，並把「廷」字誤作「延」（Yen）字。見該論文，頁 106，註 75；頁 141，註 1。又美國學人 Virginia Mayer Chan 則只把校字者三人中之第一人（廷俊）視爲《年譜》之作者，「廷俊」後又不加 et. al.（等）字。此尤誤。Chan 之論文，題目是 *Historical Consciousness in eighteenth-century China: A case study of Zhao Yi and "Zhexi" Historians*。（美國哈佛大學博士論文，西元 1982 年）有關問題，見論文頁 201，註 2。惟 Chan 文之〈參考書目〉（Bibliography），頁 372 又把《年譜》之作者視爲「佚名」，此則前後不一之甚。

〔註13〕章宗源乃浙江山陰人，章學誠之遠親；畢生從事古佚書之輯錄與考訂之工作。生平撰述以《隋書經籍志考証》最有名。ECCP 有專傳。

〔註14〕章學誠乃文史及方志學之理論家。近人研究其生平、思想之論著相當多。此可參拙著〈六十五年來之章學誠研究〉一文，《東吳文史學報》，第六號，一九八八年一月。ECCP 有專傳。

〔註15〕梁啓超說：「……或謂出章逢之（宗源）。以吾觀之，逢之善於輯佚耳，其識力尚不足以語此。」語見《中國近三百年學術史》（上海：中華書局，西元 1937

校讎學理論及方志學理論。生平著作除上述理論性者外，就是若干種方志而已，而無任何歷史著作。〔註 16〕又綜觀章氏生平，未見有任何從事撰寫《劄記》之計劃或具體之行動，故所謂攘章學誠遺稿者實不值一噱。〔註 17〕此外，否定《劄記》是甌北所作的，據筆者閱覽所及，尚有二人：張舜徽〔註 18〕及謝正光〔註 19〕兩先生。有謂陳登原對《劄記》「作者問題亦存疑」，此則朦朧影響之談而已，不值深論。〔註 20〕

年），頁 282。任公又說：「趙甌北之《廿二史劄記》……或曰：其攘章實齋遺稿者過半。無左證，不敢妄以私德蠆前輩也。」梁啟超：《中國學術思想變遷之大勢》（台北：中華書局，西元 1974 年），頁 96。遺憾的是任公並沒有進一步告訴我們到底是誰謂？誰曰？

〔註 16〕參筆者未刊博士論文：《章學誠研究之析論》（巴黎大學，西元 1987），頁 3～4。

〔註 17〕過去學人研究章學誠生平者不少。《章實齋先生年譜彙編》（香港：崇文書局，西元 1975 年）即收錄三種有關章氏生平的著作。吳天任先生亦曾就章之生平方面發表過文章，附錄在吳氏著：《章實齋的史學》（台北：商務印書館，西元 1979 年）一書內。又章氏卒於 1801 年。《劄記》之刻（初刻，詳後），據《年譜》，乃在嘉慶四年（西元 1799 年）。故「攘章實齋遺稿者過半」一語，殆難成立。就其遺稿而言，彼死後，文章頗有散佚。吳興嘉業堂劉承幹校刻的《章氏遺書》（西元 1922 年）收錄最為完備，但仍未盡。此可參錢穆：〈記鈔本《章氏遺書》〉，《圖書集刊》（四川省立圖書館，1942 年 6 月），第二期。此文又收入《新編本文史通義》（台北：華世出版社，西元 1980 年），頁 700～706。又有關章學誠著述之流傳情況，可參孫次舟：〈章實齋著述流傳譜〉，《說文月刊》，1941 年 9 月，第三卷，第二、三期合刊。此文又見收於上引《章實齋先生年譜彙編》一書內。按 1922 年劉承幹校刻之《章氏遺書》曾先後被台灣及大陸影印重版至少各一次。其中台北：漢聲出版社 1973 年之重版，計分三大冊；無斷句。另一為北京：文物出版社 1985 年之重版，總一冊；有斷句。其實，早在 1936 年時，上海：商務印書館已根據劉氏刻本，斷句排印（非影印）《章氏遺書》了。

〔註 18〕張先生乃大陸學者，出生於 1911 年，卒於 1992 年，湖南省沅江縣人。努力自學成材，精研國學，尤擅文獻學及歷史。著作豐盛，不下二十種。參氏所著：《中華人民通史》（湖北：人民出版社，西元 1988 年），書前所附〈著者簡介〉。

〔註 19〕謝正光，廣西容縣人，耶魯大學博士，美國 Grinnell 學院歷史系教授兼中國研究室主任。

〔註 20〕洪偶認為陳登原對《劄記》的作者是甌北亦抱持「存疑」的態度。洪偶：〈《廿二史劄記》的作者是趙翼嗎？〉，《中國文化之謎》，第一輯（上海：學林出版社，西元 1985 年），頁 259～260。按陳登原《國史舊聞》，第三冊，〈廿二史劄記〉條引錄甌北《劄記·小引》（陳氏稱之為甌北之〈自序〉）之後隨即附上前引李慈銘同治十二年（西元 1873 年）的日記，而未加上任何斷語。按未加上任何斷語，筆者視為陳氏謹慎之作法，表示《劄記》作者問題有此一說

　　茲先論張舜徽之意見。張先生讀謝啓昆（西元 1731 年～西元 1802 年）〈復趙雲松書〉而認爲甌北連南北朝以前作後漢書的家數都茫然無知。因此斷定《箚記》不可能是甌北所寫的。由此也不相信《叢考》出諸彼手。〔註21〕

　　現在我們先來一看〈復趙雲松書〉之有關言論。謝啓昆說：

　　　……來書云：『陳壽作三國志時，後漢未有正史，故列漢臣於《魏志》。及范蔚宗出，悉收入《後漢書》。』按陳壽晉人也。漢劉珍之《東觀漢記》、吳謝承之《後漢書》皆在晉前勒成漢史。且後漢著述，〔註22〕晉代尚有六家，唐宋俱存，非創始范氏也。

我們再來看看甌北〈來書〉之有關言論。甌北說：

　　　……然壽作《三國志》時，後漢尚未有正史。而諸臣事多與曹操相涉，不立傳則記載不明。故倣《漢書》項羽、陳涉之列，〔註23〕遂列漢臣於《魏志》。及范蔚宗出，悉收入《後漢書》。〔註24〕

此來書原文與謝氏復書上之引文在文字上有詳略之異，但主旨無不同。筆者以爲這封來書有一句很關鍵性的話，但正好是這句話被謝啓昆及張舜徽誤解了！此句爲：「壽作《三國志》時，後漢尚未有正史。」此語稍嫌濃縮，其完整之意當爲：陳壽（西元 233 年～西元 297 年）寫《三國志》時，當時還沒有出現後來我們視爲正史〔註25〕的《後漢書》（即范曄〔西元 398 年～西元 445

　　　而已，而不必然是「存疑」。故洪偶之說法稍嫌流於武斷。

〔註21〕〈復趙雲松書〉，收入謝啓昆：《西魏書》，附錄。張氏言論，見〈答友人問《廿二史箚記》的作者〉，收入張舜徽：《中國史論文集》（湖北：人民出版社，西元 1956 年），頁 194～196。

〔註22〕有關後漢書之著作，可參金毓黻：《中國史學史》（台北：鼎文書局，西元 1974 年），頁 60，〈後漢史著作表〉；劉節《中國史學史稿》（中州書畫社，西元 1982 年），頁 78～79，〈後漢史作者表〉。按後表名稱雖異於前表，但內容幾全同（金書成書先於劉書，金表蓋爲劉表所本。）前表含後漢史十三家，後表多增兩家，共十五家。按《後漢書》眾家著作中有劉義慶一家，此書已亡佚。金表之〈附考〉云：「疑即撰《世說新語》之劉孝標。」按《新語》之作者爲劉義慶（西元 403 年～西元 444 年），孝標（劉峻，字孝標，西元 458 年～西元 521 年或西元 522 年）爲之作注而已。金表此誤，後爲劉節改正過來。

〔註23〕《漢書》，原作《史記》，惟項羽、陳涉在《史記》中分別入〈本紀〉及〈世家〉，不入〈列傳〉。今既云倣項、陳之例以立傳，否則記載不明，則知作《史記》者誤，而當作《漢書》也。檢閱上揭《廿二史箚記校証》，〈答謝蘊山藩伯書〉，頁 284，注 1，則知西畲山館本之《箚記》即作《漢書》，而不作《史記》。有關《箚記》之不同版本，參《廿二史箚記校証·前言》。

〔註24〕此書收入《西魏書》，附錄。又謝啓昆《樹經堂文集》，卷三，亦收錄此書。

〔註25〕按正史之名，首見於《隋書·經籍志》。在該志之「正史序」中，僅班馬等之

年〕的《後漢書》當時尚未出現）。甌北把這種認定投射到陳壽身上而視陳壽
與他持同一種意見：既然陳壽認爲後漢書（記載後漢事之史書）尚未有正史
（"及格"的後漢書），因此便把漢臣列入他自己寫的《三國志・魏書》內了！
如筆者上述的理解不謬，則我們便不可以貶視甌北，而以爲他連南北朝以前
後漢書家數都茫然不知。因爲他儘管可視劉珍、李尤之《東觀漢記》〔註 26〕
及謝承之《後漢書》〔註 27〕等是後漢書，但均不是正史。既不是正史，則在
甌北眼中，與他意見相同的陳壽便可以一概不管，而仍把漢臣列於自己的著
作內了。謝啓昆及張舜徽均不從此著想，因此誤會甌北！但這裏要指出一點：
陳壽列漢臣於《魏志》，果眞如甌北所解釋的是因爲後漢一朝史事在壽眼中尚
沒有正史（"及格史書"）爲之記載嗎？且漢末諸臣又多與操事相涉，故不
得不爲之立傳嗎？抑陳壽另有其他想法？今甌北不細究陳壽之動機，而"設
想"陳壽與他持同一種意見，這顯然有武斷之嫌。尚有一點：謝啓昆誤會甌

紀傳體史書被視爲正史。然劉知幾《史通》分敍六家，統歸二體，是紀傳、
編年同被視爲正史可知。《明史・藝文志》更清楚并列此二體爲正史。但此後，
被視爲正史者，一般而言，僅紀傳體之史書而已。何以故？《四庫全書總目
提要》對此所作之解釋最爲明通。其言曰：「司馬遷改編年爲紀傳。荀悅又改
紀傳爲編年。劉知幾深通史法，而《史通》分敍六家，統歸二體，則編年、
紀傳均正史也。其不列爲正史者，以班馬舊裁，歷朝繼作；編年一體，則或
有或無，不能使時代相續，故姑置焉，無他義也。」（〈正史三・編年類〉）又
編年體史書本爲正史，後演化爲非正史之原因，章學誠亦有所論述。參《章
氏遺書・補遺・史考釋例》，漢聲出版社，頁 1378～1384，尤其頁 1380～1381。
其中頁 1380 之論述最爲明晰。其言曰：「編年之書，出於《春秋》，本正史也。
乃班馬之學盛，而史志著錄，皆不以編年爲正史矣。」章氏之言，與《四庫
提要》之言無異，皆以爲編年體史書本不異紀傳體之史書而同爲正史，然以
其或有或無，不及後者之盛，故後來不得入正史類。以「正史」之名，類括
史書者，固首見《隋志》。然以「正史」名書者，則梁朝已有之。柳詒徵氏指
出梁阮孝緒著《正史削繁》九十四卷即可爲証。此見於《隋書・經籍志》。柳
詒徵：《國史要義》（台北：中華書局，西元 1976 年），頁 50～51。

〔註 26〕按《東觀漢記》，記事起於東漢光武帝，終於靈帝。本書之撰寫，撰者凡數十
人，前後歷經數階段，凡一百多年始成本書。《隋書・經籍志》著錄一百四十
三卷。劉珍、李尤蓋爲本書最重要之作者。是以一般只列舉此二人之姓名以
爲撰者。此書後散佚。清四庫館臣雖有輯錄，但未善。近年大陸學人吳樹平
重新輯錄，並作校注，可謂係本書之一大功臣。有關本書之編撰經過及輯逸
之情況，可參書前之〈序〉及〈敍例〉。吳樹平：《東觀漢記校注》，河南：中
州古籍出版社，1987。

〔註 27〕按謝承書已亡佚。清汪文台輯《七家後漢書》，其一即謝承書。近年大陸學者
周天游輯注八家後漢書，其中謝承書居首，佔篇幅亦最多。周天游：《八家後
漢書輯注》，上海：古籍出版社，1986。

北意，以爲彼視范氏《後漢書》爲後漢史之首部著作（創始范氏）。但甌北之來書實不必涵此意。上引來書有句云：「及范蔚宗出，（漢臣）悉收入《後漢書》。」這句話意謂及至范曄寫這部後來被視爲正史的《後漢書》時，他是把漢臣納入了自己的著作內的。這句話不必然蘊涵以下一意義：范氏的《後漢書》是後漢史的首部著作。故謝啓昆的解釋（interpretation）顯然是過份推衍了一點。

退一步來說，縱使謝啓昆及張舜徽對甌北的看法（認爲連南北朝以前後漢書之家數都茫然不知）爲不誤，但似乎也不能以此爲據而認爲甌北不可能寫出《劄記》一書。張先生認爲「像《廿二史劄記》這樣的著作，不可能是他自己寫的。」〔註28〕此語意謂像《劄記》這樣子高學術水準著作，甌北怎可寫得出來呢？但張氏似乎未細讀過《劄記》，故不知《劄記》本身之錯謬甚多！〔註29〕惟僅以一誤例（據上文，此當只是張先生一誤會而已）便否認《劄記》是甌北的作品，其論斷之難於成立，可以想見。

上討論張舜徽先生意見竟，今轉討論謝正光先生的意見。〔註30〕謝文之

〔註28〕 張舜徽，上引文，頁195。「不可能是他（甌北）自己寫的」一語，使筆者想起了甌北的忘年交李保泰其人。《劄記》書前附有序文兩篇。其一是清大考証家及大史學家錢大昕所寫的；另一則爲姓名不見經傳的李保泰所寫。後一〈序〉云：「……輯《廿二史劄記》三十六卷。方先生屬稿時，每得與聞緒論。及今始潰於成，竊獲從編校之役。」是《劄記》之撰寫，李保泰付出一定的辛勞。但不能由此便否定甌北才是本書之主撰人。若必懷疑《劄記》之撰者不是趙翼，則竊以爲或可從李保泰其人入手以作考查，而不是如李慈銘氏的泛指本書之作者是「常州一老諸生」。按李保泰是江蘇寶山縣人。寶山屬倉州，與常州可謂風馬牛不相及。杜維運先生發微闡幽，對不爲青史所傳的李氏作過論述。有關論文雖充份肯定李氏對《劄記》的貢獻，但從不懷疑甌北才是本書的撰者。杜維運：〈李保泰的生平與學術〉，收入《學術與世變》（台北：環宇出版社，西元1971年），頁105～115。論文原刊《故宮文獻》，第一卷，第一期，一九六九年十二月。又可參《趙翼傳》，頁211～216。

〔註29〕 杜維運先生考証出《劄記》謬誤凡三九九條。參校證補編本《廿二史劄記》（台北：華世出版社，西元1977年），〈考證序言〉，頁2。《廿二史劄記校証》（台北：仁愛書局，西元1984年）亦考証出《劄記》錯誤甚多。據杜維運的統計，「寫成校証及以符號刪補者共一千一百三十餘條」。杜氏的判語，見氏著：〈評《廿二史劄記校証》〉，收入杜維運：《憂患與史學》（台北：東大圖書股份公司，西元1993年），頁241；《劄記》一書之不夠嚴謹，尚見頁225～226。又《劄記》之粗疏，陳垣先生比較、研究全祖望《鮚埼亭集》、顧炎武《日知錄》及該書之後，指出說：「錯誤以《劄記》爲最多……」。語見〈一九四六年六月一日家書〉。轉引自陳垣：《史源學雜文·前言》（北京人民出版社，西元1980年），頁6。

〔註30〕 謝先生之意見，見氏著：〈就《陔餘叢考》論《廿二史劄記》的作者問題〉，《新

主要論點有二。其一是：肯定《叢考》是甌北的作品，並認爲假使《劄記》係甌北所作，則本書與《叢考》之撰述時期應相同。既爲同時期之產物，則見解不應互歧。見解既互歧，則兩書不能同出一人之手。《叢考》既爲甌北之作品，則《劄記》非其所著明甚。〔註31〕其二：《劄記》史識高於《叢考》。後者既爲甌北之作品，則前者便不是。

　　茲先討論第一個論點。首要指出的是考證一書之眞作者殊非易事。此非參考、排比、鎔匯、貫通多方面的資料、論說不爲功。今謝先生只據《叢考》便否定《劄記》之作者是甌北，論證殊欠週延。〔註32〕按甌北之思想本來不甚謹嚴。〔註33〕今以其本人所撰之《甌北詩話》〔註34〕、《簷曝雜記》〔註35〕及謝先生確信其爲甌北所撰的《叢考》爲據以說明甌北思想不嚴謹之處。〔註36〕昭槤（西元1780年～西元1833）云：「趙甌北翼，詩才清雋，與袁、蔣齊名，堪稱鼎峙。所著議論，尚多可取，然考訂每患疏漏。如《詩話》中……〔註37〕。」《簷曝雜記》亦頗多傳聞失實之處。何秋濤（西元1824年～西元1862年）《朔方備乘》嘗加以辨正。〔註38〕至於《叢考》之謬誤，周中孚《鄭堂札記》共指

　　　　亞書院中國文學系年刊》，第一期（西元1963年，7月），頁166～180。

〔註31〕兩書見解互歧之處，謝先生列舉十多例。十多例中，筆者以爲半數以上指責合理－兩書見解確有互歧之處。但亦有若干例似不能成立。亦有若干例無關宏旨，今俱不細論。

〔註32〕據知，謝文撰寫於謝先生求學時代，乃先生大學時期之作業。以此而論，則謝文算是相當出色的作品。此乃筆者首當肯定者。

〔註33〕參拙作：上引《趙翼史學研究》，首章談及甌北思想之處。按甌北思想不謹嚴、撰史落筆過速而導至《劄記》謬誤至多，此可參杜維運校補：《廿二史劄記》，〈考証序言〉。但在証實《劄記》爲甌北所撰之前，不能以《劄記》舉例來說明甌北思想不謹嚴，否則便犯上循環論証之謬誤。

〔註34〕《甌北詩話》十二卷，收入《甌北全集》內，是文學批評的作品。

〔註35〕《簷曝雜記》，六卷，續一卷，收入《甌北全集》內。本書非一時之作，大體上從甌北廿餘歲入仕至八十四歲重赴鹿鳴宴爲止六十年間耳聞目睹之事，皆隨手箚記。其中有關朝廷之政事、軍機處之設立及演變諸條目，尤爲不可多得的史料。對本書的簡介，可參張大可、徐景重主編：《中國歷史文選》（蘭州：甘肅教育出版社，西元1988年），頁9；又可參〈點校說明〉，《簷曝雜記》（北京：中華書局，西元1982年）。皮爾斯徹（Priest）十分重視甌北史學經世的精神，而認爲本書中〈軍機處〉一文很值得推崇。在他的博士論文中即用了不少篇幅加以闡述。參Priest，上揭論文，頁393～417。

〔註36〕爲省篇幅，今轉以後人對這三部書的批判來說明甌北思想不嚴謹之處。

〔註37〕《嘯亭續錄》，卷五，〈趙甌北〉條。甌北《詩話》考訂失實之處，尚可參王建生：《趙甌北研究》（台北：學生書局，西元1988年），頁693～694；722，註87。

〔註38〕《朔方備乘》卷五十七〈辨正簷曝雜記〉條詳舉各誤例。

出八條之多。〔註39〕以上所舉甌北之種種著作，均可顯示出其思想不夠細密謹嚴，下筆稍嫌輕率。由是言之，甌北之著作（不管是同一書或不同之兩書）在見解上出現互歧是很可以理解的。

謝先生以兩書之撰述時期相同而見解竟互歧為理由而否定《箚記》與《叢書》之作者是同一人。若順隨謝先生之意，則我們可以說，若兩書撰述時期不同，則見解互歧便不足以構成充份條件來否定甌北為《箚記》之作者了。〔註40〕吾人所知的事實則是：同一時段之兩作品亦不見得見解必不互歧。〔註41〕是以謝先生賴以建立其論証的大前提便不能成立。然今為順應謝先生之思路，試先論述《箚記》與《叢考》的撰著時代。茲先論後者。

謝先生說：「……若以《箚記》、《叢考》皆甌北之作，則自其歸田以後，即同時著手撰此二書，蓋可斷言。」〔註42〕據《叢考·小引》及《年譜》乾隆三十八年條，《叢考》之撰寫約始自乾隆三十八年（西元 1773 年）甌北辭官歸田之後；〔註43〕約寫成於乾隆四十三年（西元 1778 年）。但本年後甌北對此稿仍作增刪。定稿於何年很難斷言。惟〈小引〉寫於乾隆五十五年，即《叢考》付梓之時。故可斷言《叢考》之增刪最晚不過本年。〔註44〕

《箚記》之撰述年代又如何？茲論說本書撰著之始年。此有三說。第一說：始寫於乾隆五十五年（西元 1790 年）。〈再題《廿二史箚記》〉詩〔註45〕

〔註39〕《鄭堂讀書記》附錄〈鄭堂札記〉五卷。卷二指出謬誤一條，卷三謬誤四條，卷四壹條，卷五兩條，共八條。可並參杜維運：〈趙翼之史學〉，收入杜著：《清代史學與史家》（台北：東大圖書公司，西元 1984 年），頁 384～386。周中孚之生平、著述，可參《清史列傳》，卷六十九；《續碑傳集》，卷七十二。

〔註40〕簡言之，謝先生之邏輯是：同一時段（並同一人）之作品，見解不可能互歧（此意謂：不同時段（雖是同一人）之作品，見解便可能互歧）；今見解既互歧，則非同一時期之作品。按照形式邏輯（formal logic）來說，這個推論本身是有效的（valid）。但邏輯推論上有效，不等同推論的內容符合事實（correspond to the fact）。就本論証來說，正是大前提（同一時段之作品，見解不可能互歧）不合乎事實（不符合實際上的情況）。

〔註41〕筆者認為見解互歧以至「言行」互歧（縱使在同一時段內之兩著作，或甚至在同一著作有互歧）實不足以否定兩書之作者為同一人。舉例如下：《箚記·小引》明言本書以正史為據，「稗乘胜說」非所重。但事實是《箚記》一書內引用後者作資料者很少。此點詳下章。

〔註42〕謝正光，上引文，頁 167。

〔註43〕始於三十八年是指本年只是作點準備工作（如讀書作札記），抑真的本年已開始下筆寫作，我們不必深問。我們要注意的倒是《叢考》成書的年份。

〔註44〕並可參《趙翼傳》，頁 122～123，143～144。

〔註45〕《甌北集》，卷 41，21a～21b。此詩寫於嘉慶五年（西元 1800 年）。本文所據

有云：「……千載文章寧汝數，十年辛苦爲誰忙？祇應紙上空談在，留享他時醫瓿香。」本詩寫於嘉慶五年（西元 1800 年），上溯十年爲乾隆五十五年（西元 1790 年）。此年剛好是《叢考》付梓之年。由是言之，大概《叢考》付梓後，《劄記》的作者便從事本書的撰寫。〔註46〕

第二說：始寫於乾隆四十九年（西元 1784 年）。杜維運先生引錄〈再題《廿二史劄記》〉詩之後說：「這首詩說明《劄記》的撰寫費了十年左右的時間。甌北自序《劄記》在乾隆六十年，《劄記》完全寫成在嘉慶元年冬天。上溯乾隆四十九年冬天講學揚州，爲時十二年，除去一年的贊軍，約略是十年之數了。……所以斷自乾隆四十九年講學揚州之日，甌北開始撰寫《劄記》，不是一種臆測之說。」〔註47〕

第三說：始寫於乾隆三十八年（西元 1773 年）。《劄記・小引》云：「閒居無事，翻書度日，而資性粗鈍，不能研究經學。惟歷代史書，事顯而義淺，便於流覽，爰取爲日課。有所得，輒劄記別紙，積久遂多……。自惟中歲歸田，遭時承平，得優游林下，寢饋於文史以送老。」中歲歸田，是指乾隆三十七年辭官返家事。甌北三十八年二月抵家門。〔註48〕中歲歸田，閒居無事，於是便翻書度日，寢饋於文史以送老。故有人便把乾隆三十八年算作《劄記》始寫的年份。〔註49〕

上述三說，今試作分析。茲先從第三說講起。本說對《劄記》一書的撰寫始年是籠統的從其作者日常讀書做札記算起。〔註50〕此種說法自亦有其道理。但我們應注意的是撰述的起始階段，必僅在作點準備工作而已，而不可能馬上動筆寫作。

之《甌北集》（嘉慶湛貽堂《甌北全集》本）爲嘉慶十七年（壬申，西元 1812 年）之本子。

〔註46〕 此一說法是大陸學人雷大受先生所提出來討論的。但他認爲這一說法不及另一說法之符合實際情況。（另一說法，詳下文）雷大受：〈趙翼及其史學著作〉，收入《史學論集》（北京：北京師範學院出版，西元 1985 年），頁 307。

〔註47〕 《趙翼傳》，頁 202～203。但杜先生在《校証補編廿二史劄記・校証本前言》中則有另一種說法。他說：「《廿二史劄記》……約始撰於乾隆五十五年，至乾隆六十年而潰於成。」（頁 10）

〔註48〕 參《年譜》，乾隆三十七年、三十八年條。

〔註49〕 雷大受即持此說。雷大受，上引文，頁 307。

〔註50〕 李保泰序《劄記》指稱甌北中歲歸田後，「將三十年，無日不以著書爲事，輯《廿二史劄記》三十六卷。」按「無日不以著書爲事」一語當是泛指，此涵括撰述起始時之讀書作札記階段；而不必是確指，非謂三十年均在動筆寫《劄記》。

　　然則《劄記》之撰述（動筆）又當始於何年？今試分析上述第一、第二說。
茲先從兩說所引以爲據的資料說起。兩說均徵引〈再題《廿二史劄記》〉詩（以
下簡稱〈再題〉詩）；第二說尙徵引《劄記‧小引》爲據。〈再題〉詩爲甌北所
寫固無疑。至於《劄記》，則本文至今尙未證實其爲甌北所撰，而可能是常州一
老儒所寫；甌北以千金購之而視爲己撰（李慈銘之說法）。故現今要問：甌北有
無可能是在購獲此書後杜撰〈再題〉詩以僞造自撰《劄記》之證據？但筆者以
爲據本詩所用字句的誠懇眞切之態度而言，此詩似乎不可能是甌北有意僞造的
證據。至於《劄記》之〈小引〉又如何？此亦爲甌北僞造的證據？抑或是《劄
記》本有此〈小引〉，而甌北刪去原作者姓名，更換上「陽湖趙翼謹識」數字殿
於文末？上述最後一問題的答案如果是肯定的話，則甌北便不是〈小引〉的作
者。但筆者認爲這亦無妨，因爲我們此刻正要查究的只是〈小引〉的內容是否
屬實及〈小引〉的寫作年份（乾隆六十年）是否屬實而已，而不涉作者問題。
以筆者之見，這兩項均屬實（即不是僞造杜撰出來的），因〈小引〉的作者（不
管是否甌北本人）似無任何理由需要僞造這兩項證據。如此來說，這〈小引〉
及〈再題〉詩內容均屬實，故可充當《劄記》始寫於何年之證據。

　　現在我們再回過頭來看看上述《劄記》始寫年份的第一、第二說。第二
說可說是以〈小引〉「乾隆六十年」一語及《年譜》嘉慶元年條爲主證，以〈再
題〉詩所說的十年撰寫歲月爲輔證。乾隆六十年（西元 1795 年）或嘉慶元年
（西元 1796 年）上溯十年爲乾隆四十九年左右。故第二說肯定《劄記》撰寫
始年當爲乾隆四十九年。按《劄記》有初稿、「增補稿」之別。〔註51〕《年譜》
嘉慶元年條所稱的《廿二史劄記》告成，當指初稿而言。又據《年譜》，此稿
刻成於嘉慶四年。《劄記》中錢大昕及李保泰之序文均寫於嘉慶五年，故知其
爲「增補稿」所寫之序文。要注意的是〈再題〉詩亦寫於嘉慶五年。因此，
詩中所指的十年撰著時間自當從嘉慶五年上溯計算：上溯十年爲乾隆五十五
年。此正爲《叢考》付梓的一年。由是言之，《叢考》已付梓（或至少可說：
《叢考》付梓的前後），《劄記》才動筆。因此兩書的撰著年代，並不相同。
職是之故，上述第一說比較可靠。〔註52〕

〔註51〕參《廿二史劄記校證》，〈前言〉，頁 1。中央研究院歷史語言研究所傅斯年圖
　　　　書館藏湛貽堂刊本《劄記》兩種。至少其一大體上可證實〈前言〉之說法不
　　　　誤：《劄記》有初稿、「增補稿」之別。據《年譜》，初稿完成於嘉慶元年。事
　　　　後，復有若干增補。
〔註52〕這裏有一個相當關鍵性的問題要向讀者交代。以上是以《年譜》、〈再題〉詩及

　　上述考證頗繁，然宗旨只有兩端：一、撰《劄記》前的讀書（包括蒐集資料等工作）、做筆記的時間雖或始自乾隆三十八年，但正式動筆的時間應始自乾隆五十五年－《叢考》付梓之年，故兩書的撰寫時段並不相同。二、退一步來說，縱使同時進行寫作的兩書（或甚至同一書）亦不必然沒有見解互歧之處。故不能據此便否定兩書的作者爲同一人。當然，如果這個作者的思想非常嚴謹、寫作態度非常仔細、認眞，則互歧處可以減至最少。但甌北不是這類型的學者。明乎此，便可了悟不能由見解互歧這一點來否定《劄記》的作者是甌北了。〔註53〕

　　繼討論謝正光先生的第二個論點。先生認爲《劄記》史識高於《叢考》；後者既爲甌北所寫，則前者便不是。

　　史識之高下，謝先生分兩點來說。其一是比較《劄記》及《叢考》對待稗乘脞說的態度。謝先生說：「《劄記》於稗乘脞說，皆不取」，「然《叢考》則正好以稗乘脞說斠正史。」〔註54〕謝先生認爲同一作者在同一時段撰寫見解互歧的兩種作品是不可能的事。這點在前面已討論過。現在謝先生可說是持同一種理由來否定《劄記》、《叢考》的作者是同一人。所不同的是前面討論的一點是見解方面的互歧；現在討論的一點是取材方面的互歧。而後者是就稗乘脞說的去取來說。

　　謝先生立論的依據是以下兩條資料：《劄記》卷六〈裴松之三國志註〉條

《劄記・小引》來推證《劄記》動筆之始年。其中除〈小引〉附見《劄記》一書內而當爲《劄記》作者（不管是不是甌北）所撰外，其餘兩種資料，一是與甌北有關，另一是甌北所寫。是以利用後兩者來考証《劄記》撰寫年份，或許是有問題的。因爲我們應當先証實《劄記》爲甌北所寫，然後才可利用與甌北有關之資料或甌北本人的作品來考証《劄記》撰寫的年份，否則便無意中犯上一毛病：在証實前先作了認定：先承認《劄記》爲甌北的作品了！（當然《年譜》及〈再題〉詩的內容相當可靠，可充當有力的証據來証實《劄記》確是甌北的作品。但這是另一問題。此與此刻討論中的問題無關。）在這情況下，我們唯一可用的資料似乎便只有《劄記・小引》。〈小引〉寫於乾隆六十年《劄記》初稿完成之時。本書不是卷帙非常浩繁的史學鉅構。是以其動筆後而完成於十年內，在時間上應是沒有問題的。《叢考》最遲成書不過乾隆五十五年。由此可知兩書縱使在撰述時間方面或有交連互接之時段，但大體上兩書之撰述時段並不相同。

〔註53〕　此外，謝正光先生只看到《劄記》、《叢考》相異之處，而忽略了兩書相同之處。參《趙翼傳》，頁239，註10；杜維運：〈《廿二史劄記》之作者問題〉，收入《趙翼傳》，頁339。

〔註54〕　謝正光，上引文，頁178。

及《箚記・小引》。前條資料說：

> 宋文帝命裴松之采三國異同，以註陳壽《三國志》。……今按松之所引書，凡五十餘種。〔註55〕……今各書間流傳，已不及十之一，壽及松之、蔚宗等當時已皆閱過。其不取者，必自有說。今轉欲據此偶然流傳之一二本以駁壽等之書，多見其不知量也。

後條資料說：

> ……間有稗乘脞說，與正史歧互者，又不敢遽詫爲得間之奇，蓋一代修史時，此等記載無不蒐入史局，其所棄而不取者，必有難以徵信之處。今或反據以駁正史之訛，不免貽譏有識。

上兩引文主旨如出一轍，只是一就普遍情況立論；另一就具體情況爲說而已。謝氏據此認定「《箚記》於稗乘脞說皆不取」。筆者以爲謝先生未免過份相信上述兩段話。翻閱《箚記》，內中引用稗乘脞說之處很不少。〔註56〕即用以駁斥正史者亦數見。〔註57〕

謝氏又繼續說：

> 又《箚記》校《南北史》與諸國史或《新舊唐書》之異者，皆引《通鑑》。而《叢考》則間引《通鑑綱目》者。卷十二且有『《新舊唐書》有彼此互異者，今據《通鑑綱目》、《唐鑑》、《貞觀政要》、《五代史》、《北夢瑣言》等書稍爲訂正於後』，尤爲明顯。夫論一人史識之高低，觀其取材爲原始資料抑間接資料可知；《通鑑綱目》，意在勸懲，爲史評之作耳，……書中前後不相顧及脫漏者甚多。〔註58〕

筆者遍檢《箚記》全書，也確然找不到內中有引錄《通鑑綱目》之處。故就此點而論，謝氏之說也的確合乎實情。但筆者發現到《箚記》嘗引用明商輅（西元 1414 年～西元 1486 年）《續通鑑綱目》作爲補充正史並說明史事者。此見卷廿六，〈端平入洛之師〉條及卷廿九，〈元史迴護處〉條。按《續綱目》一書之性質與《通鑑綱目》一書之性質全同，「意在勸懲，爲史評之作耳」。

〔註55〕「凡」字應爲「百」字之誤，或其下脫去「百」字，蓋松之註《三國志》時，引書絕不止五十餘種。參《廿二史箚記校証》，頁 135，註 2。有謂裴《註》引書達二百一十種之多。參張家璠等主編：《中國史學史簡明教程》（廣西師範大學出版社，西元 1992 年），頁 101。

〔註56〕此可參考本書第三章。

〔註57〕同上註。

〔註58〕謝正光，上引文，頁 178～179。

《四庫提要》有關條目云：「……至商輅等《通鑑綱目續編》因朱子凡例，紀宋元兩代之事，頗多舛漏。」〔註59〕所謂「因朱子凡例」，所指正係就朱子《通鑑綱目》而言。

若據謝氏之言推衍，則《劄記》所取材者當只限於李燾《續資治通鑑長編》等書；而必不可採史評類《續通鑑綱目》等的著作了。謝氏似未遍閱《劄記》，故可謂知其一，不知其二：知不採《通鑑綱目》；而不知另採《續通鑑綱目》！又只依據〈裴松之三國註〉條，並誤信《劄記・小引》，而以取材方面相異者一兩例來論斷《劄記》、《叢考》兩書史識之高下，則其論斷自不免陷於錯謬矣。〔註60〕

第二節 趙翼撰寫《劄記》之可能性

在詳細論證《劄記》是否甌北所寫之前，我們似乎可先從甌北撰寫《劄記》之可能性（主要探討其有能力撰寫本書否）方面著眼來研究本問題。以下即從可能性方面來立論。

一、由趙翼詩作之兼重考據、說理推斷

首先，讓我們看看《劄記》一書的性質。《廿二史考異》（錢大昕撰）、《十七史商榷》（王鳴盛撰）及《劄記》恒被視為清代史學方面之鉅著。〔註61〕然

〔註59〕《四庫提要》，卷八十八，史評類，〈御批通鑑綱目……〉條。

〔註60〕以上是指出謝先生論証上的錯誤。但這並不蘊涵筆者對其所作之斷案（《劄記》史識高於《叢考》）亦抱持否定的態度。上文所論根本未涉及史識上何書高於何書的問題。讀者勿誤會。

〔註61〕如梁啓超嘗並稱此三鉅構。其言論凡三見：《清代學術概論》第十四目（台北：商務印書館，西元 1966 年），頁 54；《中國歷史研究法》（台北：中華書局，西元 1972 年），頁 26；《中國近三百年學術史》（上海：中華書局，西元 1937 年），頁 291～292。西方漢學家 E. G. Pulleyblank 亦盛稱趙、錢、王三人之史學成就，然其言論大抵依襲自任公。E. G. Pulleyblank, "Chinese Historical Criticism: Liu Chih-Chi and Ssu-man Kuang", in W. G. Beasley and E. G. Pulleyblank, *Historians of China and Japan* （London: Oxford University Press, 1961），pp.159～160。至於史學史方面的著作，則更是經常把這三部大著放在一起討論的。舉例如下：金毓黻在其名著《中國史學史》中即把三人並列在一起而論述這三部專著。李宗侗亦然，同視這三部書為考史方面之專著。此外，大陸當代學人，如高國抗、張孟倫等亦並述三人。金毓黻：《中國史學史》（台北：鼎文書局，西元 1974 年），頁 307～310；李宗侗：《中

而，三書性質不盡相同。前兩者可視爲史考之作，《箚記》則不然。其中固然有不少是單純爲考證而考證之文字（如就一史事、一史書而作考證），但有不少篇幅是用在匯同、歸納相關史事以求得出或求說明一歷史普遍現象者。這方面，相對於單純的史事考證而言，可說是比較偏重於說理的。《箚記‧小引》就這方面可說作了一個自白。〈小引〉說：「至古今風會之遞變，政事之屢更，有關於治亂興衰之故者，亦隨所見附著之。」這怪不得任公在論及本書時說：「……能教吾儕以抽象的觀審史蹟之法。」〔註62〕以上是說《箚記》一方面有考證之文字，他方面亦特重即事而言理。〔註63〕

國史學史》（台北：華岡出版公司，西元1975年），頁148～149；高國抗：《中國古代史學史概要》（廣州：高等教育出版社，西元1985年），頁442～452；張孟倫：《中國史學史》（甘肅：人民出版社，西元1986年）下冊，頁350～385。又Virginia Mayer Chan在上揭博士論文中，亦主要以此三人爲共同論述的對象。美國另一學者皮爾斯徹（Priest），在上揭博士論文中亦認爲錢、王、趙的三部大著乃係浙西史學中最著名之代表。Priest，上揭論文，頁108。有關甌北與浙西史學之關係，詳下文。

〔註62〕梁啓超：《中國近三百年學術史》，頁292。筆者以爲甌北之所以能夠「抽象的觀審史蹟」，而不局促於枝節之考証，主要得力於其能深廣地運用歷史歸納研究法。有關甌北此法之運用，可參杜維運：《清乾嘉時代之史學與史家》（台北：國立台灣大學文學院，西元1962年），頁108～121；Priest，上揭文，頁125～127；236～238。

〔註63〕按即事而言理，乃係中國學人的一個悠久的傳統。西方哲人大抵比較偏重即理而言理。中國學人則不然。就是說理，亦多藉舉述人倫日用之情事爲之。司馬遷在《史記‧太史公自序》中即指出孔子是：「我欲載之空言，不如見諸行事之深切著明也。」意謂與其直接撰寫抽象說理的文字，倒不如藉記載人類之歷史陳蹟以說理來得具體。中國人最重視倫理道德的訓誨致用功能。而這方面應該是由我國典籍中說理（譬如經部）的書籍來承擔這項任務的。但事實上這方面的書籍反不如歷史著作之多。中國人「即事而言理」的傳統，由此可以窺見一斑。這傳統二千年未斬。清人章學誠更加以發揚光大。其《文史通義》首篇首句「六經皆史也」，吾人固可作眾多不同的解釋（interpretation），但其即事而言理之主旨，恐吾人必先加以首肯。他本人即說：「古人未嘗離事而言理，六經皆先王之政典也」。六經是否先王之政典，固不無疑問。但「未嘗離事而言理」一語，就大體言之，固係事實。按章學誠認爲，六經所載皆係人倫日用之事實。但吾人知悉，六經本旨，明不在陳述這些事實之本身；而是藉事實以說明道理。至於中國史書之性質亦然。記載事實只是手段而已，終極旨趣仍在於致用：達到道德訓誨的功能（如教忠教孝）。既如是，實齋「六經皆史」的命題，實可顛倒過來，而成爲「凡史皆經」。原因是：經書的目的本在說理；因此，如史書之目的亦在於是，則吾人固可說「凡史皆經」了。近人論述實齋之專文專書相當多。其中余英時的《論戴震與章學誠》（香港：龍門書店，西元1977

現在我們看看《劄記》、《叢考》兩書以外的甌北作品有否既重考據，又重說理之文字。甌北爲乾隆時代三大詩家之一。〔註 64〕《甌北集》收錄詩作五千首。〔註 65〕因此透過其詩作以研究其人，應是最有效之途徑。〔註 66〕甌北詩多說理、考據之處是肯定的。今爲省篇幅，不細表。此可參王建生先生《趙甌北研究》第四及第六章有關節目。考據、說理既同爲《劄記》及趙詩作所重，然則《劄記》一書爲甌北所撰便自然有其可能性了。〔註 67〕

年）固係傑作。然就單篇論文而言，則法國漢學家戴密微（P. Demiéville）之著作最爲扼要、精到，眞不愧漢學名家。在實齋眼中的經史地位問題，戴氏即有所論述。P. Demiéville, "Chang Hsüeh-Ch'eng and his historiography", W. G. Beasley and E. G. Pulleyblank, *Historians of China and Japan*, pp.167～185，尤其 pp.178。

〔註 64〕三大詩家爲袁枚（西元 1716 年～西元 1798 年），蔣士銓（西元 1725 年～西元 1785 年）及趙翼。記載三人詩齊名鼎立之文字至多。可參《趙翼傳》，頁 193，註 49。即使甌北本人亦認爲三家詩齊名。其〈袁子才輓詩〉云：「三家旗鼓各相當，十載何堪兩告亡。（自註：謂君與蔣心餘）……。」詩見《甌北集》，卷 39，27a-b。但在袁枚眼中，甌北是自居第三人的。此見袁枚：《小倉山房詩集》卷二十七，〈倣元遺山論詩〉及《小倉山房續文集》，卷二十八，〈趙雲松甌北集序〉。當時人亦確有視三人高下有別者。袁居首爲一般之公論。蔣、趙高下則說者不一。李調元〈答趙耘崧觀察書〉指出：「詩人皆稱袁蔣，而愚獨黜蔣崇趙，實公論也。」此載李調元：《童山文集》，卷十，藝文印書館百部叢書集成本。由李調元答書可看出當時人大抵視蔣在趙前，李氏則持異議。但要注意的是李氏是在答書中作如此的論定而已。此答書恭維語至多，不足爲據，而「實公論也」一語更可使人看出此實非公論，否則何必強調指出之！據云乾隆年間，松江張鳳舉（或云桐鄉程拱字）曾繪拜袁揖趙哭蔣三人圖。由是言之，則張心中大抵視趙在蔣之上。參《趙翼傳》，頁 163～167。

〔註 65〕杜維運先生統計過趙詩，計得 4872 首。《趙翼傳》，頁 273，註 18。按甌北一生所作詩，又或不止此數。杜先生在〈關於《趙翼傳》的新資料〉一文中，說甌北詩作有五千多首。原文說：「一九八五年二月中州古籍出版社出版的《趙翼詩選》，選者爲胡懷肖，他從趙翼五千多首詩中，選出二百零九首，並爲之作箋注，這是一項創舉。」《趙翼詩選》，筆者未購獲。今杜先生說「五千多首（異於前說之 4872 首），大概是根據胡氏的統計而來的。杜、胡二氏所據《甌北全集》的板本或異，故有不同之二說歟？筆者今取其大數，故作「五千首」。〈關於《趙翼傳》的新資料〉一文，收入杜先生：《憂患與史學》（台北，西元 1993 年）。上引文見頁 226。

〔註 66〕杜維運先生及王建生先生研究甌北，甌北之詩作即爲其主要參考資料之一。甌北詩（收入《甌北集》）皆繫年，故爲研究其生平、思想最重要之一手資料無疑。

〔註 67〕當然，假若詩作與《劄記》所偏重者全然不同似亦不能由此遽然否定此兩種作品同出一人之手。但相反來說，兩種作品內容偏重相同則至少提高了兩種

二、由趙翼兼具才學識三長〔註68〕推斷

　　甌北有才氣、才華，這大概是人無異議的。稍翻閱《年譜》便知其詳。其撰詩文之速捷、文不加點均可爲證。〔註69〕《甌北詩鈔》〔註70〕收錄序文十篇（其中翁方綱一篇未以「序」名），內中無一不稱頌趙有才華的。〔註71〕張維屏（西元 1780 年～西元 1859 年）及盧文弨（西元 1717 年～西元 1795 年）論及甌北的《皇朝武功紀盛》〔註72〕時更認爲甌北具史才。〔註73〕甌北以詩名，透過五千首之詩作應更能指證其才華所在。〔註74〕

　　至於甌北之學，似可從兩方面說明，一是從其學問方面來說：二是從其經驗閱歷方面來說，蓋此後者亦可有助於撰著。學問方面，前述十篇序文中，至少有四篇指出甌北學問深博。〔註75〕按深博來自平日用功。甌北中歲辭

　　　　　作品同出一人之可能性。

〔註68〕才學識爲史家三長之說首倡自劉知幾（西元 661 年～西元 721 年）。說見兩唐書，知幾本傳劉對禮部尚書鄭惟忠之答詞。清章學誠《文史通義》有〈史德〉篇之作。自後，學者論撰史要素便多加上史德一項。據筆者研究，章之所謂「史德」實兼具兩義：一爲德性素養（即指撰史應具客觀、公正之心術而言）。一爲知性素養。筆者以爲具有首項涵意之史德實已隱涵在劉氏三長中史識一項之內。參上引拙作：《章學誠研究之析論》，頁 301～305。又可參姜勝利：〈劉、章史識論及其相互關係〉，《史學史研究》，1983，期三，頁 55～59。史學素養未底深邃或史德修養不夠敷足，會經常導致史家從事史學重建時陷於偏頗、舛謬之境域。糾正、改善之法，唯有兼從知性及德性兩方面同下功夫方可。筆者對這個問題曾稍作過論述，參拙作〈史學上的眞理與方法－從西方史學發展史考察〉，收入《東吳哲學傳習錄》，第二號，1993 年 5 月，頁 229，註38。

〔註69〕這方面尤見《年譜》乾隆三年、十年、十五年、十九年、廿一年條。

〔註70〕筆者此處所據之本子是台北商務印書館 1968 年之本子。

〔註71〕但須指出：這些稱頌不足爲堅強之証據。爲人作序，尤其爲文集、詩集作序，恭維人家有才華可能只是客套語。

〔註72〕《皇朝武功紀盛》，四卷。乾隆五十七年，甌北自序本書，故是書之撰，最晚不過本年。本書乃根據乾隆四十五年，新建於揚州之文匯閣四庫全書中平定三藩以下約略四百多卷，刪繁撮要而纂輯完成。可並參《趙翼傳》，頁 187～189，又揚州大觀堂文匯閣之四庫全書，乃係江浙三閣（揚州文匯閣、鎮江文宗閣及杭州文瀾閣）之一，其建閣、儲藏與書籍存佚情況，可參郭伯恭：《四庫全書纂修考》（台北：商務印書館，西元 1972 年），頁 186～195；任松如：《四庫全書答問》（成都：巴蜀書社，西元 1988 年），頁 72，〈問一百九〉。

〔註73〕張維屏：《聽松盧文鈔》，收入李桓編：《國朝耆獻類徵初編》，卷二一二；盧文弨：《抱經堂文集》，卷四，1b～2a，2b，藝文印書館百部叢書集成本。

〔註74〕這方面可參《趙甌北研究》一書中對甌北之文學作述評之各章，今不細表。

〔註75〕王鳴盛序云：「……又佐以學問」；錢大昕序云：「……有兼人之學」；吳省欽序云：「……而又深之以學」；李保泰序云：「……推挹先生之才，之學甚備」。

官之後，四十年的歲月，大多是過著教書、讀書的書生生活。「一燈熒熒，寒暑罔間。」〔註76〕「撐腸五千卷，縱目廿二史」，〔註77〕迄晚年仍是手一篇度日，以作常課。〔註78〕要證實甌北學問深博，最好之證據還當從肯定為甌北所撰之《甌北集》入手。五千首詩作歌詠之主題至多，其中詠史、考據之作不少。〔註79〕這些詩歌一方面可使人了解到甌北學問之博，但重要的是這些詩作的內容充當了甌北有能力撰著《叢考》、《箚記》的相當有力的佐證。除詩作之外，我們確然知道其為甌北所撰的向有《皇朝武功紀盛》、《簷曝雜記》及《甌北詩話》。但遺憾的是這三種著作似乎都不足以顯示甌北學問深博（尤其史學素養之深博）。更遺憾的是談及其學問深博的文字（更確切的說，可證明其用功之勤，記誦之博的文字），有不少是附見《叢考》及《箚記》兩書上的。〔註80〕此等文字固然可證明兩書的作者用功、博學，但現今既未證認兩書的作者是甌北，則此等文字便不能充當甌北學問深博的證據。〔註81〕《年譜》中倒有一條（乾隆十九年、甌北廿八歲）是說及甌北閱覽之博的。又同書乾隆三十八年條亦說及甌北之博（用功：「手一卷，披閱不報」）。然而，此條能否充當甌北確實很博的證據尚不無疑問。〔註82〕

　　但為人作序，推許其人學問深博亦很可能只是恭維語；作為旁証固無不可，但不足為實據。

〔註76〕《武進陽湖合志》，卷二十六。

〔註77〕《甌北集》，卷四十一，頁25b。詩句出自〈放歌〉詩：詩成於庚申年（西元1800年）。

〔註78〕參《甌北集》，卷五十三，頁16a。

〔註79〕有關甌北詩善考據、注意掌故之處，可參《趙甌北研究》，頁560～562；《甌北詩話》中亦有不少可証甌北善考據之文字，參同上書，頁672～673，688。當然甌北考據亦有不少失實之處。《甌北詩話》即不乏其例。參同上書，頁693～694；772，註87。

〔註80〕此如《叢考·小引》云：「日夕惟手一編」；《箚記·小引》云：「中歲歸田……寢饋於文史以送老」；錢大昕《箚記·序》：「歎其記誦之博」等均是。

〔註81〕其中治學極嚴謹的錢大昕為《箚記》撰寫之序文固然是本書為甌北所作一絕好的證據（詳後）。但錢氏現今是以《箚記》為據而指稱趙氏很博的，因此我們不應在現階段尚未証實《箚記》為甌北之作品前便先反過來據錢氏語而逕稱甌北真的很博，否則我們便陷入循環論証的謬誤。

〔註82〕此條云：「……乞暫留養，視膳之暇，手一卷，披閱不報。今所刻《陔餘叢考》諸書，皆此數年中所輯也。」此條本可作為甌北用功、博學之明証。但筆者對此稍存疑問：若果甌北中歲歸田後，便「手一卷、披閱不報」，那他後來當然是有可能成就《叢考》諸鉅構的。但筆者懷疑學者撰史書、傳記、年譜等常是由果推因的。趙懷玉撰《甌北先生年譜》時，有否因《叢考》諸書已出

至於甌北閱歷之豐富，稍一翻閱《年譜》便知其詳。甌北雖屆中年（四十六歲）便息影林下，但前此十八年已歷任中外官，〔註83〕閱歷不得謂不豐富。曾入直內閣、軍機處，扈從塞外，任廣西鎮安知府、廣州知府、貴州貴西兵備道觀察。又曾參滇邊軍事，並作幕僚參予平定台灣林爽文之變。〔註84〕甌北又好山水之遊，閱歷聞見自亦由此增廣。「翼生平涉歷館閣綸扉之地，邊疆宦遊之跡，戎行帷幄之謀，天下山水之勝，公卿交遊之盛，有他人所不能兼者，一發之于楮墨間。」〔註85〕讀萬卷書，行萬里路，甌北可謂兼之。故就廣義之學來說，甌北可謂備矣。

至於識方面，可舉三事為證。其一：乾隆三十四年，甌北參滇邊軍事。以其善于贊畫，由是解救進兵時之困厄。其二：乾隆五十年，常州大旱，米價輒增。先生獻計於常州府，於是米價稍紓。其三：乾隆五十二年，甌北建策協助李侍堯（西元？年～西元1788年）討平林爽文之變。〔註86〕

劉知幾謂史家需有才學識三長。現在的問題是：如上所論不謬，則甌北可謂已廣泛地具備三長了。然而，他的三長可以具體地應用在史學上而讓他撰寫出《箚記》一書嗎？要回答這個問題，我們得仔細剖析甌北三長的內涵，看看他的三長是否即係史學上的三長。

以上指出甌北具詩才、文才。然而，史才與此有別。撰史需具組織能力、鎔鑄史料的能力。亦需要更大的耐心與魄力等等的能力。這不是一般之文才、詩才便可以勝任的。但要指出的是《箚記》不是一部需要前後具首尾、具系統、體大思精（如《史記》、《通鑑》等）的史學鉅構。〔註87〕《箚記》，顧名

現，故才反過來推斷甌北以前是「手一卷，披閱不輟」的呢？此則不容不稍存疑。筆者不是否認甌北中歲歸田後「披閱不輟」之事實；只不過指出《年譜》此條對此事實不足充當有力之証據而已。換言之，要証明此事實為真，尚有待其他更有力的証據。

〔註83〕據《年譜》，〈乾隆十九年條〉，甌北二十八歲始當官，考選內閣中書。又〈追憶宦遊陳跡雜記以詩〉云：「……追思歷官中外，八十年中十八年」。本詩自註云：官中書舍人六年，翰林六年，出守及從軍又六年。這詩寫於嘉慶丙寅年（西元1806年），而甌北生於1727，故云八十年，詩見《甌北集》，卷四十八，頁2b。

〔註84〕參《年譜》乾隆十九年至三十七年各條及五十二年、五十三年條。《趙翼傳》第三章及第五章對甌北這方面的生平有詳細之描述，可並參。

〔註85〕《武進陽湖合志》，卷二十六。

〔註86〕可參《年譜》相關之各條。

〔註87〕有關《箚記》一書的架構，皮爾斯徹（Priest）指出說：「《箚記》各條目之間的

思義，主要是一部正史的箚記而已。這是可以透過平時讀書時「有所得，輒箚記別紙」（《箚記・小引》語），而後分類排比組織之；以此方法爲基本取徑而纂成的。（這與撰寫偉大史學鉅構所需要的眾多條件不同）。由此言之，甌北之才（儘管或只是文才、詩才）應是可以爲他撰寫出《箚記》提供了一項相當有力的保証的。

至於史學，則更不成問題。既然「撐腸五千卷，縱目廿二史」〔註88〕以爲常課，則史學功力必定相當深厚。由是言之，甌北定當具備一定的史學素養。

至於史識一項，則須稍作說明、剖析。甌北在處事上相當有識見，此上文已道及。但現今的問題是這種「事識」可以過渡至「史識」，而使他成功地撰寫出史書嗎？尅就甌北撰史的問題來說，我們要問的是，他的事識可以推衍伸張開來，或作一適度的轉折而使他撰寫出《箚記》一書嗎？筆者以爲無論事識也好，史識也好，這都同屬識見的範疇。而對於識見，筆者則有如下的看法，茲稍作說明：

人之識見是有普遍性的。其人果爲有識見，則此識見原則上在各方面均可以展露出來－使彼可以成就此事，亦可以成就他事。然而，因爲各人之機緣、興趣、關注點等等之不同，再加上時間上之有限，故就具體情況來說，人之識見不可能在現實上普遍地展露而使其成就各事物！這是實際上的不可能，而不是原則上或理論上不可能。就甌北來說，其情況如下：從其處事方面可証知其人有識見。此當首先肯定者。又從其生平及詩著等等之作品可証知其人有機緣、有興趣、有時間，並有能力撰寫《箚記》以外之史著。〔註89〕由此言之，他的識見當然亦可以再度展露，而使他成就另一史著的。此即《箚記》是也。

上段是由甌北有「事識」而說到他有「史識」。若讀者不同意這個說法，亦無妨。原因是《箚記》之撰寫，實在不必具備很大的史識！因爲，正如上文說過的，這部書並不是什麼偉大的史學鉅構。它之所以在現時代享有大名，原因計有二端：一、作者比同時代人更擅於廣泛地運用歸納法，因此更能夠

　　　　組合實本於正史－本書資料的源頭。除此以外，本書似不能顯示出各條目之編列秩序有若何一定模式或設計以爲根據。又本書各條目所作之專題研究很少是貫串各種正史而來的。」皮爾斯徹據此又進一步指出說，本書不能與廣包萬象且甚具系統的兩司馬的鉅構相提並論。參 Priest，上揭文，頁235～236。

〔註88〕同本節，註17。

〔註89〕《箚記》以外之史著，指甌北中年以前纂修過之若干史書。這包括《國朝宮史》、《平定準噶爾方略》、《御批通鑑輯覽》及《皇朝武功紀盛》。參下文本節之四。

綜括歷史上眾多相同的史象，以求得過去種種人類行為之共同模式的斷案或
得出一時代之特徵而已。作者對歷史事象的關注點也許比同時代的歷史考証
家更寬廣。但說到最後，這種關注點得以落實下來，主要是歸功於歸納法更
廣泛靈活的應用吧了！〔註90〕二、現代人的治史風氣比較重視「專題研究」
（thematic study），而貶視餖飣式的史事考証，因此《劄記》一書之治史進路
及內涵正好與現時代人的口味相契合。此書，相對錢、王二書，而更能夠成
為現代人的「最愛」（尤其經過張之洞、梁啓超等人的倡導之後），〔註91〕原
因即在此。至於書中所呈現的識見，筆者以為不見得就比錢、王二書高。更
遑論與兩司馬之鉅構相比。是以筆者認為一般學者（不必如兩司馬的大學者）
的識見已足以成就本書。果爾，則除非我們認為甌北連一般學者的識見都不
具備，否則沒有理由否認他有能力寫就本書。

　　總上所論，筆者敢斷言，甌北的才學識應是可以足夠讓他當上一個史學
家，而撰寫成《劄記》一類的史著的。

三、由趙翼有經世致用的抱負推斷

　　甌北有經世致用的抱負是很明顯的。〔註92〕以下試從他的詩作入手來作

〔註90〕甌北所應用的歸納法或可稱之為「歷史歸納研究法」。杜維運先生嘗細析之為
　　　　三項：對照法、排比法、彙敍法。參《清乾嘉時代之史學與史家》，頁112～
　　　　121。
〔註91〕張、梁稱頌甌北的言詞，見張之洞：《張文襄公全集》，〈勸學篇一〉，〈守約第
　　　　八〉；梁啓超：《清代學術概論‧節十四》。
〔註92〕經世致用的抱負，明末清初的大學者，如顧炎武（西元1613年～西元1682
　　　　年）、黃宗羲（西元1610年～西元1695年）及王夫之（西元1619年～西元
　　　　1692年）等人最足為代表。但時至清中葉的乾嘉時代，學者大多侷促於狹義
　　　　的考據之學，此種抱負、精神幾已全不可見。民國初年之學人如梁啓超（以
　　　　至錢穆在三十年代的著作中），對清代學術之發展，即大體上持這種看法。（此
　　　　可參梁之《清代學術概論》及錢之《中國近三百年學術史‧自序》）但這種看
　　　　法亦有不盡然者。清中葉學者之經世致用的精神，以政治大環境所限，其展
　　　　露當然不及清初學者之濃烈，但亦不可謂全消失。「學術經世」之發展有其本
　　　　身之內在理路；政治大環境之外緣因素並不十分足以斬斷其"常規性的發
　　　　展"。西方學者亦嘗注意這問題，並指出說清中葉之大學者如錢大昕、王鳴
　　　　盛及甌北等人之注重文獻考証以外，尚在彼等著作中展露一定的經世關懷。
　　　　此正可証經世精神之未泯。參 Priest，上揭論文，頁109。J. Gray, "Historical
　　　　Writing in twentieth-century China: Notes on its Background and Development",
　　　　in *Historians of China and Japan,* pp.196～197.尅就甌北經世致用精神的展露
　　　　來說，當然他的《劄記》一書最可為代表。但本文現今在未証實本書是他所

一說明。〈自愧〉詩、〔註93〕〈苦寒〉詩、〔註94〕〈讀史〉詩、〔註95〕〈再題《廿二史箚記》〉詩〔註96〕及〈感事〉詩〔註97〕都是很好的代表作。茲舉後三首爲例以作說明。

〈再題〉詩說：

一事無成兩鬢霜，聊憑閱史遣年光；

敢從棋譜論新局，略傚醫經載古方。

千載文章寧汝數，十年辛苦爲誰忙；

只應紙上空談在，留享他時醬瓿香。

〈讀史〉詩說：

歷歷興衰史冊陳，古方今病輒相尋；

時當暇豫誰憂國，事到艱難已乏人。

九仞山纔傾簣土，一杯水豈救車薪；

書生把卷偏多感，剪燭徬徨到響晨。

〈感事〉詩亦有句云：

笑把陳編按時事，層層棋譜在楸枰。

史事紛繁交錯如走棋。故修撰史著，猶如研著棋譜。但棋譜旨在論棋，今甌北自言撰史，其旨則不在論史事之本身。所論的對象是「新局」。然則新局何指？新局即今局也－當世之事也。史事（人類過往之行爲）相對於今世而言是「古」。古是古了，但今源自古，故不必以過去了便算過去之態度視之。甌北是把古（古事）看作是藥方。藥方旨在治病。所治何病？今病也。「陳編」可「按時事」，古今相連不隔而「輒相尋」，因此古方可治今病無疑。而所謂古方者，古代史籍是也。甌北撰史的經世致用的抱負由詩中「古方今病」句已看得很清楚。

前兩詩（尤其〈讀史詩〉）尚有兩點寓意。今一併論述如下：「時當暇豫誰憂國，事到艱難已乏人」兩句隱涵要盡量發揮藥方的各種功效：藥方固然可以治病，但更重要的是它還可以預防疾病。但當人們沒有患病時（或疾病

撰之前，便只好從確認是他所寫的其他著作入手了。

〔註93〕《甌北集》，卷五十一，5b。

〔註94〕同上書，同卷，15a-b。

〔註95〕同上書，卷四十二，8b～9a。

〔註96〕同上書，卷四十一，21a-b。

〔註97〕同上書，卷三十六，又有關甌北的經世思想，可並參《趙翼傳》，序文，頁6～7。

隱而未發時），又有什麼人會考慮到先作預防呢？上兩詩均寫於嘉慶五年（庚申，西元 1800 年）。時清政未見大壞，但敗象已露。甌北對時局問題不可能不察覺。但一介書生，又有什麼能力來旋乾轉坤呢？書生把卷，借古事以論今政猶似車薪杯水、九仞簣土之微末無力。悠悠千載，論文章佳著又怎見得一定能把你的算在內呢？所以十年辛苦所換來的，可能只是覆瓿的命運而已。因是之故，又怎能不令人感慨萬千，剪燭徬徨呢！

甌北自言撰寫史著本意是治病、防病。但文章救國真能有效嗎？甌北自己亦不敢確信。但無論如何，甌北經世致用之意圖，上述詩篇已作了很好的見證了。〔註 98〕

現在有一問題要問：甌北既了解到書生文章救國可行性之微茫，他又為什麼不直接從政，藉以救治今病時弊呢？

其實，甌北並非不想從政以康濟天下，〔註 99〕而且亦確曾從政過。〔註 100〕但四十六歲即掛冠求去，這自有其原因在。〈閒極〉詩所謂「為愛清閒早掛冠」〔註 101〕一語不能作實看，大概只能視為甌北辭官的藉口而已。〔註 102〕

〔註 98〕 上面兩段文字旨在就詩句本身論甌北之抱負，並不以此佐証《箚記》一書為甌北所作。〈再題〉詩這方面的功能，容下文述論。又有關古方今病的詮釋，可參雷大受：上揭文，頁 307～308。再者，甌北經世思想的產生，其原因為何？這是一個很值得探討的問題。這方面，杜維運先生作了些解答。他認為甌北一方面是受《日知錄》的思想影響而來；他方面，家庭背景尤為其思想醞釀的溫床。《趙翼傳》，〈序〉，頁 6。此外，筆者認為，甌北充任地方官時，對民間疾苦深刻的體驗，尤可促使他產生經世思想。

〔註 99〕 讀〈偶書〉詩便知先生這方面的抱負。《甌北集》，卷二十三，2a～2b。

〔註 100〕 這不似同時代的章學誠。學誠並未從過政。他的經世意圖全見諸文章。至於甌北的從政生涯，本來是相當暢順的。同時代人甚至以公輔期之。後以出守廣西鎮安府，仕途便來了個大轉折。錢大昕序《箚記》說：「甌北先生，早登館閣，出入承明，碩學淹貫，通達古今。當時咸以公輔期之。既而出守粵徼。……」甌北在總憲劉統勳（西元 1700 年～西元 1773 年）、座師汪由敦（西元 1692 年～西元 1758 年）等人的扶掖提拔下，先後在內閣、軍機處及翰林院中當過官。若能一路循資平進，那公輔的確是可期的。不意在乾隆三十一年（西元 1766 年），被任命出守鎮安，京官仕宦之路遂中斷！甌北由京官轉任地方官，或不無牽涉到朝廷政治派系鬥爭的問題。箇中情節及當時仕途轉遷與個人前程之關係，皮爾斯徹作了相當詳細的闡述。見上揭論文，頁 166～195。有關黨派鬥爭導致甌北仕途遷轉的問題。亦可參張曉虎：〈趙翼〉，收入陳清泉等編：《中國史學家評傳》（河南：中州古籍出版社，西元 1985 年），頁 1076～1078。

〔註 101〕 《甌北詩鈔》（台北：商務印書館，西元 1968 年），冊四，絕句二，頁 510。

〔註 102〕 王建生先生及杜維運先生對此有所解釋。王先生是從當時讀書人的出路、現

　　當官從政，上焉者是為了經國濟世，下焉者是為了求名求利。但經國濟世可說只是一主觀的願望。這主觀願望，就甌北來看，不見得真能透過當官從政落實下來。〔註103〕然而當官從政以求取名利總可以吧。果爾，則為什麼甌北中年以後便求去呢？細究之，原因似乎有三。一：甌北本人似乎素來對名利看得比較輕，取予甚有分寸。〔註104〕二：名利不可靠。〔註105〕三：有更具吸引力的事物使甌北考慮棄官而另謀發展－撰述事業。〔註106〕

　　本節（三、）頗長，但要旨只有一個。無論是當官從政或著述終老，甌北總表現出他有經世報國的思想。〔註107〕然則《劄記》之思想又如何？要解答本問題，最好不過的方法是翻閱《劄記》。《劄記》中經國救世的文字甚多，

實環境對甌北之壓抑及當官動輒得咎方面作解釋。《趙甌北研究》，頁 445～446；杜維運先生是從左遷、母親年老及受朋友感染方面來解釋何以甌北早掛冠。《趙翼傳》，頁 112～114。與甌北相知甚深的錢大昕曾為〈甌北集〉寫過〈序〉，其中「功之立，必憑藉乎外來之富貴」及「知難而退」等語，最能透露甌北非無意於功業，但客觀環境不容許而不得不隱退的消息。錢大昕：《潛研堂文集》，卷二十六，〈甌北集‧序〉。

〔註103〕我們一看〈偶書〉詩便知甌北對這問題的看法。詩云：「……庶幾致卿相，調元贊鈞衡，廣廈庇寒士，霖雨活蒼生。一官忽出守，親身試繁劇，從軍無奇功，作吏無奇績，始知天下事，不能任其責。」《甌北集》，卷二十三，2b。

〔註104〕參《趙翼傳》，頁 117；128，註24。

〔註105〕參《甌北集》，卷十一，10a，〈漫興〉詩第二首。又可參《趙翼傳》，頁 117～118。

〔註106〕甌北詩作中道出書生著作事業比名利事業更可期的很多。如《甌北詩鈔》，五古三，〈書懷〉、〈故人〉、〈寓齋獨坐〉及《甌北集》卷二十七〈養疾未愈書感〉等均是。又〈偶書〉詩所云：「不能立勳業，及早奉身退；書有一卷傳，亦抵公卿貴」及另一詩所云：「生平報國堪憑處，總覺文章技稍長」尤能道出甌北之心聲。詩見《甌北集》，卷二十三，2a～2b；卷二十，2a～2b。

〔註107〕有關「報國」一問題，頗值得討論。「國」與「政權」（就甌北時代言，後者乃指清廷）常混而為一。報國就甌北時代來說，必兼指報清廷，甚至兼指報皇帝。或更有純以報後兩者為報國！但無論如何，除非完全是愚忠，否則盡此「報」時必同時考慮到人民之福祉無疑。明乎此，便可知若干大陸學者對甌北批評的不公允了。參雷大受，上揭文，頁 315；《趙翼傳》，序，頁 8。順帶一提：Priest 認為甌北的史學是為政治（國家、君主）服務的。此所謂 Statecraft historiography（國策史學、治國史學、經世史學）是也。Priest, "Portraying Central Government Institutions: Historiography and Intellectual Accomodation in the High Ch'ing," *Late Imperial China*, vol. 7, No.1, June 1986, p.39。又杜維運先生曾撰專文辨斥大陸學者對甌北不公平的指責。杜維運：〈頌清與刺清－趙甌北的徬徨〉，收入《國史釋論‧陶希聖先生九秩榮慶論文集》，下。台北，1988 年 4 月。此文後收入杜維運：《憂患與史學》（台北，西元 1993 年），頁 209～217。

不備舉。〔註108〕

　　甌北及《箚記》同有經濟的思想，說明已如上文，然則《箚記》爲甌北所撰，自有其可能性焉。

四、由趙翼中年之前已具備修史經驗推斷

　　《箚記》雖然不是一部體大思精的史學鉅構，但至少不愧是一部相當出色的史學作品。在撰寫《箚記》前如果不是先有若干修史經驗，相信這部作品是不容易寫出來的。翻閱《年譜》，甌北正符合了這種要求。乾隆十四年（先生二十三歲），甌北入都。劉統勳（西元1700年～西元1773年）以甌北才高之故，延於家纂修《國朝宮史》。〔註109〕十五年《宮史》成。廿六年（三十五歲），會試中探花，〔註110〕授職編修，充方略館纂修官，修《平定準噶爾方略》。〔註111〕廿九年，纂修《通鑑輯覽》。〔註112〕由此可知，甌北中年前，已有三

〔註108〕此可參《趙翼傳》，頁227～229。

〔註109〕《國朝宮史》從乾隆七年奉敕纂修，至十五年始竣事；凡三十六卷六門，是對乾隆以前列朝的訓諭、典禮、宮殿、經費、官制、典籍等作一記述。乃由劉統勳等人總纂全書。乾隆十四年（即完稿前一年），甌北參予纂修時，全書恐必已進入最繁忙的定稿階段。甌北在其中所參予的工作量，想必不輕。且劉統勳之要求又極爲嚴格，這對甌北來說，無疑是一個極好的鍛鍊機會。參張曉虎：上揭文，頁1081～1082。

〔註110〕據《年譜》乾隆二十六年條、姚鼐《甌北先生家傳》及《簷曝雜記》卷二〈辛巳殿試〉條，甌北本中狀元。乾隆皇帝以江浙多狀元而陝西未曾有，爰以中探花之陝西籍王杰與甌北互易，因此甌北只好以探花及第。但阮元《王文端公年譜》（收入王杰《葆淳閣集》內）乾隆廿六年條則有另一說：殿試進呈之進士前十名之卷子，王杰卷本列序第三，但乾隆皇帝以該卷甚佳爲由，故更易之，而親拔第一。《清朝野史大觀》，卷六〈王文端清節〉條及《清史稿》三四○〈王杰傳〉大體從此說。《葆淳閣集》，筆者未見，此轉據上揭《趙翼傳》，頁70，註9。大陸學人宋元強亦嘗談及此問題。參所著《清朝的狀元》（長春：吉林文史出版社，1992），頁39～41。

〔註111〕《平定準噶爾方略》的纂修，實可以爲甌北提供一個很好治史鍛鍊的機會。這應該足夠地爲他日後能夠撰寫得出《箚記》鋪下了堅實的基礎。由是言之，《箚記》乃甌北所撰，誰曰不然。張曉虎認爲本書之纂修，必有助《箚記》工作之開展。他說：
他以探花及第不久，便入方略館纂修《平定準噶爾方略》。時傅恆以軍機大臣兼充方略館總裁。……準噶爾戰爭時，趙翼正值軍機處，處理過大量有關文件，還草擬過不少諭旨，掌握大量第一手資料。其文字功夫更是早爲傅恆首肯，自然是參預其事的合適人選。……傅本人並不長於文事，不過掛名而已，知趙翼在方略館幾年中，對該書的早期編纂工作是出了不少力的。……這無

次修史經驗。

　　尚有兩點很值得一提：乾隆五十七年，甌北六十六歲，曾就四庫全書中平定三藩以下方略四百多卷，刪繁撮要而輯成《皇朝武功紀盛》四卷。〔註113〕杜維運先生稱許本書云：「甌北的史才及史學頭腦，皆充份表現出來。」〔註114〕此外《簷曝雜記》〔註115〕一書亦充份顯露了甌北的歷史意識。其中首卷記軍機處有關掌故，不只對滿清有關制度之演變作了論述，甚至可說對傳統政治制度的形式及功能的演變亦作了描繪。〔註116〕由此來說，《皇朝武功紀盛》及《簷曝雜記》對甌北具有撰史能力（史才、史學頭腦及歷史意識－演變意識），已提供了很好的證明了。

第三節　《箚記》爲趙翼所撰之進一步剖析

　　上文（第二節）諸多剖析，乃係從可能性方面立論，指出《箚記》之作

疑都是爲他以後大規模的治史活動鋪下的基石。（張曉虎，上揭文，頁1083）

〔註112〕《通鑑輯覽》與《箚記》的關係，張曉虎作了很好的說明。茲引錄張說如下：
　　　　趙翼從乾隆二十九年秋至三十一年底，即被放外任出都前，一直參與改纂《通鑑輯覽》的工作。這是他前半生中最重要的一次治史活動，與後來《廿二史箚記》的寫成有著極爲密切的關係。……該書（按指《輯覽》）是將上自『隆古以至本朝四千五百五十九年事，實編爲一部』（語出本書序文）的編年體史書。參加這種工作如果沒有廣博的歷史知識自然是難於入選的，這等於是在當時編寫《中國通史》。諸如裘曰修、王昶、朱筠、程晉芳、劉星煒、畢沅、紀昀等人都先後參予其事。且不論趙翼在其中的作用如何，即使是向諸史家學習，也足以使他在兩年多的時間裏對歷史學有長足的進步。（張曉虎：上揭文，頁1084）
　　　　甌北在《箚記·小引》中明言該書之編撰，「多就正史紀、傳、表、志中參互勘校，其有牴牾處自見」，而不以難以徵信的稗乘胜說爲據（有關《箚記》中稗乘胜說的應用問題，詳本書第三章）。《通鑑輯覽》之〈凡例〉則云：「唐宋以後，野史漸伙，增飾流傳，殊難依據。」又云：「依據正史，博稽群籍，悉正牴牾之舊，以臻完善之觀。」兩兩相較，《箚記》、《輯覽》之取材標準及所本之精神，如出一轍。即謂《箚記》之作者吸納了《輯覽》之修史精神而表露於〈小引〉中，又誰曰不宜。《箚記》之作者究係何人，至此不亦呼之欲出乎？

〔註113〕參《皇朝武功紀盛》之序文；《趙翼傳》，頁187～189；張曉虎，上揭文，頁1084～1085。並可參本章，註72。

〔註114〕《趙翼傳》，頁188。

〔註115〕有關本書之性質，參本章，註35。

〔註116〕皮爾斯徹（Priest）對〈軍機處〉一文曾作過深入的論述。參 Priest，上揭博士論文，頁393～417；又 Priest，上引文（西元1986年），頁34～43，尤其頁37。

者當係甌北。但「可能性」與「實然性」有別；有可能絕不等同事實上必係如此。當然，如可能性都沒有，則更不必談「實然性」、「必然性」了。

《箚記》是否甌北所撰，《叢考》一書關係至大，以下擬先從《叢考》作者問題入手作內、外証，〔註117〕俾落實《箚記》乃係甌北所撰之「必然性」。

一、《叢考》作者問題考証

以下擬對《叢考》作者問題先作內証。按甌北的思想，最具特色之一，是富有迷信色彩。〔註118〕這只要翻閱《簷曝雜記》〔註119〕及其詩作便知之。〔註120〕《叢考》一書亦頗富迷信色彩。茲僅以卷三十五若干條爲說明。〈泰山治鬼〉條，作者於援引多種治鬼故事後，復於末尾論曰：「然則泰山治鬼，世果有其事也。」

〈伍子胥〉條云：

> ……今按六朝以前所祀之神俱已湮沒，而子胥廟，唐以後尚多崇祀，豈以梁公〔註121〕所未毀，遂得留耶？抑神之靈尚不泯耶？……宋史馬亮知杭州，會江濤大溢，亮禱伍員祠，明日潮卻出橫沙數里。是伍相之神久而益顯也。

此外，同卷〈項羽神〉、〈關壯繆〉及〈祠仙神〉諸條也流露出迷信色彩，不贅。鬼神之事，本屬不經，然《叢考》作者信之頗篤。此與肯定爲甌北所撰之《簷曝雜記》及上揭詩之思想吻合無間。《叢考》爲甌北之作品，固有其蹤跡可尋。

〔註117〕內証與外証相對。就作者問題之考証言，所謂內証，乃指：考察有關作品之內容、特徵，以知悉其是否與作者的思想性格吻合；藉以決定它是否該作者的作品。外証則是指在作品本身之內容、特徵（如思想理路）之外，另找証據來研究它是否該作者的作品。例如是否有人（包括作者自己）或有文獻指証它就是該作者的作品。參許冠三：《史學與史學方法》（台北：萬年青書廊，不標年份），第十一章。

〔註118〕甌北思想的另一特色是經世致用的精神。此點上文已詳及，今不贅。

〔註119〕卷二，〈相宅董仙翁〉條，同卷〈搗骨史瞎子〉條及〈狐祟〉條，卷三〈亂仙〉條及卷四〈湖南祝由科〉條可爲明証。此外，卷二〈程文恭公遭遇〉條及〈辛巳殿試〉條言及人之命運，亦可並參。

〔註120〕《甌北集》卷四十三，〈靜觀二十四首〉之第廿一首（19b～20a）談及亂仙問題最可爲証。

〔註121〕梁公指狄仁傑（西元607年～西元700年）。仁傑死後，唐睿宗追封爲梁國公。李邕（西元678年～西元747年）亦爲之撰梁公別傳。事詳《舊唐書》，卷八十九，列傳第三十九，〈狄仁傑〉傳。

又《叢考》一書不拘成說，推陳出新。此稍翻閱本書即知之。這種風格
與甌北的一貫思想是相當吻合的。茲略舉其詩篇中，評史之若干詩句如下，
以爲佐証。

《甌北集》卷一〈古詩二十首〉評歷代官修史書云：

> ……記載較可憑，略少冤鬼哭。
>
> 是以撰述家，多保名位祿。
>
> 卻嫌文又劣，難繼古人躅。
>
> 金元太缺略，宋又太繁複。……

這種文筆縱放，不拘一格的評騭風尚，隨著甌北閱歷的豐富，學問的日增，
更使他日後演變成相當大膽的疑古思想。詩句如「乃知青史上，大半亦屬誣」、
〔註122〕「嗚呼書生論古勿泥古，未必傳聞皆僞史策眞」〔註123〕等等皆可謂其
不拘泥古成說而能推陳出新的很好証明。

接著，我們擬從《叢考》一書之本身作更直接之証明。本書〈小引〉云：

> 余自黔西乞養歸，問視之暇，仍理故業。日夕惟手一編，有所得輒
> 箚記別紙，積久遂得四十餘卷。以其爲循陔時所輯，故名曰《陔餘
> 叢考》。〔註124〕

檢閱《年譜》（乾隆三十七、三十八年修），甌北確有黔西乞歸養之事。〈小引〉
所云，與甌北行止正相符合。若謂此書乃他人所撰，則難道此人之經歷（黔
西乞歸養）恰巧與甌北相同？否則何必撰寫如此內容之〈小引〉？若謂甌北
購得他人書之後，復作此〈小引〉以充當己撰之証據，則甌北之性格、心思
可謂極周延細密了。但縱觀甌北之性格、思想，斷難語乎此。

此外，《叢考》一書中至少有四條資料是作者分別自述其乾隆十五年鄉試
中式、〔註125〕二十七年分校鄉闈〔註126〕及後來轉任貴西兵備道〔註127〕等
事。〔註128〕檢閱《年譜》，皆於上述各年所說之事，信而有徵。至於任職兵備

〔註122〕《甌北集》，卷十，〈後園居詩〉。

〔註123〕《甌北詩鈔》，七言古二，〈關索插槍岩詩〉。

〔註124〕按「循陔」，語本束皙《補亡詩·南陔》（《文選》，卷十九）之注文。該詩云：
「循彼南陔，言采其蘭。」注云：「采蘭以自芬香也，循陔（註：「陔，隴也。」）
以采香草者，將以供養其父母，喻人求珍異以歸。」

〔註125〕卷二十九，〈五經中式〉條；同卷，〈同年〉條。

〔註126〕同卷，〈十八房〉條。

〔註127〕卷三十三，〈螺壙〉條。

〔註128〕此四條資料，皆轉得自〈趙翼與《陔餘叢考》〉，收入樂保群、呂宗力校點本

道之事，甌北固嘗爲之。〔註 129〕《叢考》本身既有此堅實之內証，則謂此書非甌北所撰，其說非誣乎？

跟著，我們要對《叢考》作外証。

《甌北詩話》卷十二〈各體詩〉條下自注云：「已見《陔餘叢考》。今又增數格。」按《叢考》卷二十三即對各體詩及各體詩之格律分條描述。

又《簷曝雜記》卷六〈洛陽伽藍記〉條云：「佛教之入中國，已見《陔餘叢考》。……」按《叢考》卷三十四〈佛〉條云：

> 佛教入中國，始於後漢明帝。〔註 130〕按衛宏《漢紀》夢見金人，頂
> 有日月光，以詢朝臣。傅毅對：西方聖人，其名曰佛。〔註……〕
> 於是上遣郎中蔡愔等使天竺，得佛經四十二章及釋迦之像，並沙門
> 迦葉摩騰、竺法蘭以來，此爲中國有佛之始。

上述《甌北詩話》及《簷曝雜記》所稱「已見《陔餘叢考》」者，均眞能於《叢考》尋得其相干處。因此除非我們找出証據証明甌北是先購得《叢考》，然後在《詩話》及《雜記》上插入「已見叢考」數字，以充己撰的証據，否則我們似乎不宜妄下判斷說《叢考》不是甌北的著作。

《甌北集》中有數條資料，更足爲佐証。

卷二十七，壬寅年（西元 1782 年），甌北曾寄詩給程晉芳（西元 1718 年～西元 1784 年）。詩云：

> 天涯落落幾晨星，近狀猶聞手不停；
> 豪士貧來翻避債，才人老去漸窮經。
> 書城擁處燈宵續，人海喧中戶晝扃；
> 我亦一編將脫稿，何時相質草元亭。〔註 131〕

《陔餘叢考》（河北：人民出版社，西元 1990 年），頁 7。特此標出，示不敢掠美。

〔註 129〕時在乾隆三十六、三十七年。見《年譜》相關條目。

〔註 130〕按佛教傳入中國當始於西漢哀帝元壽元年（元前二年），或更早。魚豢《魏略·西戎傳》（《三國志·魏書》卷三十〈烏丸鮮卑東夷傳〉注引）云：「漢哀帝元壽元年，博士弟子景盧（按或作景慮、秦景憲、秦景、景匱）受大月氏使伊存口授浮屠經。」此說尚載以下各文獻：《世說新語·文學篇注》、《魏書·釋老志》、《隋書·經籍志》（第四）等。湯用彤云：「……據此，則伊存授經，更爲確然有據之事也。」湯用彤：《漢魏兩晉南北朝佛教史》（台北：商務印書館，西元 1979 年），頁 38。授經既在元年，則佛法傳入中土應在本年或更早。

〔註 131〕《甌北集》，卷二十七，〈寄戴園〉。

所謂將脫稿的一編，當係指《叢考》無疑。蓋撰寫於同年的另一〈即事〉詩，可爲佐証。本詩云：

> 閉門寧厭寂寥居，亂帙縱橫獺祭魚；
>
> 拙句點金成巧句，古書翻案出新書。
>
> 一燈紅燄花常吐，兩袖烏痕墨未除；
>
> 業就敢期傳不朽，或同小說比虞初。〔註132〕

本詩結句後，甌北自註：「方輯《陔餘叢考》」。

又卷三十八，丙辰年（西元1796年），〈七十自述詩〉之一云：

> 里居何物可消閒，依舊書生靜掩關；
>
> 尚有眼光牛背上，不消髀肉馬蹄間。
>
> 半篝殘火聽譙鼓，一縷名香裊博山；
>
> 訂罷史編翻自笑，干卿甚事苦增刪。
>
> （甌北自註：方輯《陔餘叢考》）〔註133〕

又卷四十四，壬戌年（西元1802年）甌北作〈呼匠印所著詩文戲作〉云：

> 惜不借祖龍火，燒盡好詩獨剩我。
>
> 惜不借黃虎刀（自註：見《明史·流賊傳》）殺盡才士，讓我豪笑。
>
> ……歸田已歷三十年，著書未滿二百卷。
>
> （自註：余所著《陔餘叢考》四十三卷、《廿二史箚記》三十六卷、
>
> 《甌北集》四十四卷、《唐宋以來十家詩話》十卷、《皇朝武功紀盛》
>
> 四卷、《雜記》四卷、共一百四十卷。）〔註134〕

又卷五十，戊辰年（西元1808年）所爲詩中，其一有前言云：「書賈施朝英

〔註132〕同上註，〈即事〉。

〔註133〕按〈七十自述〉詩乃甌北依其生平經歷之先後各階段（或各事件）各撰一詩以描述之。在「里居何物可消閒」一詩之前另有一詩。後者爲甌北買得東坡故居附近一官房後所作。甌北自註云：「坡公舊寓顧塘橋遺址尚存，余居與之鄰近。」《甌北集》卷四十一，16a，〈葺屋〉詩有句云：「幸有東坡宅作鄰。」自註：「東坡舊寓孫氏宅距余舍數十步。」甌北置新宅乃乾隆四十八年事。參《年譜》四十八年條。「里居何物可消閒」詩之後接著另一首詩。後者甌北有自註云：「揚州主安定講席。」據《年譜》，甌北主此講席在乾隆四十九年。由是言之，若《叢考》果爲甌北所作，則乾隆四十八年（西元1783年）、四十九年（西元1784年），甌北尚在輯本書。此更可証《叢考·小引》所云，乾隆五十五年之前十多年《叢考》已成書，而事後未作增益，其事不可信。可並參《趙翼傳》，頁143～144。

〔註134〕實共一四一卷。今云一四〇卷，蓋舉其成數。

每年就我印刷拙刻《甌北詩鈔》、《陔餘叢考》、《廿二史劄記》、《十家詩話》等各數百部，書以一笑。」

除非我們有足夠的証據來否定這前言及上述各詩篇是出自甌北之手，或証實它們是甌北購得《叢考》後有意偽造的証據，否則我們沒有理由說《叢考》不是甌北的作品。

又甌北與同時代人王昶（西元 1725 年～西元 1807 年）交往厚，唱和甚多。王昶並曾有詩說到甌北所修之《陔餘叢考》。此亦可視爲《叢考》乃甌北所撰之外証。王氏《長夏懷人絕句》云：

清才排纂更峻增，袁趙當年本並稱；

試把《陔餘叢考》讀，隨園那得比蘭陵。〔註135〕

按詩中「蘭陵」指江蘇武進一地，此與甌北之出生地陽湖相鄰並接，是以詩中王昶以蘭陵指代甌北。詩中之「隨園」，即袁枚（西元 1716 年～西元 1798 年，隨園爲其號），乃乾隆三大詩家之一（與之齊名之另二大詩家是趙翼及蔣士銓〔西元 1725 年～西元 1785 年〕），〔註136〕生平著述以詩文爲主，歷史非其所長，亦不擅考據。《叢考》則恰是這方面之傑作。今王昶語及《叢考》，則云隨園比不上甌北，可知在王昶眼中，《叢考》當然是甌北的作品了。〔註137〕尌就《叢考》與甌北的關係來說，則王昶本詩正充當了《叢考》乃甌北所撰之外証。

又甌北與李調元（西元 1734 年～西元 1803 年）亦頗有交往，兩人來往書信中亦曾談及《叢考》、《劄記》的問題。〔註138〕此等書信皆可視爲此兩書是甌北所撰的外證。甌北〈致李調元書〉云：「弟所著詩集外，已刻者尚有《陔餘叢考》四十三卷，未知曾得呈覽否？近有《廿二史劄記》三十六卷，今歲可以刻成。」〔註139〕

〔註135〕王昶：《春融堂集》，卷二十四。

〔註136〕有關袁、趙、蔣之排名問題，可參本章，註64。

〔註137〕有關蘭陵地域問題，參臧勵龢：《中國古今地名大辭典》（台北：商務印書館，西元 1966 年），〈蘭陵〉條；譚其驤：《中國歷史地圖集》（上海：地圖出版社，西元 1987 年），第八冊，頁 16～17，〈江蘇〉。近人有關袁枚生平、思想之研究，參楊鴻烈：《大思想家袁枚評傳》（上海：商務印書館，西元 1927 年）；Arthur Waley, *Yuan Mei: Eighteenth Century Chinese Poet*, London, Allen & Unwin, 1956. 有關甌北道及王昶之各詩篇，參王建生：上揭書，頁 280～281。

〔註138〕甌北與李調元相互酬唱之作，參王建生：上揭書，頁 317～319。

〔註139〕〈致李調元書〉未註明年月。然書中指出《劄記》可望在去書之當年刻成，

嘉慶五年（西元 1800 年）李調元收到《叢考》四十三卷，如獲至寶，於是去函酬答。函云：「嘉慶五年〔西元 1800 年〕九月三十日，天寒，獨坐小圍，呼童生火。忽錦州刺史劉公遣人持書至。急啓之，則我故人毘陵耘菘先生同年手書，並寄《陔餘叢考》四十三卷。如獲至寶，遂忘其寒，持向風簷，向南拜讀，惟恐其盡。……」〔註 140〕

《甌北集》收錄甌北再次寄答李調元詩三首。詩中有前言謂：「前接雨村觀察（李調元號雨村）續寄詩話，有書報謝。並附拙刻《陔餘業考》、《廿二史劄記》奉呈。茲又接來書，並詩四章，再次寄答。」〔註 141〕李氏來詩四章附錄在甌北再次寄答李氏詩三首之後。其一談及《叢考》、《劄記》。此詩云：「寄來兩部大文章，《劄記》、《陔餘》並絜綱。」〔註 142〕

此外，李氏嘉慶六年（辛酉，西元 1801 年）所作詩中亦有談及《叢考》、《劄記》事。詩云：

寄我名山業（自註：君以新纂《陔餘叢考》、《廿二史劄記》見寄），

遙知歲月侵；

封時付春舫，到日已秋砧。

文字千秋事，才名一樣心；

拙編容乞序，定不讓題襟。〔註 143〕

以上數段文字皆可作為《叢考》乃甌北所撰之外證。〔註 144〕所以除非我們肯定與甌北並世的李調元是被甌北所蒙騙，或有意充當「共犯」－寫詩文偽証甌北是《叢考》一書之作者，否則我們斷不能說《叢考》不是出諸彼手。

果如李慈銘所言，常州老生皆知《叢考》一書乃甌北以千金購得，則與甌北並世之李調元斷無不知之理。既不可能不知，又更不可能在常州老生皆

則寫本書之年月當在嘉慶四年，蓋據《年譜》，《劄記》（在本問題上，今先假定《劄記》為甌北所寫）正於此年刻成也。無論如何，本書之撰寫年月至遲不晚於嘉慶五年九月，蓋李氏之答書寫於五年九月三十日也。〈致李調元書〉附見李調元：《童山文集》，卷十，藝文印書館百部叢書集成本。

〔註 140〕李調元：〈答趙耘菘觀察書〉，收入李調元：《童山文集》，卷十。

〔註 141〕《甌北集》，卷四十四，27a～b。

〔註 142〕《甌北集》，卷四十四，28b。

〔註 143〕本詩題為〈和趙雲崧觀察見寄，感賦四律原韻〉，收入李調元：《童山詩集》，卷四十一（辛酉年作），藝文印書館百部叢書集成本。

〔註 144〕此數段文字亦可同時充當《劄記》是甌北所撰之外証。但本節旨在探討《叢考》作者問題。《劄記》作者問題容後再詳。

知之情況下撰上述詩文作僞証，則李氏談及《叢考》之各語斷不容置疑。且以常理論，《叢考》果以重金購得而當地老生皆知之，則甌北似絕不會生前即過份張揚以至彫板付梓送諸友朋也。至於張舜徽所指稱的《叢考》乃鈔襲之作，則未見其舉列証據以實其說，恐不過一派臆說耳，不擬細辯！〔註145〕

此外甌北友人吳錫麒（西元 1746 年～西元 1816 年）〔註146〕親爲《叢考》撰序。姚鼐（西元 1732 年～西元 1815 年）〔註147〕所撰《甌北先生家傳》及錢大昕爲《劄記》所撰之序中亦逕稱《叢考》爲甌北所撰。此等皆可視爲《叢考》作者問題獨立作供之外證。

上述各供証之內容似皆不能視之爲與事實不符。果爾，則《叢考》爲甌北所撰斷乎無可置疑！

二、《劄記》作者問題考証

杜維運先生在這方面有不少論証文字，均肯定《劄記》爲甌北的作品。〔註148〕今簡略綜合杜先生論點如下：

一、李慈銘之懷疑無確據，且其人「口多雌黃」（《清史稿》語）。

二、梁啓超對《劄記》作者問題的看法，杜先生表示贊同：章學誠、章宗源不可能是《劄記》一書的作者；本書之作者非甌北莫屬。

三、常州武進人張惟驤雖是民國時代人，但鄉邦舊典見聞甚洽。張氏未聞《劄記》一書出諸假託。

四、謝正光先生之懷疑無確據。

五、李保泰之序文可證明《劄記》出諸甌北之手。

六、《叢考》是甌北之作品無可置疑。杜先生爰就本書與《劄記》之撰述方法、取材及風格等証實兩書同出一人之手。

七、《劄記》與甌北其他作品所表現之思想符合－同有迷信色彩。

八、甌北〈答謝蘊山藩伯書〉內容上之謬誤與《劄記·晉書》條之謬誤若合符節。前者既出甌北之手，則後者亦必爲甌北所撰無疑。

〔註145〕上揭〈趙翼與《陔餘叢考》〉一文，頁 8～9，對張說稍作斥辯，可參看。張氏言論之出處，見本章，註21。

〔註146〕甌北與吳錫麒酬唱之作，參王建生：上揭書，頁 294～295。

〔註147〕甌北與姚氏之交往不詳，然兩人同重赴嘉慶庚午科鹿鳴筵宴；事後並相約聚會。見姚氏所撰《甌北先生家傳》。

〔註148〕杜先生各論証文字之出處，參本章開首部份，註3。

　　杜先生之論點大抵如上。今擬就先生不詳及之處更作進一步之探究。茲先從甌北的詩作入手。甌北詩多有涉及史事者，尤以丙辰（西元 1796 年）以後數年爲然。〔註149〕詩句中引用正史的典故可爲証。丙辰年所撰詩，其一云：「曠古眞希見，桐封累代榮，世家蕭北府（自註：《遼史》蕭氏世膺北府宰相之選）……」〔註150〕按《劄記》卷二十七，〈遼后族皆姓蕭氏〉條云：「蕭氏於遼最貴，世與宰相之選。」若謂《劄記》乃甌北以重金購得，則《劄記》此條何以在內容方面，以至語句之結構方面如此酷似甌北詩之自註？

　　乙卯年（西元 1795 年）〈一燈〉詩云：

　　　出身早脫子矜青，堪笑丹鉛尚不停；

　　　頭白一燈孤館裏，廿三部史十三經。（自註：欽頒《舊五代史》刊行，

　　　故有二十三史）〔註151〕

其實，甌北豈止閱史，實撰史也。庚申年（西元 1800 年）所寫〈再題《廿二史劄記》〉詩〔註152〕可爲証。此詩前文已引錄闡釋過，今從略。

　　如仍說《劄記》是購自他人，則這首詩必是甌北故意僞作來捏造証據了！

　　同年（庚申，西元 1800 年），甌北放言高歌，一方面爲生平未能專一志業而感嘆；另一方面似爲辭官歸里後即埋首故紙堆中，身後可望有「一言半語傳世間」而感到欣慰。〈放歌〉詩云：

　　　我不能引長繩，繫住西飛日，

　　　又不能抽快刀，斬斷東流水，

　　　徒負昂藏七尺身，實只太倉一梯米。

　　　胡爲前望千古，後顧萬年，欲作擎天柱地一男子。

　　　少年鼻息衝雲漢，唾手便思拾青紫。

　　　果然館閣取次登，意謂星辰即曳履。

　　　忽焉驅馬出春明，兩粵滇黔走萬里。

　　　從戎又想圖麒麟，按部亦曾冠獬豸。

〔註149〕檢閱《年譜》，這數年恰正是《劄記》之完成以至彫板付梓的時期。按：除非我們有足夠的証據來否定《年譜》在這方面紀錄的可靠性，否則譜主在這數年中正對《劄記》之撰寫作最後之衝刺或增補當無疑問。譜主既係甌北，故甌北無疑是《劄記》的作者。

〔註150〕《甌北集》，卷三十八，15a。

〔註151〕同上書，卷三十七，4a。

〔註152〕同上書，卷四十一，21a～b。

序邊不及待，歸仍鑽故紙。

撐腸五千卷，縱目廿二史。

復將三寸半錐尖，妄擬一柱中流砥。

統計生平屢徙業，一波未平一波起。

我觀古人志專壹，強吳者員霸越蠡。

用盡一生心，只了一事耳。

誰教東馳西鶩多歧塗，貪如奪標棄如屣。

毋怪不能百不能，略嘗之味鼎染指。

如今衰老始知悔，氣矜之隆病良已。

非無一言半語傳世間，未必百年後尚掛人齒。

回思鄧林棄杖逐日時，枉費奔忙喝不止。

噫嘻乎，生世寧易得人身，爲人寧易通文理。

可惜黃金擲盧牝，錯已鑄成錯到底〔註153〕

「撐腸五千卷，縱目廿二史」可說成爲了甌北中年辭官後專一意志之所在。因爲恐懼「無一言半語傳世間，未必百年後尚掛人齒」，於是「復將三寸半錐尖，妄擬一柱中流砥」便成爲留名後世最有效的具體作法了。《劄記》的撰寫由此即可窺見一點消息。

嘉慶七年（壬戌，西元1802年），謝啓昆（西元1731年～西元1802年）卒。甌北輓謝氏詩亦談到《劄記》問題。詩云：「久把彭殤付幻緣，斯文深契獨難捐；千秋勉我垂成業（自註：君見余《廿二史劄記》，以爲必傳，趣付梓），一榜推君最少年。……」〔註154〕假若我們否定《劄記》是甌北的作品，而認爲甌北是儲心積慮製造各種僞証，則我們現今又應該秉持什麼態度來面對這首輓詩呢？難道甌北喪心病狂至拿死人開玩笑？已死之人無辯駁餘地，於是便僞託他生前之言詞來爲自己製造有利的証據？

此外，趙氏與李調元之若干唱酬詩及來往書信、〈呼匠刷印所著詩文戲作〉詩甌北自註、戊辰年（西元1808年）所作詩其一之前言（「書賈施朝英每年就我刷印拙刻……」）等等詩文均可証明《劄記》一書出自甌北之手。此等詩文，上節討論《叢考》作者問題時已道及，今從略。

以上主要是從甌北本人之詩作（尤其是詩中之註及「前言」）證明《劄記》

〔註153〕同上書，卷四十一，25a～26b。

〔註154〕同上書，卷四十四，16b～17a。

一書出自其手。以下擬就他人之言詞求証，此所謂外証也。

甌北之同鄉後學孫星衍（西元 1753 年～西元 1818 年）〔註155〕所撰之《甌北先生墓誌銘》云：「……尤邃於史學。家居數十年，手不釋卷，所撰《二十二史箚記》鈎稽同異，屬詞比事，其於前代弊政，一篇之中，三致意焉。」〔註156〕

墓誌銘一類之文章，固多溢美之辭。孫氏雖爲考證名家，〔註157〕但不必爲例外。然觀本篇銘文，內容亦算相當平實。《箚記》爲甌北所撰，銘文中無任何置疑。且從本《墓誌銘》中，知悉甌北與星衍有多重關係；甌北之生平游處，尤其學行方面，星衍自謂「甚熟知」，〔註158〕則星衍對《箚記》所作之"供証"，斷無可疑之理。

又《甌北集》中指王杰（西元 1725 年～西元 1805 年）〔註159〕曾見《箚記》一書。甌北云：「同年王惺園相公，見余《廿二史箚記》，有感於前朝荊楚流氛事，手書遠訊。敬賦奉酬。」〔註160〕

如果《箚記》不是甌北的作品，則王杰豈不受騙！退一步說，假使《箚記》不是甌北所撰，則甌北似乎怎麼樣都不至於僞造這項証據，插贓別人以爲聲援吧！

詩人舒位（西元 1765 年～西元 1816 年）〔註161〕曾作詩多首賀甌北八十大壽。其壹云：

> 封侯何必面如田，骨相來從酸棗天；
> 春向百花開處早，詩當萬卷破時傳。
> 囊邊春錦懷芳草，壁上黃河貫酒錢；
> 誰識三千風月外，胸中別有四千年。（自註：先生著《廿二史箚記》）

〔註162〕

〔註155〕甌北與孫氏皆陽湖人。孫氏所撰之《甌北先生墓誌銘》云：「先生與予同里，有姻聯，又爲詞館前輩，生平游處甚熟知，其學行尤悉。……」
〔註156〕此銘文收入《甌北集》，卷首。
〔註157〕孫氏生平及學養，可參 ECCP 有關條目。
〔註158〕見本章註155之引文。
〔註159〕甌北與王杰之關係及兩人命運、際遇之否泰優劣，可參王建生，上揭書，頁320～322；並可參本章，註110。
〔註160〕《甌北集》，卷四十三，10b。
〔註161〕ECCP 有傳；舒位與甌北之交往，參王建生，上揭書，頁325～326。
〔註162〕舒位：〈奉和趙甌北先生八十自壽詩原韻〉，《缾水齋詩集》，卷十二（商務印

《劄記》之爲甌北所撰，姚鼐《甌北先生家傳》亦無任何異議。〔註163〕

　　錢大昕嘉慶五年爲《劄記》所撰之序文則更是本書爲甌北所寫之絕好証明。序云：「……所撰《甌北詩集》、《陔餘叢考》久已傳播士林，紙貴都市矣。今春訪予吳門，復出近刻《廿二史劄記》三十六卷見示。……」錢氏精於考據，假使《劄記》不是甌北自著，則其復出近刻《劄記》三十六卷見示，不啻以身試法了！錢大昕在序文中又說：「予生平嗜好與先生同。」甌北一生好吟詠；錢氏早年雖以辭章名，但以後專研經史。錢氏偏向於後世所謂之餖飣考據之學，甌北之志趣則不在此。兩人嗜好相同的，若就學問方面來說，則似非歷史的鑽研莫屬了。〔註164〕錢氏著有《廿二史考異》，則「歸仍鑽故紙，

　　　　　書館據畿輔叢書本排印），頁308。

〔註163〕《家傳》附見《甌北集》，卷首。

〔註164〕按：錢、趙雖同治史，但取向不盡同。實齋衡論兩浙學術，謂「浙東貴專家，浙西尚博雅。」（《文史通義‧浙東學術》）甌北之學，似難語乎博雅，固雖出生於江蘇陽湖，地屬浙西（錢塘江（浙江）之西），但與錢大昕及王鳴盛（同爲江蘇嘉定人）之治史路徑異，不得因同屬浙西，即逕稱甌北爲浙西學派之史家也。近閱皮爾斯徹（Priest）上揭博士論文，則逕視甌北爲浙西學派史家。並於相關語句之註釋中謂本諸杜維運先生《清乾嘉時代之史學與史家》一書（頁1～2）而來。此尤啓人疑竇。筆者十多年前即誦讀杜先生書，知於錢、王及浙東史家外，另立一章以討論甌北之史學，則甌北在杜氏眼中異乎錢王二人可知也。爰重閱杜氏書，尤其皮氏所指稱之頁1～2，果証實一己記憶之不謬。皮氏論文，寫得相當嚴謹認眞，不意竟有此失！筆者極欲知悉皮氏意見之出處，俾了悟其確切淵源之所自。後讀Chan上揭博士論文，始知甌北被視爲浙西史家，蓋本諸內藤湖南之《支那史學史》。爰案圖索驥，得悉內藤氏以錢、王、趙三人對舉，並相對浙東學派之史學而指認三人爲浙西學派。皮氏意見之出處，於此尋得其源頭。至於相關註釋謂本諸杜維運先生者，恐係一時不慎把其他資訊誤置本處耳，不足深論。

　　　　　上述各人意見，分別見以下各該著作：

　　　　　Priest，上揭博士論文，頁108。有關語句是："These three works represent the best of what is traditionally referred to as Western Chekiang historiography."（這三部著作（按指錢之《廿二史考異》、王之《十七史商榷》、趙之《劄記》）乃係傳統上被認定爲浙西史學中最佳的代表作。）本句下的註釋是：SHSC: 1～2。（按皮氏以此代表《清乾嘉時代之史學與史家》）Chan，上揭博士論文，第二章：〈所謂「浙西」史學派〉。內藤湖南：《支那史學史》（東京：筑摩書房，西元1969年），頁334～356，尤其頁356。

　　　　　又：張曉虎亦指出甌北異於同時代之各學派，「確實有點自成一派味道」。此亦可佐証，中國學人鮮有視甌北與王、錢二人同屬浙西學派者。參張曉虎：上揭文，頁1098。

撐腸五千卷，縱目廿二史」的甌北有《劄記》之作，又何可置疑呢！

現在我們再從《叢考》來看《劄記》的作者問題。上文已經証實《叢考》是甌北的作品。今即以《叢考》爲據來檢証《劄記》。

甌北寫《劄記》，時有運用詳略互見例者，於《劄記》多處標示「說見《陔餘叢考》」，「見《叢考》前編」等數字。檢閱《劄記》，計作如是之注明者至少有八處。茲特翻檢《叢考》，尋出《劄記》所云互見處，表列兩書相應之條目及事項於下，以資對照並觀。

《二十二史劄記》			《陔餘叢考》		
卷數	條目	事項／引文	卷數	條目	事項／引文
一	〈各史例目異同〉	「古書凡記事立論及解經者，皆謂之傳，非傳記一人之事蹟也。」甌北自註：說見《陔餘叢考》	五	〈史記一〉	「古人著書，凡發明義理、記載故事，皆謂之傳。」
十二	〈江左世族無功臣〉	「六朝最重世族，已見《叢考》前編。」	十七	〈六朝重氏族〉	「六朝最重氏族。」
十三	〈《魏書》多曲筆〉	「后妃傳內，孝靜帝后高氏，本神武之女，文宣妹也。而皇帝崩後下嫁楊遵彥，亦似略無忌諱，故《叢考》前編謂非收原本。」	七	〈《魏書》有後人所補者〉	「又孝靜后傳，書帝被酖後，后再嫁楊遵彥爲妻。后即高歡女，文宣姊妹也，收敢書法乎！」
十五	〈魏齊斗秤〉	甌北自漢之斗秤論至魏齊之斗秤，最後復言：「……餘見《叢考》。」	三十	〈斗稱古今不同〉；又見〈丈尺古今不同〉	甌北自漢之斗秤論至彼當世之斗秤。
十九	〈唐有兩上元年號〉	「年號重襲，已見《叢考》前編。」	二十五	〈年號重襲〉	「……然歷世既久，而所取吉祥字上有此數，稍不詳考，未有不至重襲者。……」
廿六	〈宋四六多用本朝事〉	「劉克莊詩多用本朝事，說見《叢考》。」	廿四	〈劉後村詩多用本朝事〉	甌北舉數例以說明詩人多有用本朝事以作詩者。至論克莊詩則云：「而尤專以歧見長者，莫如劉後村，《池北偶談》已爲略摘數條。」

| 三十 | 〈一母生數帝〉 | 「前代有一母生數帝者,《陔餘叢考》所載尚未備,今更詳錄於此。」於是甌北從晉朝述至明朝,舉數事例爲證。 | 四二 | 〈一母生數帝二后、一母生二名儒、一母生兩狀元〉 | 「一母生數帝」事,甌北從晉朝述至元朝,亦舉數例爲證。 |
| 三十 | 〈縱囚〉 | 「縱囚事已見《陔餘叢考》,今又得數事。」作者於是從《後漢書》、《三國志》、《晉書》、《宋史》等舉例以作說明。 | 十九 | 〈縱囚不始於唐太宗〉 | 「縱囚事,唐太宗最著。……然不自唐太宗始。」作者於是舉《晉書》、《南史》、《宋書》、《梁書》、《新唐書》等例以作說明。 |

第四節　結　論

　　現在我們對《箚記》的作者問題作一總結。綜合上述各點,相信《箚記》的作者問題應該再不成爲問題了。如果還要說《箚記》不是甌北所撰,那就非要肯定以下各點爲眞不可:

一、《叢考》不是甌北的作品,因此藉賴《叢考》來証明《箚記》的作者是甌北,當然也是成問題的。(按《叢考》的作者問題上文已經考証過,而認定本書爲甌北所撰。且除了李慈銘及張舜徽二人懷疑《叢考》不是甌北作品外,迄今尚未見第三人作過同樣的懷疑。即以撰文近萬言來否定《箚記》是甌北所作的謝正光先生來說,也沒有懷疑過《叢考》的作者問題。〔註165〕因此《叢考》之爲甌北所撰絕不應該置疑。這點我們必先肯定,否則下文第二、第三點便無從講起。)

二、宿儒之子(李慈銘稱《箚記》的「眞」作者)所寫的《箚記》與吾人現今確認爲甌北自撰的《叢考》在內容方面適巧相當吻合,以至甌北購得《箚記》後,不得不在《箚記》上援用詳略互見例以把《叢考》之相同處或至少相近處串連起來,藉以証明《箚記》也是彼所撰。

三、《箚記》作者的思想與肯定爲甌北所撰之《叢考》及其他著作所流露的思想相同只屬偶然;文筆相同也是偶然;《箚記》、《叢考》兩書的論証方法(主要是歸納法)相同也是偶然。

四、甌北於購得《箚記》後,故意作詩多首,復又加上自註及相當於「前言」

〔註165〕謝先生說:「以《叢考》亦非趙之作,未免少參訂矣。」謝正光,上引文,頁179。

的文字以偽証《劄記》是他的作品。

五、李保泰並未參予《劄記》的編校工作；〔註166〕他是串同甌北作偽，協助彼欺瞞世人。

六、精於訓詁考訂的錢大昕不是本身受騙，就是協助甌北蒙騙世人。

七、李調元、王杰、舒位及書賈施朝英被甌北蒙騙，以為《劄記》眞出自甌北之手。

八、姚鼐及熟知甌北生平、游處、學行，並與甌北有多重關係之孫星衍雖分別為甌北寫家傳及墓誌銘，但均對《劄記》作者問題失考。

九、甌北族孫趙懷玉《甌北先生年譜》所記甌北撰著、刊刻《劄記》事不可信。

十、甌北喪心病狂，甚至利用輓詩（輓謝啓昆）搬出死人來為他是《劄記》的作者一事作偽証。

十一、博聞多識之張惟驤不足以証明《劄記》出諸甌北之手筆。

十二、獨具隻眼之梁任公在《劄記》作者問題上亦看差了。

十三、甌北在文人薈萃的江南常州、武進地區，且又在當地「老生」多能說出《劄記》眞作者的情況下，剽竊／重金購買此人之書，而知情者以至當事人子孫竟緘口不言近百年。

十四、同一學者在不同著作中所陳示的意見必不互歧。

　　按以上各項似無一可確認為眞；而其反面，均構成甌北自撰《劄記》之積極內證（第三項可屬之）、外証（一、二、四、五、六、七、八、九、十、十一、十二項屬之）及理証（第十三、十四項屬之）。相反，《劄記》非甌北所作之論斷，非失諸傳聞，即失諸証據不足；更未能就各相干材料作通盤之考察。又筆者閱覽所及，否定甌北是《劄記》之作者而見諸文字者，至今僅三先生（李慈銘、張舜徽、謝正光）而已。然則《劄記》非甌北所作之說法，殆難成立。上述十四項意見之反面既構成一堅強之匯証，所以在沒有非常有力的反面証據出現之前，恐怕此一匯証是不可能被推翻駁倒的。（上述意見之反面，若各自獨立來看，或各有被推翻之可能，第八、十一、十二參項稍脆弱，更可能站不住腳。但十多項聯合一起，則構成一有力之匯証。）

　　在終結本文之前，我們必須再三指出：甌北是一個性情偶儻、思想馳騁的才子型學者。〔註167〕所以他的行文理路以至思想方面便不很嚴謹。《劄記》、

〔註166〕有關李氏對《劄記》之貢獻，參本章，註28。

〔註167〕李元度纂《國朝先正事略》及趙爾巽修《清史稿》均以甌北入〈文苑傳〉，錢

《叢考》兩書同論一史事而意見不免互歧實可由此得一確解。我們必須先對他的思想、性格，以至生活各方面有一比較全面性的了解，然後才能有充份的實據來証實或否証他是《劄記》的作者，否則一切論斷不免失諸一偏之見。

最後，讓我們引錄任公的一段話總結全文。他說：

> 甌北之《廿二史劄記》，其考據部份，與西莊、辛楣相類。顧其採集論斷，屬辭比事，有足多者。其派寧近於浙東。或曰：其攘章實齋遺稿者過半云。無左証，不敢妄以私德讞前輩也。〔註168〕

大昕、王鳴盛入〈儒林傳〉。錢、王以經史名家，甌北則以文史名家。才子型文史家入〈文苑傳〉，固宜矣。其所以入〈文苑傳〉者，非正由於其性情、思想之倜儻、馳騁歟？

〔註168〕 梁啓超：《論中國學術思想變遷之大勢》（台北：商務印書館，西元 1974 年），頁 96。又：1989 年七月中旬，筆者首晤謝正光先生於台北（同時相聚者尚有數好友），相談甚歡。筆者知謝先生曾撰文（謝正光，上引文）討論《劄記》作者事，爰就該問題向先生請教。先生謂該文成於廿多年前，今不復憶及其詳細之内容云。就甌北是否《劄記》之作者一問題，先生亦未表示明確之意見。事後筆者細讀謝先生一稍涉及《劄記》作者問題之文章（謝正光：〈從《趙翼傳》的立論說到趙甌北在詩壇上的地位〉，《明報月刊》，西元 1986 年七月號，第 247 期，頁 80～84。）該文末段云：

「《趙翼傳》的附錄收了二十種文獻，……前十四種是難得一見有關甌北的第一手資料，看來都是得之不易的。後六種是作者二十多年來所發表過有關趙翼的文章，也都是值得重視的，尤其是三篇考証《廿二史劄記》及其作者問題的專論，不但見解獨到，而且蒐集博雅、論斷明快。都是上乘之作。」（頁 84）

「作者問題的專論」乃指《趙翼傳》附錄十五之文章：《廿二史劄記》之作者問題〉（原載《大陸雜誌》，第十九卷，第六期，民四十八年九月。）該文之主旨在於說明、肯定《劄記》一書乃甌北所撰。今謝先生既認爲該文（及其他三種附錄）「見解獨到」、「蒐集博雅」、「論斷明快」，乃「上乘之作」，則不啻否定自己廿多年前上揭文之斷語（「以余考之，《劄記》斷非趙氏所作」（頁 166）），轉而承認甌北乃《劄記》一書之作者。此前後兩文見解雖互歧，但毫無疑問，均自出謝先生一人之手。《叢考》、《劄記》之作者問題由此可窺見一點消息；若干見解上互歧實不足以否定兩書同出一人之手。

第二章 《廿二史劄記》所見趙翼對待野史的態度及其實際作法

　　《劄記》一書的作者問題已辨析、考訂如上。甌北先生是本書的作者，相信是今後誰也否定不了的事實。至於本書的內容，則學者皆知它是甌北閱讀廿二史〔註1〕時所作的劄記。然而，甌北作這種劄記時，除以此等正史為取材所本之外，尚時有兼取其他書籍的情況。當然，其他書籍在《劄記》中被

〔註1〕　按：所謂「廿二史」，實係廿四史。茲稍說明本問題如下。明初，遼金元三史修成後，從《史記》到《元史》，共廿一史。清乾隆初，《明史》修成，合先前之廿一史而有廿二史之目。後四庫館開，又詔增《舊唐書》，并從《永樂大典》中析出《舊五代史》，是以正史之總數驟增至廿四。甌北之書，所以稱《廿二史劄記》，而不稱《廿四史劄記》的原因，金毓黻作解釋如下：「……趙氏《劄記》并《舊唐書》、《舊五代史》而釋之，而不稱廿四史者，其時二史未奉有列入正史之明諭也。」然而，《劄記》脫稿於嘉慶初年。其時，《四庫全書》早已告成，內中〈史部一・正史類一〉明說：「正史……共為二十有四」，又〈正史類二〉明列各廿四史之目而加以著錄。故所謂二史未奉明諭列入正史，實臆說也。李慈銘氏對此所作之解釋則比較中肯。他說：「……其所記，已遍及廿四史，而云『廿二』者，蓋仍合新舊《唐書》及新舊《五代史》為一耳。」以上金毓黻的說法，見所著《中國史學史》（台北，西元1974年），頁310；李慈銘的說法，見所著《越縵堂讀書記》（台北：世界書局，西元1975年），頁419～420，〈廿二史劄記〉條。又廿二史、廿四史纂修及定名經過，參徐浩：《廿五史論綱》（上海：新華書店，西元1989年），頁15。按徐書乃據世界書局1947年版影印。台北之世界書局後亦據此原版影印出版本書，惟書名改易為《廿五史述要》，撰者并改為世界書局編輯部。書前之各序文（方覺慧、鍾泰及徐本人之〈自序〉共三篇）亦刪去。其他方面，則一仍舊觀，惟正文前之目錄更易一二字而已。又廿一史前之各史名目，可參錢大昕：《十駕齋養新錄》，卷六，各相關條目。

援用的情況，絕不及正史被援用的情況來得普遍。但此等含稗乘小說在內的
其他書籍，相當普遍地被採用著則是事實。

　　這些書籍在《劄記》中的功能有多種，其中似以糾正、補充正史最為普遍
（詳下章）。然而甌北在《劄記》〔註2〕一書中不只一次的表示過他是反對援用
這些從前史官棄餘的稗乘小說〔註3〕來糾駁正史的。於是我們便駭然發現甌北在
言辭上的表示與事實上的表現有了一個很大的差距。然而，不少學者似乎沒有
注意到這個事實上的表現，而咸以他言辭上的表示為根據，而作出了不符合實
況的判斷。〔註4〕這是很可惜的事。筆者十多年前撰寫有關甌北史學的論文〔註5〕
時，已注意到有關問題，並用了若干篇幅，〔註6〕就《劄記》一書中舉證，指出
甌北確實是援用過不少正史以外的史籍來處理正史的。世人治甌北史學者不
少，但能夠就這方面來研治《劄記》者，則少有專論。〔註7〕筆者有感於此，由

〔註2〕　本文所用《劄記》乃大陸學者王樹民校證過的本子：《廿二史劄記校證》（以
　　　　下簡稱：「王《校證》或「《校證本》」）：北京：中華書局，1984年1月出版。

〔註3〕　下文隨各具體情況，或用「稗說」，或用「野史」、「雜書」等名稱。要之，皆
　　　　概指正史以外之書籍。

〔註4〕　中國學者，如金毓黻、高國抗，美國學者如 Virginia Mayer Chan 等均接受了
　　　　甌北的說辭而不細察實況。各人的說法，分別見：金毓黻：《中國史學史》（台
　　　　北：鼎文書局，西元1974年，原書出版於西元1941年），頁310；高國抗：《中
　　　　國古代史學史概要》（廣州：廣東高等教育出版社，西元1985年），頁451；
　　　　V. M. Chan，上揭博士論文，頁74。各人之具體說法，詳以下各相關註釋。

〔註5〕　即上揭《趙翼史學研究》一文。

〔註6〕　同上註，約七千五百字。

〔註7〕　據閱覽所及，1984年後，始有中國學者稍事整理、略說甌北在《劄記》中徵
　　　　用野史、稗乘胜說的問題。此如大陸學人王樹民、雷大受及張孟倫即是。見
　　　　王樹民，前揭書，頁25，註1；雷大受：〈趙翼及其史學著作〉，載《史學論
　　　　集》（北京：北京師範學院出版社，西元1985年），頁313；張孟倫：《中國史
　　　　學史》（蘭州：甘肅人民出版社，西元1986年），頁375～381。本章及下章完
　　　　成後，筆者始獲睹美國學者皮爾斯徹（Priest）之上揭博士論文。論文中居然
　　　　用了整整一章，七十多頁的篇幅（第四章，頁225～299）來論述《劄記》中
　　　　的史料問題，其中大部份篇幅尤在闡述《劄記》中援用非正史的問題。筆者
　　　　拜讀此章時，內心至為矛盾惶懼，且喜且驚。喜者，是因為這問題居然能夠
　　　　吸引多一個同道（且是外國人）的深入研究；此正可反映本問題之重要性。
　　　　驚者，是恐怕自己所寫出來的文章與別人雷同；又雖或不雷同，但研究成果
　　　　若在他人之下，則本章及下一章便算是白寫了。在邊惶懼，邊驚喜的情況下，
　　　　筆者仔細閱畢皮爾斯徹論文中相關的一章書。可以告慰的是，皮爾斯徹與筆
　　　　者雖對待、處理相同的問題，但取徑幾全不同，著眼點亦不同。筆者不敢說，
　　　　以下的研究定比皮爾斯徹出色，但兩文既不相同，則本書這兩章至少不會是
　　　　白寫了，或至少不會有抄襲之嫌。《晉書·陳壽傳》載夏侯湛著《魏書》，見

是勉力撰就本篇。其中有關正史以外之書籍如何被採用的問題，擬留待下章詳細討論。至於本章，則擬先就以下三問題稍作研究。〔註8〕

一、學者對《劄記‧小引》的說辭及書中實際的作法恒有不同的理解。茲先探討之。

二、就《劄記》一書中，盡量搜羅、析論甌北之意見，藉以考見其本人對引用稗乘脞說以治史，究竟抱持何種態度、主張。

三、就上述二所考得的結論（即甌北的主張），持之與甌北本人在《劄記》一書中所實際表現者相核對，藉以查證兩者是否相符合。得出之結果則正如上文所說過的是有很大的差距！筆者不揣譾陋，爰對其中緣故更作推斷、解釋（interpretation），甌北言（看法、意見）行（實際作法）間之差異或可由此得一契解。

第一節　學者對《劄記‧小引》的說辭及書中實際作法的理解

《劄記》書首收有甌北自撰的〈小引〉一篇。內中甌北對援用稗乘小說以糾駁正史的問題，即曾表示過相當清楚明確的意見。茲引錄本〈小引〉有關文字一段如下：

> ……惟歷代史書，事顯而義淺，便於流覽，爰取爲日課，有所得，輒劄記別紙……。間有稗乘脞說，與正史歧互者，又不敢遽詫爲得間之奇。蓋一代修史時，此等記載，無不蒐入史局，其所棄而不取者，必有難以徵信之處。今或反據以駁正史之訛，不免貽譏有識。

壽所作，便壞己書而罷。筆者幸不至此！

皮爾斯徹相關的一章書，名爲《廿二史劄記：歷史及其史料》。所謂「歷史」，指的是《劄記》一書所處理的史事；「史料」主要是就書中所援用的私史（private historiography，即本文所說的「非正史」、「稗乘脞說」）來說。皮氏該章書之宗趣，主要是透過若干明代稗乘小說被應用的情況來闡釋甌北史學之特色；對若干問題之析論可謂相當深入。筆者本章之重點則與此不同。本章主要探討甌北對待稗史小說的態度。這包括甌北言辭上的＂表面聲明＂及事實上的實際作法。皮氏之論文亦稍涉及這方面，但論述未能深入，且亦未細析學者對有關問題的理解。至於下一章，筆者則是全面探討各種非正史在《劄記》中被援用的情況，此則與皮氏藉著若干種明代野史之應用以闡釋甌北史學之特色者迥異。

〔註8〕上述拙文雖用七千多字的篇幅討論有關問題，但與本章即將研治之三問題，內容上并不相同。

是以此編多就正史紀、傳、表、志中參互勘校，其有牴牾處自見。

按這段文字中，最後的幾句話：「蓋一代修史時」至「不免貽譏有識」，最為重要。甌北這幾句話，其實非常明確地表示：史局纂修正史時，史官棄而不取之稗乘胠說，後人不可再撿拾之以為糾駁正史之用。原因很簡單，因為在甌北眼中，修纂正史時，已經蒐入史局的稗乘胠說，該用的都全用了；至於那些被棄而不取的，都是本身難以徵信的東西。這些東西既是難以徵信－本身有問題，則後人又怎可反據之以糾駁正史呢！

從上所引錄的一段話，尤其最後幾句中，我們很清楚的看得出來，甌北在原則上並沒有反對援用稗乘小說來治史，否則他不必說「此等記載，無不蒐入史局」的話。他所反對的其實是重拾原已搜集，然又被棄置之稗說來糾駁正史吧了。此點乃本文之重點所在，下文將對此及相關諸問題作深入解說。

據閱覽所及，眾多學人中，錢大昕（西元 1728 年～西元 1804 年）大概是最先注意到〈小引〉中上面摘鈔的一段話，而加以引錄、評釋的第一人。〔註9〕錢氏序《劄記》云：

> ……又謂稗乘胠說，間與正史歧互者，本史官棄而不採，今或據以駁
> 正史，恐為有識所譏。此論古特識，顏師古以後未有能見及此者矣。

據此〈序言〉，錢氏很能夠掌握上所引甌北論述正史與稗乘胠說孰輕孰重的一段話的本意。

比錢大昕年代稍晚的另一位學者周中孚（西元 1768 年～西元 1831 年）對同一問題，亦表示過類同的意見。他說：

> 其（按指甌北）不援雜書，以駁史文之訛，亦屬特識。自顏師古以
> 後，未有能見及此者矣。〔註10〕

很明顯，這段話是從錢大昕轉手移用過來的。其中「不援雜書，以駁史文之訛」一語，可視為係上所引《劄記‧小引》言辭的一種簡化。〔註11〕這句簡

〔註9〕 據〈小引〉文末所示，〈小引〉寫於乾隆六十年（西元 1795 年）。錢大昕為《劄記》所撰的序文，則寫於五年後的嘉慶五年（西元 1800 年）。筆者至今看不到任何徵引、論述〈小引〉的文字而寫成年代更早於錢氏序文者。按《校證本》不收錢序；世界書局（西元 1974 年 11 月）及華世出版社版（按即杜氏校證補編本）則收之，可參看。

〔註10〕 周中孚：《鄭堂讀書記》（台北：世界書局，西元 1960 年）頁 310。

〔註11〕 「不援雜書，以駁史文之訛」一語，驟看之下，好像出了問題。甌北在《劄記》中援用稗說以糾駁正史之處甚多，因此周中孚怎麼可以說出這樣的一句話呢？但仔細琢磨之後，才知道這句話不是剋就甌北在《劄記》中的實際表現來說的，

化過的話及上引錢大昕的說話都反映出兩人犯了輕信的毛病，〔註12〕因爲「不援雜書，以駁史文之訛」只是甌北在《劄記》中的一種說辭而已，卻不是他事實上的作法。錢、周二人固然輕信，但兩人主要是轉錄〈小引〉的說辭，而視之爲甌北的一種特識而已，並沒有進而肯定甌北定會在書中落實他這個說辭的。然而，其他學者，如今人金毓黻、〔註13〕高國抗、〔註14〕V.M. Chan〔註15〕等人卻直接指稱甌北事實上在《劄記》中便是不用稗乘小說糾駁正史，這便很有問題了。

　　學者中，如上所述，固然有不考查實況而輕信〈小引〉的說辭者；但其他能確然指出甌北實有援用雜書以治史（含糾駁正史），亦不在少數。此如大陸學者張孟倫先生、〔註16〕鄒賢俊先生、〔註17〕台灣學人杜維運先生、〔註18〕

　　　　而是剋就《劄記‧小引》中的"聲明"來說的。他特別指出這是甌北的一種特殊識見（「亦屬特識」），而不是說這是甌北的一種特殊作法，正可爲證。

〔註12〕這裡所謂「輕信」，是指學者直取〈小引〉的有關言辭，而不細察甌北在《劄記》中事實上另有作法。但這并不意涵甌北是故作有關說辭來矇騙讀者。此點詳下文第三節。

〔註13〕金毓黻說：「……蓋他人治史者，喜以稗乘胜說爲證，而趙氏則以本書證本書，或以其他正史證某一正史，蓋由清人以經證經之法，推而出之，……」（上揭書，頁310）。這是說甌北不像其他治史者，喜歡援引稗說爲證。（這是就事實上「援用」的問題來說：至於甌北對稗說所持的「主張」到底如何，金氏上文沒有提及。）然而，《劄記》以稗說證史者極多。金氏大概沒有細讀《劄記》全書，因此便以爲甌北在書中沒有徵用稗說證史了。

〔註14〕高氏說：「……專取各史本書互爲援證，不旁及他書。」高氏之誤與金氏同，且錯得更明顯。參上註。高國抗：《中國古代史學史概要》（廣州：高等教育出版社，西元1985年），頁451。

〔註15〕V. M. Chan 說：「趙翼之著作（按指《劄記》）主要是〔就正史本身〕相互勘校，以見其牴牾，絕不參稽其他史料。」（Zhao Yi's work …… primarily checking for internal inconsistencies without any reference to outside sources。）Chan，上揭博士論文，頁74。又頁159亦有類同的說法。按 Chan 的說法，無論就《劄記‧小引》的意見，或就書中甌北的實際表現來說，都不免過於輕率。

〔註16〕張孟倫在所撰《中國史學史》中用了五頁多的篇幅，以「不敢依據稗乘胜說以駁正史」的題目來討論有關問題。這算是國人討論本問題用篇幅最多的一人。文中主旨在於：（1）分類舉證以指出《劄記》徵用稗說以處理正史之處甚多。（2）認爲甌北〈小引〉說不敢依據稗說駁正史的話，只是遁詞。作者認爲甌北礙於當時文網繁密，再加上自己曾受過降級處分（參《甌北先生年譜》，〈乾隆三十七年〉條（時甌北四十六歲）。《年譜》收入杜維運：《校證補編廿二史劄記》），因此便只好在〈小引〉中作此遁詞了。張氏大概是詳細翻閱過《劄記》，因此很能注意到實際上甌北應用稗史的事實。這與金毓黻、高國抗、V. M. Chan 三人不細讀《劄記》者不同。張氏的分析，尤其以「遁詞」

古偉瀛先生、﹝註19﹞李金榮先生﹝註20﹞及美國學者皮爾斯徹等﹝註21﹞皆是。

來解釋甌北言、行不一的事實，是相當富啓發性的。但正如上文指出過的，甌北在原則上是贊成治史可以援用非正史的，雖然他反對藉此來糾駁正史。因此，張氏的析論，如能就這方面更作檢別、釐析，當更有貢獻。張說見所著：《中國史學史》（蘭州：甘肅人民出版社，西元 1986 年），頁 375～381。

﹝註17﹞ 鄔賢俊說：「歷史考據，是《廿二史劄記》的重要構成部份。趙翼考史，多以正史證正史。……不過，細考《廿二史劄記》，不難發現，趙翼在考證中實際上還是引用了《草木子》、《明稗類鈔》、《玉堂漫筆》一類的資料數十種。這說明，趙翼對正史以外的稗乘雜史也并不都認爲『難以徵信』，一概擯棄，而是有所取捨的。」按甌北在《劄記·小引》中雖表示反對用雜書駁正史，但隨後又說：「……是以此編多就正史紀、傳、表、志中參互勘校，其有牴牾處自見。」文中「多」字很值得玩味。「多」者，簡言之，蓋指「大多數」、「過半數」而言，可說是一個相當富彈性的用詞。甌北并沒有用絕對性的字眼，如「僅就」、「概就」等等。可見甌北很可能是自留空間，不走極端。鄔賢俊先生或許是注意到這個用語，再加上在《劄記》中確實找到雜書被援用的事實，所以便說出了上面的一番話。上引語，見鄔氏主編：《中國古代史學史綱》（湖北：華中師範大學出版社，西元 1989 年），頁 417～418。又筆者對「多」字的詳細說明，見本章，註84。

﹝註18﹞ 史學界前輩杜維運先生治甌北史學數十年。近年來更撰專著《趙翼傳》（台北：時報出版公司，西元 1983 年），就時代先後，對甌北作整體的研究，創獲至鉅，允爲甌北之大功臣。然杜氏年青時對有關問題之論說，似稍欠深入。所撰《〈廿二史劄記〉考證》（載《新亞學報》，第二卷二期，西元 1957 年）中之〈序言〉，乃根據《劄記》之〈小引〉、卷六〈裴松之三國志註〉條及卷二十九〈元史〉條而批評甌北說：「……然著史考史，皆貴參互徵引，如能多方蒐集資料，反覆考證，以補正史之不足，亦要圖也。」又說：「正史以外，徵引他書，以相發明，固無不可。今乃一再強調，斥爲不自量之舉，殊爲偏見矣。」杜氏之指責甚對，想甌北在世，亦無以回應。然而，若杜氏更能進一步探討何以甌北一再強調不可徵用他書以糾駁正史，并如能指出甌北在原則上沒有反對稗說亦可作修史之用，則其論說似更能透視、契合甌北内心之原意。此外，杜氏似乎亦疏忽滑過了《劄記》中各相干的文字，以至未能據實指出甌北仰仗雜書稗說，以糾駁正史這個事實。然而，杜氏發表於翌年（西元 1958 年）的另一文章（〈《廿二史劄記》考證釋例〉），於開首之處即明確指出，甌北實有徵用正史以外的雜錄別史以與正史互相發明者。此正可補正上年（西元 1957 年）之文章：稱甌北所用之雜錄別史僅二三種。此則不免少算矣。原文云：「《劄記》史料來源有二，一曰正史，一曰習見之二三雜錄別史。」按「二三」字，當謂少數之意，固不必作實看。但甌北所用之雜書，實無慮百數十種，似不能算少數矣。千慮容有一失，智者不免焉。錢大昕云：「一事之失，無妨全體之善。」（《潛研堂文集》，卷三十五，〈答王西莊書〉）。杜公一失，正可從此看。杜文見《幼獅學報》，第一卷，第一期，1958 年 10 月。又收入杜氏：《校證補編廿二史劄記》。甌北引用雜書之數量，參本章，註35，即知其梗概。

﹝註19﹞ 古偉瀛先生說：「閱讀趙氏的著作，經常會有一個印象是他對正史所載的信任比野史的要大得多。有人要用野史來反駁正史，他十分反對，……可能是因

爲個人的性格看不慣有些人喜歡標新立異，或是因爲對於中國史學修撰的過程熟悉，深知正史之寫與釋史間之差異而有此看法。然而，這并不是說趙氏以爲所有的非正史記錄都不可靠，他確曾批評許多正史中不可信的地方。也說過『一代敝政，有不盡載於正史而散見於他書者。(按古先生原文作：「載於史至散而見於他書者」。今據《劄記》校改。)』」按古先生所引甌北的話，見《劄記》，卷二十八，〈金末種人被害之慘〉條。本條徵用《遺山先生文集》，卷十六，〈平章政事壽國張文貞公神道碑〉；同書，卷二十八，〈臨淄縣令完顏公神道碑〉及劉祁《歸潛志》來說明金末種人被害事及金末僉軍之弊事。本條之主旨在於援引上面三種資料來補充《金史》之缺漏，而不在於糾駁《金史》。上引古先生的一段話亦沒有明說甌北引用這些資料來糾駁正史，但他既說甌北不會「以爲所有的非正史記錄都不可靠」，且又認爲甌北「確曾批評許多正史中不可信的地方」，則我們順此理路推斷說古先生的一段話當隱含以下一涵意：甌北在《劄記》中引用可靠的非正史來糾駁失實的正史。此一推斷，相信是不會乖違古先生一段話的原意的。古先生的一段話，見氏著：〈從《廿二史劄記》看趙翼的史學觀〉，《中西史學史研討會論文集》(第二屆)，國立中興大學歷史系主編，1987 年 8 月初版，久洋出版社)，頁 214～215。

〔註20〕 李金榮先生於引錄《劄記‧小引》及甌北同樣表示反對用稗史糾駁正史的另一條資料之後，便說：「趙先生的這種觀點也相當的有見識，無疑的是給那些喜歡標新立異的史家一種當頭棒喝。」我們要注意的是李先生僅是指出甌北的反對觀點是相當有見識；但沒有說甌北在《劄記》中是落實了、貫徹了這個觀點，而真的不用雜史糾駁正史。況且，我們從李先生的另一段文字，更可以窺見他意識到甌北實有援用野史以糾駁正史的事實。他說：「……《劄記》、《叢考》所運用的史料來源有二，一爲正史，一爲一些常見的雜史別錄(如《朝野異聞錄》、《稗史彙編》……等)」。雜史別錄在《劄記》中的運用，固然不止於糾駁正史(此點，詳下章)，但作此用途的則算相當普遍。因此李先生雖未明言甌北據此以駁正史，但此意當爲李先生上段文字所隱涵無疑。李先生的意見，見所著：〈趙甌北先生的史學〉，《史學》，第五期，國立成功大學歷史學會，1978 年 6 月。上所引錄的二段話，分別見頁 31，34。

〔註21〕 皮爾斯徹指出說：「他(按指甌北)在《劄記‧小引》中所提出的反對濫用(原文作"uncritical reliance"，直譯當作「不加批判地依賴」)稗乘胜說之警告，是跟他受到清代史學傳統的影響，而在書中援用非正史及筆記作爲史料來支援、補充，乃至時而糾駁正史的作法相矛盾的。」(His caveat against uncritical reliance on private histories in the preface to the Notebook is contradicted by his use as historical sources to support, supplement and at times, correct the standard histories in the Ch'ing historiographic tradition.)皮爾斯徹可謂一針見血地指出甌北言、行的不一致。其中說到援用稗乘筆記治史乃清代史學的傳統，這是一個很具啓發性的說法，容下文詳論。上引皮氏語句，見氏著前揭博士論文，頁 255。
大陸學人陶懋炳亦注意到甌北引用稗說治史的事實。他說：「趙翼以史證史，基本上限於以正史證正史，兼用本證、互證和理證之法，其議典制人物，偶或引雜乘稗史，但爲數極少。」陶氏雖已注意到甌北在《劄記》中以稗史小說治史的事實，但一方面說「爲數極少」，他方面亦未能據實指出此等書籍之應用尚不僅限於「議典制人物」而已，則陶氏的說法仍不免使人遺憾。氏說

金毓黻等三學人，止於輕信〈小引〉之說辭而已。但又有學者，於輕信之外，尚好作解人，進一步解說爲何甌北作如此的說辭者。此如日人內藤虎次郎（西元 1866 年～西元 1934）及加拿大漢學家蒲立本（E. G. Pulleyblank, 1922～）即是。兩人的解說（interpretation）相當有趣，茲稍作論述。

內藤在其名著《支那史學史》〔註22〕引據〈小引〉甌北反對以稗說治史的說辭後，便解說由於甌北編撰《劄記》時已屆晚年，〔註23〕且爲減省繁瑣以增加本書的趣味性（可讀性），因此便避免參稽正史以外的其他史料。〔註24〕按甌北撰寫《劄記》時，已屆晚年，且其本人亦不似同時代的考據家之好鶩旁徵博引，固係事實。至於說基於瑣繁及趣味性的考量，便不多引錄他書，則明與事實不符，蓋《劄記》卷三十以前，的確比較少用正史以外的史料；但卷三十一至全書末之卷三十六，則引用不少《明史》以外的史料。此點似未爲內藤氏所注意。由於忽略此事實而作出上述的解說，其解說之難於成立，可以想見。

蒲立本對甌北重視正史遠過於重視非正史的情況，作出如下的一番解說：

他（指甌北）的生活環境使他比較少有機會研讀罕見及偏僻的史料。他把這種不得已的情況，轉視爲一種道德上的應然，於是他反對〔援用〕那些考證家所依賴的各類輔助的材料，而特別強調正史的重要性。（The circumstances of his life gave him comparatively few opportunities for studying rare and out-of-way sources. Making a virtue of necessity he emphasized the importance of the official histories as opposed to all the variety of subsidiary

---

見所著：《中國古代史學史略》（湖南：人民出版社，西元 1987 年），頁 477。

〔註22〕按《支那史學史》原爲內藤虎次郎 1919～21 年及 1925 年在京都大學授課之講義，後爲其哲嗣內藤乾吉及受業神田喜一郎據之整理編集而成，并於 1949 年出版於東京。參該書內藤乾吉之〈例言〉及神田喜一郎之〈跋〉。該書〈附錄〉收有〈章學誠の史學〉一文。國人蘇振申曾繙譯爲中文：〈章學誠的史學〉，載《文藝復興》月刊，第一卷，第二期（西元 1970 年 2 月）。此中譯本開首之處對《支那史學史》的編集經過亦作了說明。法國漢學大師戴密微（Paul Demiéville）精研章學誠之史學，在其所著研究章氏史學的論文中，甚推重《支那史學史》中論述清代史學的部份。該書的編集經過，戴氏在論文中亦有所說明。Paul Demiéville, "Chang Hsüeh-ch'eng and his historiography", W. G. Beasley & E. G. Pulleyblank, *Historians of China and Japan*, p.167, note 1.

〔註23〕《劄記》初稿刊刻於嘉慶四年（西元 1799 年），時甌北已七十三歲。故內藤謂該書之撰寫係在晚年。參《年譜》，〈嘉慶四年〉條：本書第一章，第一節。

〔註24〕內藤云：「その《廿二史劄記》を書いたのは、晚年のことであるから、なるべく勞少くして面白く書かうとした。」內藤虎次郎：《支那史學史》（東京，西元 1969），頁 339。

material drawn on by the k'ao-cheng scholars.）〔註25〕

　　蒲氏這個說法，大概是根據〈小引〉而來的。但正如上文屢屢指出過的，〈小引〉的"供證"與書中實際上的表現是不符合的。蒲氏大概沒有細讀過《劄記》全書，而直據〈小引〉，以爲甌北眞的不重視非正史。更遺憾的是，蒲氏似以這個認定爲根據而推斷說是甌北的生活環境使他不可能研讀較多的其他書籍，這顯然是一種臆說。當然，〈小引〉說過甚麼「家少藏書」之類的話，但筆者認爲這大概只是一種甌北自謙之詞或是遁詞吧了，不能作實看。〔註26〕

　　學者對《劄記‧小引》的說辭（反對用稗史糾駁正史）及書中實際作法的理解，已分別逐一析論如上。綜合言之，學者之理解分爲四類。一是僅轉述〈小引〉說辭，並視之爲一種治史特識，而不指稱甌北在書中到底有否落實此說辭者。學者如錢大昕、周中孚可爲代表。二是不細稽《劄記》內容，而逕以爲甌北在書中之表現確係按照〈小引〉說辭而加以落實者。學者如金毓黻、高國抗及 V. M. Chan 可爲代表。三是察覺到〈小引〉說辭與《劄記》內容有異，而據實指出甌北言、行不相一致者。學者如張孟倫、鄒賢俊及皮爾斯徹等可爲代表。其中尤以皮氏之言詞最爲一針見血。四是輕信〈小引〉說辭，并強爲解說，藉以說明何以甌北作此說辭者，學者如內藤虎次郎及蒲立本可爲代表。

　　上述四類學者中，以第三類學者對有關問題之理解，最爲實事求是，故亦最爲可取。第一類學者雖不免輕信，但既未斷言甌北在《劄記》中必落實有關說辭，故謬誤程度又不如第二類學者之嚴重。至於第四類學者，則在錯誤認知（誤信）的基礎上而強作解人，則於輕信外，更不免多事矣。

〔註25〕 E. G. Pulleyblank, "Chinese Historical Criticism： Liu Chih-Chi and Ssu-ma Kuang", in W. G. Beasley & E. G. Pulleyblank, ibid., p.159。按清人李慈銘於咸豐八年（西元 1858 年），尤其十一年（西元 1861 年）已說過甌北《劄記》「不旁及他書」的話（參上章），并以「不以考核見長」來解釋。按考據非甌北所長，固係事實。但《劄記》實有援用他書者。故李氏亦係在錯誤的認知基礎上，妄作解釋。

〔註26〕 按甌北撰寫《劄記》前之多次修史經驗（參上章第二節四、）及寫本書時的晚年富裕的生活必定使他比常人更有機會研讀非正史的史書。有關甌北晚年經濟生活的研究，可參杜維運：《趙翼傳》，頁 259～263。杜氏參稽藏於美國有關甌北的資料後，更進一步解釋何以「甌北早年最貧，晚年則極富。」杜氏解釋，見氏著：〈關於《趙翼傳》的新資料〉，收入氏著：《憂患與史學》（台北，西元 1993 年），頁 220～221。古偉瀛先生亦根據甌北的時代背景指出說：「活在清朝最繁榮時代中，以其環境應該比前人甚至同時代人更有能力及機會看到善本及各種稗官野史之書。……」古偉瀛，上揭文，頁 214。

第二節 《廿二史箚記》中四條相關資料的疏釋

就徵用稗乘胜說的問題上，甌北在《箚記》一書中還表示過好幾次跟〈小引〉相同的意見。茲據王樹民《校證本》引錄如下，並詳作疏釋，以發明其底蘊。按王氏《校證本》每條皆依次冠上編號，如〈史漢不同處〉條及〈裴松之三國志註〉條之編號分別是 13 及 94。前條隸卷一，後條隸卷六。下文即以 1：13 及 6：94 代表之。

《箚記》卷一，〈史漢不同處〉條（1：13）載：

> 一代修史，必備眾家記載，兼考互訂，而後筆之於書，觀各史藝文志所載各朝文士著述有關史事者，何啻數十百種。當修史時，自必盡取之，彼此校核，然後審定去取。其所不取者，必其紀事本不確實，故棄之。而其書或間有流傳，好奇之士往往轉據以駁正史，此妄人之見也。〔註27〕

《箚記‧裴松之三國志註》條（6：94）云：

> ……凡此所引書，皆註出書名，可見其採輯之博矣，范蔚宗作《後漢書》時，想松之所引各書尚俱在世，故有補壽志所不載者，今各書間有流傳，已不及十之一，壽及松之、蔚宗等當時已皆閱過，其不取者，必自有說。今轉欲據此偶然流傳之一二本以駁壽等之書，多見其不知量也。〔註28〕

《箚記‧元史》條（29：416）云：

> ……此則未可據野史以駁正史者。蓋一代修史時，凡稗官叢說，無不搜集，其所棄而不取者，必其無所依據，今反拾其所棄以駁正史之訛，多見其不知量也。〔註29〕

以上三條資料，加上前引〈小引〉中的一段文字，分析言之，有三共同點。今試排列相關語句如下，便可瞭然。

第一共同點之語句如下：

> 蓋一代修史時，此等記載（按指稗乘胜說），無不蒐入史局。（〈小引〉）。

> 眾家記載……當修史時，自必盡取之。（1：13）

〔註27〕《校證本》，頁14。
〔註28〕同上註，頁133～134。
〔註29〕同上註，頁652。

凡此所引書，皆註出書名，可見其（按指裴松之）採輯之博……壽
及松之、蔚宗等當時已皆閱過。(6：94)

蓋一代修史時，凡稗官叢說，無不搜集。(29：416)

以上四條，除第三條（6：94）外，餘三條，無論就語句結構言，或就內容言，
幾乎全同。第三條雖別異，但就以下一點來說，四條資料全同：當修史之時，
所有相關的史料（即所謂「稗乘胜說」、「稗官叢說」、「眾家記載」、「凡所引
書」等等）都已被修史者採摘過了，即該用的都用上了。此中我們看不出甌
北對史官修纂正史時徵用野史的問題持任何反對的意見。那麼甌北要反對的
又是什麼呢？

上述四條資料的第二共同點可以提供一點線索。茲先引錄有關語句如下：

……其（按指修纂正史的有關人員）所棄而不取者，必有難以徵信
之處。(〈小引〉)

……其所不取者，必其事本不確實，故棄之。(1：13)

……其不取者，必自有說。(6：94)

……其所棄而不取者，必其無所依據。(29：416)

這四條語句給予筆者的一個印象是：甌北充當了有關史家（都是正史的纂修
者或注釋者）的代言人或「辯方律師」。他辯稱這些史家所棄置不採用的史料
都是本身有問題的史料。〔註30〕既有問題（「難以徵信」、「本不確實」、「無所

〔註30〕 按 6：94 條資料沒有明言是史料本身有問題，而是說陳壽、裴松之及范曄修
纂或注釋正史時沒有徵用某些史料一定是有他們的原因的（「必自有說」）。這
與〈小引〉、1：13、29：416 三條資料的說法相異。這個「必自有說」的解釋
相當有趣。茲稍申論如下。按前述三條資料都非常明確的指出說，是史料本
身不足徵信、不確實或無所依據，因此才遭到遺棄的命運。但 6：94 條資料
不採用同一理由來解說。取而代之的，是「必自有說」論。本條資料位於四
條資料的中間。何以前後數條資料之內容，以至語句結構都極雷同，而偏偏
這中間的一條卻與其他相異呢？是甌北行文時不經意的寫出了「必自有說」
這句話嗎？或根本上是甌北意有他指，所以才這樣子說呢？依筆者所見，這
既非甌北行文時不經意之筆，也非意有他指。原則上，甌北是反對後世史家
依據昔日史官遺棄的稗乘胜說（以至其他書籍）來糾駁正史的。但就 6：94
條資料來說，甌北顯然碰到了處理前後三條資料時所沒有碰到的一個相當棘
手的問題。蓋前後三條資料都只是專就一種正史來說。修撰各該正史時，各
該史家，在甌北眼中，都是竭澤而漁地用盡了一切該用的史料（包括稗乘胜
說）。因此在理論上，後世史家便不必（實亦無從）再在這方面作補充（此點，
詳下文），更遑論所謂糾駁了。然而 6：94 條對甌北的信念（此信念是：史官

依據」），那麼它們之不被採用，當然是很合理的了。不被採用既被視爲合理；那麼採用之便是不合理，該當反對的了。

上面四條資料的第三共同點，正是針對這方面而立說的，其有關語句如下：

> 今或反據以駁正史之訛，不免貽譏有識。（〈小引〉）

> 好奇之士往往轉據以駁正史，此妄人之見也。（1：13）

> 今轉欲據此……以駁壽等之書，多見其不知量也。（6：94）

> 今反拾其所棄者以駁正史之訛，多見其不知量也。（29：416）

這一個共同點可說是上述一、二兩個共同點所衍生出來的必然結論。既然修撰正史該用的史料全都用了，那麼剩下來沒有被用上的，當然是史料本身有問題了。既有問題而後人仍據之以糾駁正史，這些人當然是不知自量之妄人；那麼貽譏有識，便只能說是咎由自取。

棄餘的史料，都是本身有問題、不足徵信的史料）構成了一個重大的挑戰。甌北現今要面臨的挑戰是：陳壽撰《三國志》時所沒有用上的史料，按照甌北之信念，應該是一些本身根本有問題的史料，所以才不被錄用。但裴松之作注時，何以此等史料竟被用上了呢？又范曄撰《後漢書》時，「想松之所引各書尚俱在世，故有補壽志所不載者。」（甌北語）此意謂：范曄修史時當能看到松之作注時所採用的各種史書。因此，此等史書（或此等史書該錄用之內容）有不被錄用者（被棄置者），范氏可據之以「補壽志所不載」，而修成其《後漢書》。現今甌北再要面對同一問題：陳壽棄置之史料，按照甌北固有之信念，亦當是史料本身有問題者，但何以實事上范氏竟又錄用之？

甌北面對這性質完全相同的兩個問題之回應如下：陳壽之所以不取者，「必自有說」。松之所以不取者，亦「必自有說」。蔚宗所以不取者，亦是「必自有說」。甌北之回應可說是太過迂迴了一點，且亦不符合事實（事實是松之、蔚宗皆錄用所謂陳壽棄餘的史料）。但他不得不如是。因爲他無論如何不能說有關史料是本身有問題之史料，所以才不被錄用。因爲如果是史料本身有問題，則松之、蔚宗亦不能用之。甌北既肯定蔚宗史料應用上之不誤，則其前人（松之）之不用同一的史料，甌北當然只好說是其前人「必自有說」，而不好說是史料本身有問題了。同一道理，甌北既肯定松之在史料應用上之不誤，那麼陳壽不用之，陳壽當然亦是「必自有說」了。

其實，甌北碰上這種窘境，完全是自討苦吃、咎由自取。他的論點（或可稱爲他的看法、信念、認定）根本是完全站不住腳的。他爲了維護他的論點，因此只得迂迴其詞的說什麼各史家「必自有說」。其實，他只要接受「前修未密，後出轉精」這個道理，承認前人不取之史料很可能是由於其本人眼光不夠、意存偏私等等，故才棄而不用的。果爾，則後人大可據之以修補，甚至糾駁正史便是順理成章了，何必對正史之編纂者，甚至註釋者，曲爲迴護，而產生了「必自有說」論呢！

　　就邏輯上來說，上述論證可說全無問題。那麼，問題又出在哪裡呢？是出在大前提（即甌北之看法、信念）上。我們怎麼能夠武斷地相信修撰正史的史官都真的能夠竭澤而漁，且完全正確不誤，不偏不倚地應用了該用的史料呢！這個看法，毋寧說是甌北個人一己主觀的願望、理想，或是一個高貴的夢想吧了。〔註31〕

　　這裡更需要指出一點：甌北一方面固然是反對重拾、再用從前史官棄餘的史料來糾駁正史。前述四條資料已可作為鐵證。但這四條資料更蘊含了另一個同樣重要的主張，今闡發如下：修纂正史時，有關記載，既是「無不蒐入史局」（〈小引〉）、「自必盡取之」（1：13）、「無不搜集」（29：416），則後人於此實無置喙的餘地。由此說來，甌北不單止認為糾駁正史是不知自量的行為，就是試欲據前人棄餘之史料以作補充，也同樣是不必要的，該被反對的了。〔註32〕

　　按甌北這個主張，不啻充份地肯定了歷代史家修纂正史時，在搜集及選取材料的能力上，已達到絕對完美的境界。很明顯的這個認定只是甌北本人一廂情願的想法而已。當然，甌北本人或不太自覺他「無不蒐入史局」及嚴斥後人「不知量」等等的話語，已隱含了上述的認定！其實，這種認定的本身，根本上是違反最基本的科學致知精神的，亦違反了學術在原則上可以超邁過去而往前推展挺進的原理。因此，筆者在這裡很難相信，身為大史學家之一的甌北是自覺地意識了、接受了上述的認定的。但甌北既是一而再，再而三的在不同篇章裡說出「無不蒐入史局」等話，并據此反對援用史局所不蒐取的史料（即史局經過篩選而棄置的史料－尤指稗史小說）來糾駁、補充正史，這就很難教人相信這是他不經意的「無心之失」了。

　　那麼，甌北究竟為什麼作出此等說辭呢？這個耐人尋味的問題，我們留待下一節來探討好了。

〔註31〕　此借用美國史家 Charles A. Beard (1874～1948)的名言：That Noble Dream（高貴的夢想）。此片語實為 Beard 發表於 1935 年的一篇文章的名稱。此文章收入 Fritz Stern, *The Varieties of History* (New York: Vintage Books edition, 1973)一書內。

〔註32〕　上述四條資料雖無明言反對援用稗史來補充正史，但既云「無不蒐入史局」、「自必盡取之」、「無不搜集」，則此等語句實已蘊涵（imply）「反對補充」之義在內。蓋該取的都盡取了，那麼還有甚麼剩餘下來，可讓後人據以充當補充之用的呢？下文即據此而指出，甌北除明言反對援用雜書以糾駁正史之外，其說辭同時亦隱含下意：反對援用以作補充正史之用。

第三節　趙翼的史學構想與其實踐不相符合試釋

　　從本章第一節，尤其從上一節所詳細討論過的四條資料中，可以看到甌北是一而再，再而三的反對後世以史官棄餘的史料（雜書、稗乘胠說）來補充、糾駁正史的。但甌北的言行極不一致。因為《劄記》用此等史料來補充，以至糾駁正史的例子屢見、不一見。〔註33〕《劄記》卷三十一以後，討論《明史》之各條中，徵用援引《明史》棄餘之雜書尤多，〔註34〕且其中有不少是見諸《明史·藝文志》者。〔註35〕按甌北在 1：13 條資料中既認定「各史藝

〔註33〕按甌北在《劄記》中糾補正史，其所用之雜書、稗說，其中有不少之成書、刊行年代是晚於正史修成刊行之年代者。就徵用援引這些書來說，甌北不能算是自打嘴巴，因為甌北并沒有反對所有稗說可被援引徵用；他只反對援引徵用正史修纂者所棄餘之稗說而已。此點須再次強調。

〔註34〕卷三十一以前，甌北援引從前史官棄餘之雜書比較少，但不能說沒有。茲舉一例如下：27：367〈遼史疏漏處〉條即用王稱的《東都事略》以補充《遼史》。《四庫提要》〈東都事略〉條云：元修《宋史》時，參閱本書至多。按《宋史》、《金史》、《遼史》皆元人脫脫等所修。脫脫修《宋史》時既參閱本書，則修《遼史》時，自不能例外。然則甌北以修纂《遼史》時棄餘之書（或書中之部份材料）以補充《遼史》，乃不爭之事實。〈東都事略〉條，見《提要》，卷五十，史部六，別史類。

〔註35〕茲將《劄記》各卷討論《明史》時所徵用之雜書，而見諸《明史·藝文志》者，條列如下：王瓊：《雙溪雜記》（原文作《雙岐雜記》，今據《校證本》改）（31：471），葉子奇：《草木子》（據《校證本》，當作《稗史彙編》）（31：471，32：484，33：479），陸粲：《庚巳編》（31：471），李翊：《戒菴漫筆》（31：473，34：517，據《校證本》，34：517 所言之事，《漫筆》中無有關記載），楊士聰：《玉堂薈記》（31：474，31：475），黃瑜：《雙槐歲抄》（32：479），劉定之：《否泰錄》（據《校證本》，當作《稗史彙編》）（32：491），于慎行：《穀山筆塵》（32：492，33：500，33：502，35：527，據《校證本》，33：502 中之《筆塵》，當作《明史》），朱國禎：《湧幢小品》（32：492），何良俊：《四友齋叢說》（32：492，35：530，36：569，36：572，36：573，36：575，據《校證本》，35：530 之《叢說》，當作《戒菴漫筆》），陶宗儀：《輟耕錄》（33：496），鄭曉：《今言》（34：520，36：568，36：577），劉基：《禮賢錄》（36：566），袁彬：《北征事蹟》（36：571），李賢：《天順日錄》（36：572），郎瑛：《七修類稿》（34：519，34：520），田藝蘅：《留青日札》（36：574），王鏊：《震澤長語》（36：573，36：574），陳洪謨：《繼世紀聞》（36：572，36：574），唐樞：《國琛集》（36：572），陳沂：《畜德錄》（36：569），陸容：《菽園雜記》（36：573），王錡：《寓圃雜記》（36：576），陳洪謨：《治世餘聞》（36：574，36：575，據《校證本》，36：574 中之《餘聞》，當作《留青日札》），解縉：《天潢玉牒》（36：558，36：562，36：563），高岱：《鴻猷錄》（36：571，36：558，36：562，36：563，36：565，36：569，36：572，36：574）。

文志所載各朝文士著述，有關史事者」，各修史者「自必盡取之」，〔註36〕而無待後人據以糾駁正史，則甌北本人自當堅守此自設之認定而不得自我違反之。但事實上，《劄記》中所呈示者絕非如此。甌北何以自打嘴巴，而矛盾如是？！

　　上面屢次徵引并疏釋的四條資料，如果都是寫成於《劄記》動筆之前，則我們或可以說，甌北從事實際編撰之後，察覺到四條資料中的認定出了問題，於是事後便獨行其是－仍援引前人棄餘，但實際上非常有史料價值的雜書，以為糾補正史之用。又如果四條資料都是寫於《劄記》成書之後，則我們或可勉強說這是他未來的理想。但事實是四條資料中只有〈小引〉一條寫成於《劄記》成書之後，〔註37〕餘三條皆寫於《劄記》撰寫過程當中，而為其中的組成部份。甌北之言既如彼，而其同時之行又如此，現今我們怎樣去解釋甌北言行不一－既宣稱不徵用前人棄餘之雜書，但事實上倒用上不少－這個事實呢？

　　筆者思之者再，姑試從甌北為何要如此「言」說起。我們可以先設問：正史地位至尊，稗史雜書則不然。因此甌北在言詞上是否不得不明確表態，反對用棄餘之稗史以糾補之呢？換句話說，甌北是否害怕干犯國家的禁令，因北便只好在書中多處，尤其在書首最顯眼之處，透過〈小引〉，故意貶抑雜書稗史的地位，說不敢據以糾駁正史，并從而反襯正史的崇高地位呢？〈小引〉說：「……今或反據以駁正史之訛，不免貽譏有識。……」有學者在引錄這段話之後，說：「……不敢依據稗乘胠說，以駁正史的真正原因，并不在於避免貽譏有識，而是在於駭怕干犯國家的禁令。」〔註38〕這個解釋是有一定的道理的。因為清政權自順治以來，便曾指斥過小說雜史「有乖風化」，并曾

〔註36〕甌北此一認定甚值商榷，蓋各種文士著述，修史者一方面不一定能全部看到，故欲徵用亦無從。此點上文已及之，此其一。又即以備載〈藝文志〉中之書籍而論，此等書籍，按道理，雖該為史官修纂各該正史時參閱過，但事實上沒有參閱，且書籍中當徵取之資料而史官忽略滑過者，必不在少數。因此甌北本條中說，載諸〈藝文志〉者，史官「自必盡取之」，亦只是想當然矣。

〔註37〕按〈小引〉寫於乾隆六十年，《劄記》初稿完成之後。事後，《劄記》復有增補。（有關《劄記》編撰年代，參上章有關部份。）因此嚴格來說，〈小引〉不能算是寫成於《劄記》完成之後，而實是寫於《劄記》編撰之過程當中。

〔註38〕張孟倫即持這個解釋，見氏著：上揭書，頁376。皮爾斯徹亦指出說甌北不會不注意到清廷對待明代野史的態度。皮爾斯徹，上揭博士論文，頁261。

三令五申，嚴加禁制、銷毀，而將編撰人議罪的。〔註 39〕至乾隆修《四庫全書》時，更切齒於明季野史，曾班佈聖旨，嚴厲申誡。《十二朝東華錄》記載云：

> 明季造野史者甚多，其間毀譽任意，傳聞異辭，必有牴觸本朝之語，
> 正當及此一番查辦，盡行銷毀，杜過邪言，以正人心，而厚風俗。
> 〔註 40〕

清自入關以來，學人以文字而惹禍者，史不絕書。〔註 41〕甌北或因此而不得不在《箚記》開首之處，即明言不得據稗史以駁正史，這是很可以理解的，學者本此而作出解說，不爲無見。〔註 42〕

此外，甌北的生平際遇－不太順境的宦途（京官外調），并曾受降級處分，〔註 43〕定會使他的言行舉止更格外小心謹愼的。

總上所論，清文網繁密，嚴小說之禁的政治因素，再加上甌北際遇上不順遂之個人因素便促使他在《箚記》上一而再、再而三的四度表態，說不得據稗史小說糾駁正史了。如此說來，他的表態可說只是一種不得已的"虛說"，而不是他內心眞實反映的實說！〔註 44〕

〔註 39〕參清人素爾訥等編：《欽定學政全書》，卷七〈書坊禁例〉，《近代中國史料叢刊》，第 293 號，頁 165～169。

〔註 40〕《十二朝東華錄》，卷三十，〈乾隆三十九年八月初二（癸未）上諭〉，（台北：文海出版社，西元 1963 年），第四冊，頁 1110。

〔註 41〕清文字獄案，從順治以來，各朝均有。乾隆一朝，大小即不下一百三十起，雖主要發生在乾隆四十六年前。此可參郭鐵鈞：《清朝文字獄》，北京：群眾出版社，西元 1990；張書才、杜景華主編：《清代文字獄案》，北京：紫禁城出版社，1991；謝蒼霖、萬芳珍：《三千年文禍》，江西：高校出版社，1991；第十七至二十章；L. Carrington Goodrich, *The Literary Inquisition of Ch'ien Lung, Baltimore: Waverly Press, 1935; Pei Huang*（黃培），*Autocracy at work： A Study of the Yung-Cheng Period, 1723～1735,* Bloomington, Indiana: Indiana University Press, 1974，其中頁 204～220 特別講到乾隆朝之文字獄案。

〔註 42〕張孟倫更指出甌北《箚記‧小引》倡言以本書證本書之作法，其實早已有之。宋代吳縝的《新唐書糾謬》即是。又甌北同時代人汪輝祖（西元 1730 年～西元 1807 年）的《元史本證》，亦是就本書前後互證，抉摘其間的異同，藉以指出錯謬的。張氏云既有例可援，故倣之而行，便可免遭物議，得避不測之禍了。張孟倫，上揭書，頁 376。

〔註 43〕見《年譜》乾隆三十七年條；《趙翼傳》，第五章，第五節。

〔註 44〕張孟倫最注意到當時文網及甌北個人遭遇與他〈小引〉說辭的關係；并指出說此等說辭「實是一種隱遁之辭」、「完全是一種假托之辭」、「……故作遁辭」。張氏之用語，分別見氏著，上揭書，頁 378，379，380。然而，甌北又爲何要說出

　　上文是從「不得不如是說」（或「不得已的說法」）來解釋《劄記・小引》等四條資料的內涵。但這種解釋，〔註45〕似乎只可以部份地說明問題。換句話說，筆者認為，〈小引〉等四條資料的說辭，其實在一定程度上是相當能夠反映甌北內心的真實意向的，不見得全然是遁辭，全然是不得已的說法。有關這問題，茲從稗史小說的可信度及甌北的皇權崇拜思想兩方面試作探討。

　　稗說的可信度，經常是值得懷疑的。上引《十二朝東華錄・乾隆三十九年八月初二日上諭》已指出明季野史「其間毀譽任意，傳聞異辭」。當然，乾隆的上諭，是免不了從清政權的政治利益來立論。然而，縱使純粹從學術方面來考量，稗乘脞說的可信度亦是相當讓人懷疑的。《四庫全書總目提要・史部總敘》之立論及所開列之例子很值得參考。〈總敘〉說：

> 考私家記載，惟宋明二代為多。蓋宋明人皆好議論。議論異則門戶分，門戶分則朋黨立，朋黨立則恩怨結，恩怨結，得志則排擠於朝廷，不得志，則以筆墨相報復。其中是非顛倒，頗亦熒聽。……張師棣《南遷錄》之妄，鄰國之事無質也。趙與時《賓退錄》證以金國官制而知之。《碧雲騢》一書，誣謗文彥博、范仲淹諸人。晁公武以為真出梅堯臣。王銍以為出自魏泰。邵博又證其真出堯臣。可謂聚訟。李燾卒參互而辨定之。至今遂無異說。〔註46〕

上引〈總序〉的一段文字，其主旨雖在申明考證之重要，但正如同乾隆的上諭，該是不無政治考量，〔註47〕而有打壓私家記載之嫌的。然而，私家記載

此等遁辭呢？很明顯，這只是一種在當時情況下，不得已的作法（表態）而已。換句話說，所謂遁辭，其實是一種不得已的說詞！又有關「不得已而如是說」，蒲立本教授另有看法。他認為甌北的生活環境使他沒有太多機會參閱罕有及偏僻的史料。因此，甌北便只好特別強調正史之重要性，而相對的貶視其他比較看不到的次等史料了。蒲氏說，這本來是一個不得已的情況，但甌北把它說成是一個理所當然、理應如此的情況。蒲立本的解釋，固然不同於張孟倫的解釋，但可說都是從「不得不如是說」來立論，故一併闡述如上。按蒲氏的解釋，不太可能成立。參本章註25及註26間筆者的評述。蒲說見氏著：上揭文，頁159。

〔註45〕筆者這種解釋，主要是順從張孟倫的「遁辭說」推衍引申而來的。追源溯始，張氏才是此說的倡導者。

〔註46〕李燾之說法，見《文獻通考》。《通考》云：「李氏曰：《碧雲騢》一書，凡慶曆以來名公鉅卿無不譏詆。世傳此書以為出於梅堯臣怨懟之口。其後諸公論議多矣。……今以魏泰《東軒筆錄》考之，然後知泰之嫁名於堯臣者，不特此書也。」李燾意謂魏泰才是《碧雲騢》一書之作者。《文獻通考》，卷217，〈經籍考〉，44，子部，小說家，〈碧雲騢〉條。

〔註47〕美國學者 R. Kent Guy，經過對照比較《四庫提要》姚鼐及邵晉涵所撰之稿本

本身有問題，難以全盤採信，則係不爭之事實。明季野史之可信度，尤其成問題。蓋野史撰著者的政治取向必然比其他因素更影響著作之可信度。甌北所以反對援用之以糾駁正史，這種考量應該是扮演很重要的角色的，他本人在〈小引〉中便說過「難以徵信」的話。在《簷曝雜記》，卷六，〈王承恩〉條，甌北更指出「稗乘脞說，有不可盡信者」，如明末宦官王承恩（西元？年～西元 1645 年）到底有否隨思宗殉難，甌北在參閱、比較九種稗官小說之後，覺得只有三種比較可信（符合《明史》之記載）。〔註48〕當然，甌北的判斷，不必盡對。但由此，我們至少可確實知道，在甌北的理念中，野史之可信度是很值得懷疑的。

官修的正史，當然有其局限〔註49〕及不可信之處。但至少在史館的一定編制及纂修體例規範下，總是不會太過荒腔走板的，反觀稗乘小說便不然。即撇開明季野史的政治取向來說，一般野史的可信度，仍然是相當成問題的。蓋撰著者可以漫無標準、章法、規範、義例，而純憑個人好惡而率性為之。因此，就一般情況而論（不是就個別著作，或個別著作中的個別例子而論），其可信度當是低於正史的。甌北本人在《劄記》中即經常指出稗史記載上的矛盾、不可信。〔註50〕所以筆者認為甌北在〈小引〉等四條資料中反對以稗史糾駁正史，不可能完全是一種不得已的說辭、遁辭，反而很可能是他的由衷之言、是內心真實世界的寫照。

此外，我們還可以從甌北本身的思想取向來探討這個問題。上章我們已經指出過甌北是有相當濃厚的皇權崇拜思想傾向〔註51〕的文人。〔註52〕而正

及後來之刻本之後，即指出說政治考量及學術考量，在《提要》編纂過程中，同佔很重要的比重。R. Kent Guy, *The scholars and the State : The Politics of the Ssu-K'u Chüan-shu Project*（哈佛大學博士論文，西元 1981 年），頁 242～310。政治干預學術，由此可見。

〔註48〕事見《簷曝雜記》，《近代中國史料叢刊》第 886～887 號，頁 212～214。

〔註49〕唐朝學者即已注意到設館修史的弊端。見劉知幾：《史通》，卷二十，〈忤時〉。知幾在文中論述官修史書有「五不可」。

〔註50〕如卷36，〈郭子興之被執〉條便是。又如同卷〈明人說部〉更是強烈批評稗史小說之不可信。又同卷，〈皇陵碑〉條，甌北以「事本不經」來批評野史有關明太祖死後「天葬」事之不可信。甌北對稗史之批判，又可參皮爾斯徹，上揭博士論文，頁 288。

〔註51〕《劄記》〈陳壽論諸葛亮〉（6：93）、〈元初用兵多有天助〉（30：437）及〈明季遼左陣亡諸將之多〉（36：537）等條固然揭示了甌北有濃厚的天命思想─以「興王之運」、「興朝之運」等等來解釋新舊皇朝的興替；但同時也揭示了

史者，宸斷過的官史也。〔註53〕甌北之特別推崇正史，而相對的貶抑私家記載，并數度強調不可據後者以糾駁前者，不是很可以理解嗎？〔註54〕

　　上面主要是從甌北意識到稗史小說的可信度低，并從其內心深處的"宸斷崇拜"思想來解釋〈小引〉等四條資料的說辭（不可據稗史糾補正史）。但此刻我們要面對另一與之相關的問題。〈小引〉等所再四強調的說辭，如果真是如同上文說過的，是甌北內心的真實寫照的話，那麼此等說辭為什麼在同一書內，竟會不下百數十次被作者以實際行動推翻呢？

　　對這個問題，以下嘗試從一、甌北本人的才子型個性，二、中國史學徵用雜書小說的傳統，三、正史本身恆有問題及明季野史的性格這三方面，試作探討。

　　首先，讓我們對甌北之性格、才華稍作陳述。一言以蔽之，甌北是一個才子型的學者，捷於思辯而敏於觀察，詩文多有可足稱者。談笑揮毫，千百

甌北「天命觀」的背後，其實是有相當濃厚的肯定、崇拜「既立皇朝」（或「既定皇權」）的思想傾向的。所謂「天命」云云，只是賦予新成立的皇朝、或固有的皇朝一種形而上的依據而已！在這方面，我們亦不必深責之。在傳統中國裡，有這種思想傾向的人，甌北只算是千萬人中之一吧了。只不過他人類同的思想傾向，不見得要一而再、再而三的形諸筆墨而已。甌北這種對既定皇權的過份積極的崇拜，曾引來若干大陸學者之非議。杜維運先生曾為文加以辯斥，可參看。杜維運：〈頌清與刺清－趙甌北的徬徨〉，收入氏著：《憂患與史學》（台北，西元1993年），頁209～217。杜先生的立論，相當中肯，在給予甌北一個設身處地的同情諒解之餘，亦不失對甌北作適度的批判。不過，筆者以為甌北之頌清問題，似可從更寬廣的角度來解釋。甌北所稱頌的實不只限於清朝。其實，一切既定皇權都是他稱頌的對象，而清朝，這個外來政權的統治期，適巧就是甌北所生長的時代，所以歌頌當今政權，便適巧變成頌清了。甌北的威權崇拜（含皇權崇拜）的心理，必須要配合整個中國傳統文化的精神及讀書人的綱常倫理觀念，始可得一比較周延的理解。筆者學力未逮，在此不敢深論，上述只發其端而已。

〔註52〕甌北入《清史‧文苑傳》，而不入〈儒林傳〉，正如第一章指出過的，實非無故。

〔註53〕參《四庫提要‧史部總敘‧史部一‧正史類》。

〔註54〕有學者說或許甌北性格上不喜歡標新立異，所以便信任正史遠過於信任野史。但我們認為與其從這個角度來解釋，那寧可從他思想的深層處根本是排斥非宸斷的產物來解釋，當更為合理。古偉瀛先生及李金榮二先生便從不喜標新立異來作解釋。古偉瀛，揭文，頁214；李金榮，上揭文，頁31。兩先生之說法，實有所本。錢大昕序《箚記》已說過「不有心立異」的話了。又內藤虎次郎指出《箚記》之撰寫，係在甌北之晚年（精力已衰竭）；并認為作者為增加本書之趣味性，故偽稱不廣引他書。按此解釋亦未見其必然。參本章第一節，筆者之批評。

言立就。但酌斟、推敲、修訂，皆有所不足。〔註55〕中年退休林下之後，吟風弄月之際，而仍能撰就不少著作，且其中《劄記》與《陔餘叢考》都是相當大部頭的鉅製。然而，素喜賦詩唱和的甌北并不是一個極用功的學者。在有限的歲月中而能夠完成這樣多的著作，我們能夠想像他的著作都是言言有據、字字有考，或是體製精嚴，前後不相矛盾的嗎？又或是著作中的主張、認定、構想，都真能全部實踐於著作之中嗎？當然這是不太可能的。〔註56〕甌北本人言行不一致之處，由此或可得一確解。

其次，我們從中國史學徵用雜書小說的撰史傳統來探討。史料是史學重建（撰史）的必要條件。然則史料者何？所有過去人類活動（含思想）之遺跡而史家可藉茲以認識（重建、研究）人類過去者，皆可謂史料。本此，則史料愈豐富，原則上愈能夠幫助重建者（史官、史家）重建人類過去之真像。稗乘小說，以至一切可幫助吾人認識人類之過去者，又何得不以史料視之而加以取用？〔註57〕或謂稗史胜說之可信度低，此亦未見其必然。即如是，這

〔註55〕甌此詩作甚多（五千首），此上文已言之。又年二十餘，即入軍機處，值內閣。為幕僚時，文不加點而立就。此可參《年譜》，乾隆三、十、十五、十九、廿一年各條。按甌北詩文，速捷固有餘，但語句欠修整潤飾亦係事實。由斟酌、推敲，苦心經營而上臻「語不驚人誓不休」的境界，似不為甌北所企慕。

〔註56〕其中即以《劄記》來說，杜維運先生指出其謬誤三九九條，皆由未細稽原文而誤、由刪節原文不慎而誤、由望文生意、由部份概括全體、由鈔錄原文不慎、由史實一時誤移而致誤。參杜氏：《〈廿二史劄記〉考證釋例》，收入《校證補編廿二史劄記》。一言以蔽之，即由粗心大意而致誤也。王樹民對《劄記》亦有所校證。據杜維運先生之統計，王氏「寫成校證及以符號刪補者共一千一百三十餘條」，其中與杜先生校證相同者，計八十一條。去此重複，則杜、王兩本合計，共一千四百餘條。筆者對《劄記》前三卷亦作過校證，得其謬誤七十一條。拙文刊《東吳文史學報》，第十一號，1993年3月。今收入本書中作為附錄。由此言之，《劄記》之謬誤，固亦多矣。又筆者在上章中，亦指出甌北乃性情倜儻、思想馳騁的才子型學者。《劄記》、《叢考》時出現互歧，不相一致之處，正以此故。由此可見，甌北有天縱之資，才華出眾，固係事實。但正以此而流於輕率、粗心大意，亦為不爭之事實。上引杜氏之統計，見所著：《評〈廿二史劄記校證〉》，收人氏著：《憂患與史學》（台北，西元1993年），頁241～242。

〔註57〕章學誠說：「盈天地間，凡涉著作之林，皆是史學。」《文史通義‧報孫淵如書》（北京：古籍出版社，西元1956年），頁312。又收入《章氏遺書》（台北：漢聲出版社，西元1973年），頁193。我們不妨把實齋「史學」一語，視為即等同今天所說的「史料」。果爾，則實齋所說，實有見地。惜未能進一步指出著作之外，其他可稱得上史料者仍甚多，如實物、風俗習慣、典章制度等皆是。故實齋所論，仍一間未達。

亦是另一問題，固不礙其原則上可被採用。又史家採用史料，必加檢別篩選。即以再可信的史料而論，亦必先經過此一手續，方可採用。此皆史家人人所具之共識。只要稗乘小說之可信度不是零，則我們原則上不得預存立場而先加以排斥擯棄。中國古人對此不必然有真切之瞭悟，更不必然對史料之應用（含考證）作出理論上之說明，并建構系統性之解析。中國人重實踐，不重空言；實踐背後之理論建構恆不如西方人。此乃中國古人之民族性使然。但閉門造車（只管實踐），出門合轍（符合理論）之情事，所在多有。今順隨時代發展先後，陳述中國史家援用雜史小說之事實如下，則古人之實踐，往往不期然而契合乎背後之理論，由此或可得見焉。

稗乘脞說之援用，至少可追溯至司馬遷（西元 145 年～西元？）之《史記》。甌北所以特別重視正史，以其為經過宸斷之官書也。宸斷的正史，此在漢時則未有。然《史記》所本之史料，與官書性質相當者，其為六經歟？史公固重視六經，所謂「學者載籍極博，猶考信於六藝」是也。〔註58〕但史公亦同樣重視非官書之其他史料。〔註59〕此外，史公更是到處搜訪遺跡故老，以充實聞見。此如「吾如淮陰，淮陰人為余言，……」，〔註60〕「吾適豐沛，問其故老，……」，〔註61〕「吾過大梁之墟，求問所謂夷門，……」，〔註62〕「……至，長老皆各往往稱黃帝堯舜之處」〔註63〕等等皆是。〔註64〕這些聞見，猶後世之雜錄小說而已，雖或極可信，但都不是官方的材料，尤不是後世之所謂正史。但史公採用之以撰寫《史記》，絕不妨礙其為信史實錄。至若《漢書》，亦認為稗官小說，街談巷議，道聽塗說之言，「亦使綴而不忘」。〔註65〕班固（西元 32 年～西元92 年）之言，雖不必係從史料角度立論，但本其所言而推論說他在原則上該不

〔註58〕《史記‧伯夷列傳》。轟石樵指出說：「他（史公）寫《史記》是以六藝為根據，并取信於六藝的。……」轟石樵：《司馬遷論稿》（北京：師範大學出版社，西元 1987 年），頁 44。

〔註59〕史公所用之史料，六經以外，尚有數十種。此可參金德建《司馬遷所見書考》，上海：人民出版社，1963。又游信利把史公所用之史料以列表方式陳示，可參看。游信利：《史記方法論》（台北：文史哲出版社，西元 1988 年），頁 52～60。

〔註60〕《史記‧淮陰侯列傳》。

〔註61〕《史記‧樊酈滕灌列傳贊》。

〔註62〕《史記‧信陵君列傳》。

〔註63〕《史記‧五帝本紀》。

〔註64〕有關《史記》中所記載之聞見，可參周虎林：《司馬遷與其史學》（台北：文史哲出版社，西元 1987 年），頁 189～193。

〔註65〕此為《漢書‧藝文志》對小說家之判語。

反對酌用小說以造史，想必爲其首肯。下及劉宋裴松之（西元 372 年～西元 451 年）註《三國志》，其鳩集傳記，增廣異聞，至用上一二百種資料，則係甌北本人亦熟知樂道者。〔註 66〕

逮北宋司馬光（西元 1019 年～西元 1086 年）修《資治通鑑》，採擇史料，可謂備極精嚴，但所用雜史諸書，凡二百二十二家。《四庫提要》即云：「……今觀其書，如淖方成禍水之語，則採及《飛燕外傳》，張彖冰山之語，則採及《開元天寶遺事》。并小說亦不遺之，然則古來著錄，於正史之外，兼收博採，……」。〔註 67〕

至歐陽修（西元 1007 年～西元 1072 年）修撰《五代史記》，亦愛採小說入史。王鳴盛（西元 1722 年～西元 1797 年）《十七史商榷》即謂：

> 何義門謂歐公《五代史》亦多取小說。何說確甚。薛史則本之實錄者居多。……如歐史溫兄〈全昱傳〉，載其飲博取骰子擊盤，呼曰：『朱三，爾碭山一百姓，滅唐三百社稷，將見汝赤族云云。』……今薛史〈全昱傳〉，亦不載博戲詆斥之語。歐公采小說補入最妙。然則采小說未必皆非，依實錄未必皆是。〔註 68〕

歐公修史好採小說，可見一斑，而清代大考據家王鳴盛又竟認爲「最妙」，則小說在彼眼中之史料價值亦可概見矣。

細考清代修史傳統，王鳴盛而外，錢大昕、章學誠（西元 1738 年～西元 1801）等大史學家亦肯定雜書小說之價值，此則更可見一代之風氣。

錢大昕雖說過「論學術勿爲非聖悖道之言」，〔註 69〕但他對於信實可徵之小說，還是十分肯定其史料上的價值的。茲舉二例爲證。一、宋太宗太平興國年間（西元 976 年～西元 983 年），樂史（西元 930 年～西元 1007 年）撰《太平寰宇記》，採摭相當豐富。錢大昕云：「是書體例，雖因李吉甫，而採引更爲詳審。間采稗官小說，亦唯信而有徵者取之。有宋一代，志輿地者，

〔註 66〕《劄記》，卷六，〈裴松之三國志註〉條。並可參本書第一章，註 55。

〔註 67〕《四庫提要‧史部總敘》。又業師章群先生，學界研究唐史之巨擘也。於中國史學史，亦極深研幾，并嘗合二者而一之，其論著：〈《通鑑‧唐紀》引用筆記小說述論稿〉，即係一例。論文載《東吳文史學報》，第八號，1990 年 3 月。《通鑑》引用稗史小說以治史之情況，藉師文之抽繹揭示而益顯矣。

〔註 68〕王鳴盛：《十七史商榷》，卷 93，〈歐史喜采小說，薛史多本實錄〉條。台北：廣文書局，1971，頁 672～673。

〔註 69〕錢大昕：《十駕齋養所錄》，卷十八，〈文字不苟作〉條，台北：商務印書館，1967，頁 434。

當以樂氏爲巨擘。」〔註70〕二、宋洪邁（西元 1123 年～西元 1202 年）撰《洪齋隨筆》。顧名思義，本書是隨筆之作。然而，考經核史，搜集異聞至多，實足以正經史之訛謬。其中《三筆》，〈周世宗好殺〉條〔註71〕及〈朱梁輕賦〉條，〔註72〕尤其得到錢大昕的高度評價。錢氏說：「周世宗之才略，可以混一海內，而享國短促。……洪容齋以爲失於好殺。……容齋論史有識，勝於歐陽多矣。梁起盜賊其行，事無可取，而卒以得國，容齋舉其輕賦一節。此憎而知其善也。誰謂小說無稗於正史哉？」〔註73〕

錢氏說洪邁「論史有識」，此固然。顧史識，概有二端。一是評論歷史事件之識。錢氏謂洪邁所具備者，正係此。另一是史學上之識。此則錢氏本人所具備者，上兩例可概見之。從首例，得知錢氏肯定稗官小說可充當史料（當然要符合信而有徵的原則）；從次例，可知稗官小說不無勝於正史之處而更可反過來稗於正史。這種史學上的識見是了不起的。〔註74〕

與錢、王并世的章學誠亦肯定稗乘小說的價值。他說：「小說出於稗官，委巷傳聞瑣屑，雖古人亦所不廢。」〔註75〕

據上述所論，則清中葉之史家，如王鳴盛、錢大昕、章學誠皆重視稗史小說在史料上的價值。其實，上面已經討論過，這根本是中國史學的一個大傳統，清代只不過是繼承這個傳統，在大環境的有利情況下，加以發揚光大吧了。〔註76〕

〔註70〕錢大昕：《十駕齋養新錄》，卷第十四（台北：商務印書館，西元 1967 年），頁 315，〈太平寰宇記〉條。

〔註71〕洪邁：《容齋三筆》，卷九（上海：古籍出版社，西元 1978 年），頁 523，〈周世宗好殺〉條。

〔註72〕同上書，卷十，頁 529，〈朱梁輕賦〉條。

〔註73〕《十駕齋養新錄》，卷第六，頁 146，〈五代史〉條。

〔註74〕錢大昕名氣、成就恆在甌北之上。此參觀上兩例即知其所以然。甌北在言詞上（見上述詳細探討過的四條資料）反對以稗史糾補正史，雖然事實上反於是。錢氏則肯定稗官小說有稗於正史，如指出《容齋隨筆》之識見反在歐陽修《五代史記》之上即係一例。

〔註75〕《文史通義‧詩話》（北京：古籍出版社，西元 1956 年），頁 158。

〔註76〕明、清刊刻印刷事業相當發達。這促使了稗乘小說的流傳。又藏書及目錄學之重視便利學者按圖索驥尋找稀有的野史雜書。這對利用此等資料以研究歷史，以至糾補正史提供了相當有利的條件。參宋原放、李白堅：《中國出版史》，第四章，第一節，〈明清時期出版事業持續繁榮的原因〉，北京：中國書籍出版社，1991；李致忠：《歷代刻書考述》，七，〈清代刻書述略‧清代私家刻書〉，四川：巴蜀書社，1990；皮爾斯徹，上揭博士論文，頁 78～91。

　　甌北既生長在清中葉，又怎能夠可以完全"置身事外"，不受這個大傳統的影響呢？在〈小引〉等四條資料中，他一再強調史官纂修正史時，雜書小說之可取用者已「無不蒐入史局」、「無不搜集」，即蘊涵他原則上不排斥，并可說是充份肯定這些書籍是可以充當修史原料用的。就這方面來說，甌北與同時代幾位大史學家的觀點是一致的，所不同的是他特別指出要反對重擴史官棄餘的稗史以糾補正史吧了。〔註77〕

　　人是傳統下的產物，亦是時代的產物；因此不可能不受傳統的影響，亦不可能不帶上時代的烙印。中國歷代的史學傳統及明清的時代學風都相當重視稗乘小說的史料價值。在這種情況下，甌北不可能不受影響。

　　上面可以說是從一個比較宏觀的角度－歷史大傳統及時代背景，來看問題。相對來說，下面是從一個微觀的角度－從正史本身的缺陷及從江南人所撰的明代野史的特色，略說甌北援用野史的原因。

　　正史（其實任何大部頭的史書都一樣），必有其舛謬、漏略的地方。《明史》，雖號稱佳作，但不必為例外。甌北之世，明代野史最多，流傳亦廣，皆可謂係第一手的史料。其中不可採信之傳聞、荒誕之說固多，但亦不乏可靠的實錄。〔註78〕甌北既對正史作"劄記"，如果沒有機會碰上這些史料則已，否則怎麼可能不擬取其中可徵信的來對正史做一番補充、糾駁的工夫呢？

　　甌北所用的稗乘小說，大多來自江南地區的民間私人記載。〔註79〕筆者認為這些地域性的記載，有時很可以反映當地人對問題的特殊看法；史事的取捨及記載的偏重，當地人亦有其特殊的考量。〔註80〕而這些特色，大概是以全國整體作為考量對象的正史，所不能具備、兼顧的。再者，甌北又係江

〔註77〕在這方面，甌北的識見顯在錢大昕之下。參本節上文論述錢大昕部份，并可參本節，註74。當然，甌北所以如此說，他的"宸斷崇拜"思想扮演很關鍵的角色。此外，嚴密之文網亦使他在一定程度上不得不如此說（此即上文所謂之「遁辭」）。此可參上文有關部份。

〔註78〕甌北本人即指出謂，清代史官纂修《明史》，便曾經資取過稗乘小說的記載，如吳偉業的《綏寇紀略》，便是《明史》若干列傳之所本。見《簷曝雜記》，卷六，收入《近代中國史料叢刊》，第886～887號，頁229～230。甌北對吳氏本書是相當推崇的。此見同書，同卷，頁213～214。

〔註79〕甌北所援用的野史小說，其撰著者的出生地，皮爾斯徹曾作過粗略的統計。皮爾斯徹，上揭博士論文，頁296～298。

〔註80〕例如江南地區，尤其蘇州，近今仍有人樂道、推崇張士誠統治江南時之「善政」。此與《明史》之貶抑士誠而相對地褒揚朱元璋，形成一強烈對比。參皮爾斯徹，上揭博士論文，頁296。

南人，其鄉邦前輩本諸聞見而寫成之野史，對他來說，很可能又多了一份正史所不具備的吸引力。甌北之"不能抗拒"野史而廣泛地應用之，甚至以之糾補《明史》，此當亦係另一重要原因。〔註81〕

第四節　結　論

上文主要是透過四條資料來揭示，甌北對援用稗乘脞說以糾補正史，基本上是抱持反對立場的。根據我們的析論，他反對的原因有三。一、皇權崇拜思想衍生了他"宸斷崇拜"的傾向。正史是宸斷過予以肯定的東西；相反，稗史小說是宸斷過予以否定的東西。明乎此，我們便知道甌北在思想上（含價值取向）是不可能容許援用後者來糾補前者的。〔註82〕二、一般來說，稗史小說本身之可信度恆在正史之下。甌北在原則上提出反對以前者糾補後者，是很可以理解的。三、當時文網仍密。甌北為避免干犯禁令，因此在某種程度上不得不說點門面話，也是情理之常。〔註83〕

基於上述三原因（主要是前二因），我們在上文便下判斷說，〈小引〉等四條資料的"聲明"，應該是甌北的理念、內在意識的真實反映。但既係如此，那麼他又為什麼在實際行為上，屢屢違反他的聲明呢？對此，筆者認為：

〔註81〕《箚記》所採用的稗乘小說中，有不少是有關明太祖文字獄案的。此可參卷三十六，〈明初文字之禍〉條。皮爾斯徹曾試從甌北皇權崇拜的性格，解釋何以甌北採信此等史料。彼云文字獄乃太祖威權性格之展露。甌北對後者既推崇歌頌，則野史上此等記載，甌北當然是深信不疑而樂於採用了。筆者上文說過，甌北的皇權崇拜思想是深深地影響了、左右了他的言論的（《箚記‧小引》之說辭可為代表）。現今皮氏的解釋，更提供了另一訊息：甌北的行為（事實上採用野史上有關明祖文字獄的記載）更進一步佐証了他深受皇權崇拜思想的影響。要言之，這種思想，對他的言、行都扮演一個非常關鍵的角色。

〔註82〕正史在甌北的意識中（在理念上、在內心深處），可說類似神聖不可侵犯的「聖物」。「……然後知正史之未可輕議也」（《箚記》，卷一，〈史漢不同處〉條），「此則未可據野史以駁正史者」（《箚記》，卷二十九，〈元史〉條）等等語句可視為係甌北意識上之真實反映。

〔註83〕正如上文說過的，以「不得不如是說」來解釋甌北的說辭，這種解釋，自有其一定的道理。因此，筆者在這裡願意把它視為原因之一。但相對其他二原因來說，筆者認為這一原因的解釋能力最薄弱。筆者始終認為皇權崇拜的思想才是構成甌北之說辭最重要的原因。這些說辭該是他內心最真實的寫照。但此寫照，甌北定當會意識到它也可同時充當門面話，因此便更樂意屢屢道說之了。內心真實話與門面話，這看似不能相容之二物，在此竟"矛盾地統一了"起來，豈不妙哉？

人的觀念、意識是一回事，而事實上的作法又是另一回事。人之具體行為（事實上之作法）常違反人意識中所建立之理論、理想而別行（違「理」而別行）。剋就甌北來說，導致他行為違「理」而別行（言行不一致）之原因，計有三端。他的才子型且治學態度并不十分嚴謹的個性，在這方面，似促使他比別人更容易「脫軌」：不按照聲明做事。此其一。又在史學大傳統及時代背景皆相當重視稗乘小說的氣氛下，并在明季野史在清代廣泛流傳的情況下，甌北又何能「免疫」而真能捨棄稗乘野史於不顧呢？此其二。在面對正史之錯誤、粗率、漏略等等的缺憾時，甌北又何能袖手旁觀而不加以「援救」？稗乘小說的可信度，一般而言，雖比正史為低，但就個別情況而論，則未見其必然。且其中多係現成的第一手史料。甌北撿拾其中之可信者以糾補正史，不是很自然而然之行為嗎？此其三。

在上述三種因素的匯流下，甌北的構想、理想（亦可說是他本人的認定、信念）便在不知不覺間「退隱」了，退居第二線了。他便很自然而然的撿拾起相關的史料去補充、去糾駁正史一番。在這時，他大概沒有理會，或根本沒有思索這些由稗史雜書構成的史料是從前史官棄餘之舊物，抑或是新出的而從前史官從沒有看過的新物了。他本來在意識底下極力認為前人棄餘，不可復用的舊物，於此便派上用場了。〔註84〕在此。筆者不想用「矛盾」一辭

〔註84〕前述〈小引〉、1：31、6：94、29：416四條資料之主旨幾全同，但其中〈小引〉中有一句話倒自成單元，而為其他三條資料所沒有的。〈小引〉指出不可據前人棄餘之史料糾駁正史後接著說：「是以此編多就正史紀、傳、表、志中參互勘校，其有牴牾處自見。」這句話中的「多」字，我覺得有點玄機。「多」字在這裏大概可有兩義：一為「強半」之謂；一與「祇」同，訓作適。《論語‧子張》：「多見其不知量也。」《集註》即以「適」字訓「多」字。如訓作「祇」，則甌北此語，便與〈小引〉前半之說法相一致。前人棄餘之雜書稗說既不可再作史料用以糾駁正史，則依據以經證經之法，祇就正史中之不同部份（紀、傳、表、志）相互勘校，想是最好的辦法了。如「多」訓作「強半」，「多半」，則意同「大多數」、「過半數」。這相當於今天所常說的「原則上」、「大體上」云云。果如是，則甌北此語之涵意便與〈小引〉前半部所說的有了一個差距，而不能相一致。甚至可說是完全否定了前面所說的話。因為如果是原則上用以經證經之法而已，便意涵不完全排斥其他方法，譬如以他書（稗說）正本書（正史）的辦法。如此說來，這便與〈小引〉前半部及其他三條資料之說法相矛盾，但這倒是符合了《箚記》事實上的作法。是不是〈小引〉寫到這裡時，甌北覺得前面的話說得太過火了一點，而且也與事實上的作法有一個距離，因此便語氣稍為寬紓一點，不似前面的斬截，所以才用上這個「多」字呢？這點似乎很值得探討。如「多」字，依甌北原意，果真訓作今天的「原則上」、「大體上」云云，則光就這條資料來看，甌北倒沒有言行不一致之處。

來指稱甌北言行不符的事實。「意識中的理想」與「意識鬆弛下自然而然、不太自覺的行為」〔註85〕來分別描述他的言和行，也許更能揭示問題的眞相。

附　識

本章原先的寫作方向跟現今上面所陳示者有很大的差異，原先是打算把甌北在《劄記》一書中徵引野史以糾駁正史的各條資料，分類列舉開來－此構成文章的主體部份；并藉以說明甌北此一作法，實際上是"違反"了他本人在《劄記・小引》等四條資料中所屢次強調的主張的。〔註86〕這個主張是：不依據稗乘賸說以駁正史。

可是，當筆者蒐集、整理完畢《劄記》中各相關資料，并正著手進行撰寫時，駭然發現〈小引〉等四條資料的內涵（即甌北的主張），與筆者先前所理解者有相當差異。在仔細重閱、三閱、四閱這四條資料後，發覺甌北其實并沒有全面反對依據稗說以駁正史；他只是反對：後人重拾、徵用從前史官棄餘的稗說以糾駁正史這一作法而已。這跟全面反對徵用各種稗說以糾駁正史顯然有別；是以這或可稱為「局部反對」。

筆者感到此一素未為人所知的"發現"相當有趣，由是改變為文方向。〔註87〕於是在研究前人對有關問題的理解之後，便詳細疏釋、申論前述四條資料，揭示其眞實底蘊。此即構成上文的第一、第二節。

一、二兩節的主旨，可說均在於事實的說明與釐清。至於最後一節（第三節），則用以解釋（interpret）相關事實。按即以「局部反對」來看待甌北的主張，他仍然免不了陷入言（理論、主張、看法）行（實際作法）不一致的窘境。因為他在《劄記》中實際上仍是自打嘴巴－他本人竟然仍徵用援引從

〔註85〕 所謂「意識鬆弛下的行為」，簡單說，就是：當甌北看到正史有問題，而進行糾、補這個行為時，他意識鬆弛，根本忘記了他在別處說過的話。於是，他的話（他在意識狀態下所建立之理想－認定、主張）便全然的落了空。但作為讀史者來說，我們由此竟然獲得了一個意外的收穫。因為如果甌北的行為全都在他既有意識的操控之下來運作，則今日所看到的《劄記》，相信只是一部僅就正史之不同部份相互勘校，或僅以後出的史料來糾、補正史的一部《劄記》而已。其史學上的價值，當遠遜。

〔註86〕 四條資料指上文屢次提及的：〈小引〉及《校證本》1：13、6：94、29：416，共四條。

〔註87〕 就本章而言，是改變了為文方向。但原先的構思最後仍然是落實了下來。這便構成了下一章的內容。

前史官棄餘的稗說以糾駁正史。這種作法實在令人費解。筆者思之者再，最後，在相干論據的支持下，姑以「意識中的理想」與「意識鬆弛下的行為」來試圖解釋甌北這個言行不一的問題。

第三章 《廿二史箚記》博徵正史以外的典籍及其作用

　　《箚記》援用正史以外的書籍，固然是以稗乘小說為主，但經傳、[註1]

正史之注文，[註2] 以至甌北自撰之《陔餘叢考》[註3] 亦是經常地被援用著

〔註1〕 如卷六，〈荀彧、郭嘉二傳附會處〉條曾引用《左傳》。見《校証本》，6：92，
　　　　頁131。（本章所用《箚記》之板本，除特別聲明外，仍與前章同，即仍用王
　　　　樹民校証過的本子。「：」前之數碼，指卷數，「：」後之數碼，指條目。）
　　　　卷七，〈九錫文〉條引用《詩》、《左傳》，《校証本》，7：101，頁149；〈太上
　　　　皇帝〉條引用《左傳》，《校証本》13：181，頁278；〈皇太孫〉條引用《禮記》，
　　　　《校証本》，14：182，頁289；〈保太后〉條亦引用《禮記》，《校証本》，14：
　　　　188，頁299。

〔註2〕 今依《箚記》條目先後，列舉所引史注如下。〈《史記·律書》即〈兵書〉〉條
　　　　（《校証本》，1：7，頁10），〈漢王父母妻子〉條（《校証本》，1：9，頁12），
　　　　〈五世相韓〉條（《校証本》，1：10，頁12），〈漢帝多自立廟〉條（《校証本》，
　　　　2：21，頁35），〈漢儒言災異〉條（《校証本》，2：25，頁40）皆援引顏師古
　　　　《漢書·註》。〈三老孝悌力田皆鄉官名〉條（2：31，頁45）援引章懷太子李
　　　　賢《後漢書·註》。〈災異策免三公〉條（2：33，頁47）及〈上尊養牛〉條（3：
　　　　48，頁63）皆援引如淳《漢書·註》。〈兩漢外戚之禍〉條（3：53，頁67）
　　　　援引章懷太子《後漢書·註》。〈後漢書間有疏略處〉條（4：61，頁83）引用
　　　　臣瓚《漢書·註》。同條（頁85）援引《江表傳》及《搜神記》（按此轉引自
　　　　裴《註》）。〈光武信讖書〉條（4：63，頁87）及〈東漢四親廟別祭〉條（4：
　　　　66，頁91）皆援引章懷《注》。〈三國志多迴護〉條（6：87，頁123～124）
　　　　及〈三國志書事得實處〉條（6：88，頁125～126）所引各書皆出裴《註》。〈九
　　　　錫文〉條（7：101，頁148）援引裴《註》。同條（頁149）援引《漢書·註》
　　　　及《後漢書·註》。〈太上皇帝〉條（13：181，頁278）援引師古《註》及裴
　　　　《註》。〈後魏刑殺太過〉條（14：192，頁305）援引張晏《註》及如淳《註》。
　　　　〈薛《史》亦有直筆〉條（21：287，頁458）援引《舊五代史·註》。按該條，

的。然而，經傳及《叢考》並不是本章要探討的對象，因此下文分類例析正史以外的書籍〔註4〕在《箚記》中的作用時，將不以此等書籍舉例，而主要是以稗乘脞說來舉例，並偶及正史中之若干注文。我們企圖透過分類例析的方法，來闡發甌北徵用這些書籍時，背後可隱藏的治史理念。〔註5〕

《箚記》一書的主旨有二：一是對廿四種正史的本身進行說明、分析、討論（含編纂過程及作者背景研究）。這或可稱爲「史學研究」或「史書研究」。二是對史事的本身，作摘要、說明、討論、考証、歸納等等，而這些史事多半是見於廿四史之內的。〔註6〕這或可稱爲「史事研究」。換言之，廿四史本身及所載的史事才是甌北研究的對象。野史雜書在《箚記》一書中被應用的範圍雖然很廣，但大體上來說，它只是以配角的身份出現而已。下文即以這些書籍與正史的關係及與正史所載的史事的關係來說明這些書籍的作用。

第一節　輔助正史用舉例

一、補充正史不載例

〈禪代〉條（7：99，頁143～147）云：

宇文泰在西魏，以孝武帝宮闈無禮，使人酖之而立文帝。文帝崩，

《箚記》原文云有關史事載《舊五代史・趙在禮傳》。《校証本》糾正之，指出該史事見《舊五代史》之注文。參《校証本》，頁468～469。

〔註3〕　《箚記》中援引或提及《叢考》之各條目如下：〈各史例目異同〉條（1：3，頁5），〈江左世族無功臣〉條（12：161，頁253），〈《魏書》多曲筆〉條（13：268，頁264），〈魏齊斗秤〉條（15：204，頁318），〈唐有兩上元年號〉條（19：244，頁400），〈宋四六多用本朝事〉條（26：363，頁576），〈一母生數帝〉條（30：454，頁706），〈縱囚〉條（30：461，頁711）。并可參本書第一章，《箚記》及《叢考》相干條目對照表。

〔註4〕　「正史以外的書籍」一名相當累贅。爲省便，下文依各具體情況，或以「野史」，或以「雜書」，或以「非正史」稱之。要之，概指廿四史以外之書籍。按甌北箚記之對象，實爲廿四史，所以稱「廿二史」的原因。詳上章，註1。

〔註5〕　按甌北本人不一定先設定若干應用規則（先具備各種用途的理念）才徵用這些書籍的。但作爲研究者來說，我們倒應該對他援引在《箚記》中的書籍，作一番反省、思考，藉以闡發彰明甌北徵用這些書籍時，其背後可有的一番理念，盡管他本人不一定自覺應用（實踐）的背後涵有如此的理念。

〔註6〕　按：甌北所討論、說明的史事有不盡見於廿四史之內的。有關這方面，以下將隨文指出。

立廢帝。帝因泰殺元烈有怨言，泰遂廢之，出居雍州廨舍，亦以酖

崩。（甌北自註：《北史》不載，事見《通鑑》。）〔註7〕（頁146）

本條云「《北史》不載」，實誤。〔註8〕但無論如何，甌北是援引《通鑑》來補

上他認為不載於正史的禪代事的。

　　《〈宋史〉各傳迴護處》條（23：314，頁500～506）云：

明清《揮麈錄》王淵有妓周氏，為趙叔近所得。陳通之亂，叔近招

降之。淵遣張俊、韓世忠討通，并斬叔近。〔張俊〕以妓歸淵，淵以

賜俊，俊不敢受，乃予世忠。……而〈世忠傳〉不載。（頁501～502）

〔註9〕

本條主旨在於說明《宋史》各列傳大都言傳主之善而不及其惡，非參觀其他列

傳不知傳主之全貌，如〈韓世忠傳〉不言傳主少年粗豪過失事即是一例。此外，

並進一步援引宋王明清（西元1127年～西元1214年以後）《揮麈錄》〔註10〕以

補充《宋史》不載韓世忠（西元1089年～西元1150年）納妓女周氏之事。

　　《〈遼史〉疏漏處》（27：367，頁587～588）云：

《遼史》又有太疏漏者。《東都事略》記遼太宗建國大遼，聖宗即位，

改大遼為大契丹，道宗又改大契丹為大遼。改號復號，一朝大事。

而《遼史》不書。（頁587）〔註11〕

〔註7〕《通鑑》（香港：中華書局，西元1976年9月重印，以下引錄《通鑑》，皆以
　　　此版為準）對有關史事，有如下記載：一、卷156，頁4858云：「魏孝武帝閨
　　　門無禮，從妹不嫁者三人，皆封公主。平原公主明月，南陽王寶炬之同產也，
　　　從帝入關，丞相泰使元氏諸王取明月殺之：帝不悅，或時彎弓，或時椎案，
　　　由是復與泰有隙。癸巳，帝飲酒遇酖而殂。」據此，孝武帝「宮闈無禮」固
　　　係事實，但宇文泰酖弒之，則以他故。甌北誤，或至少過份簡化其事。二、
　　　卷164，頁5063載：「（梁太宗簡文皇帝，大寶二年三月）庚戌，魏文帝殂，
　　　太子欽立。」三、卷165，頁5110～5113載：「（梁元帝承聖三年春正月）魏
　　　主（按即元欽）自元烈之死，有怨言，密謀誅太師泰……魏主謀淺，泰廢魏
　　　主，置之雍州。……（四月）庚戌，魏太師泰酖殺廢帝。」
〔註8〕宇文泰廢帝及後來殺帝，事見《北史》，卷五，〈三年春正月〉條，北京：中
　　　華書局，1974，頁182。甌北引述正史之處極多。為省篇幅，以下各條，正史
　　　相關史事之出處，一概從略。（甌北所引述，明與正史記載不符者，則為例外。）
〔註9〕有關史事，見《百部叢書集成》（以下簡稱《叢說集成》），《學津討原》，《揮
　　　麈錄》中之《揮麈第三錄》，卷二，頁17b～19a。
〔註10〕本書，《四庫全書總目提要》著錄，見子部，〈小說家類〉。北京：中華書局，
　　　1987，頁1197～98。以下引用《提要》，皆以此版為準。
〔註11〕事詳《東都事略》，卷123，附錄一，〈遼國上〉條。本書，《四庫提要》著錄，
　　　見史部，〈別史類〉，頁449。

本條是用《東都事略》來補充《遼史》。此外，利用他書來補充正史不載之史事，尚見《箚記》他處。茲列舉較明顯者數例如下：

1. 〈《宋史》列傳又有遺漏者〉條（24：318）援引宋俞文豹（約西元 1240年前後在世）《清夜錄》〔註 12〕及宋曹勛（西元？年～西元 1174 年）《北狩見聞錄》〔註 13〕分別說明宋徽宗（西元 1082 年～西元 1135 年）將赴金軍事及金四太子求王婉容爲黏罕子婦事。〔註 14〕

2. 〈金末種人被害之慘〉條（28：415，頁 644～45）援引金元好問（西元 1190 年～西元 1257 年）〈張萬公碑〉及〈完顏懷德碑〉以說明金末種人被害之慘烈。〔註 15〕

3. 〈《元史》〉條（29：416，頁 649～52）援引趙珙《蒙韃備錄》以說明元朝國號之由來。〔註 16〕

以上各例皆係甌北援引正史以外的書籍來補充正史所缺載者。

二、補充正史已載例

若干史事，正史已載，但不詳，甌北有據非正史補充之者。茲引錄數例如下：

〈明南北京營建〉條（27：376，頁 595～96）援引明葉盛（西元 1420 年～西元 1474 年）《水東日記》、明劉侗（約西元 1593 年～約西元 1636 年）《帝京景物略》等書來說明南北京之營建。〔註 17〕最後并引錄清朱彝尊（西元 1629

〔註 12〕本書，《四庫提要》存目，見子部，〈小說家類〉，頁 1217。

〔註 13〕本書，《四庫提要》著錄，見史部，〈雜史類〉，頁 464。

〔註 14〕前事見《叢書集成》，《歷代小史》，《清夜錄》，頁 7a-b。後事見《北狩見聞錄》（收入商務印書館，《四庫全書》珍本，十二集），頁 6a。《見聞錄》，「四太子」作「二太子」（宋徐夢莘（西元 1126 年～西元 1207 年）《三朝北盟會編》，卷八十九，則作「太子」）；「王婉容」，則作「王婉容位下帝姬」，意指非王氏本人（按：婉容爲妃嬪之號），而是其下之帝姬而已。并參《校証本》，〈《宋史》列傳又有遺漏者〉條，24：318，註 1。

〔註 15〕〈張萬公碑〉乃指〈平章政事壽國張文貞公神道碑〉，收入《遺山先生文集》，卷十六。〈完顏懷德碑〉乃指〈臨淄縣令完顏公神道碑〉。收入上書，卷二十八。

〔註 16〕事詳《叢書集成》，《古今說海》，《蒙韃備錄》，頁 3a～3b，〈國號年號〉條。趙珙，《箚記》原作孟珙，今據王國維考証改。見王國維：《蒙韃備錄箋証·丙午（西元 1917 年）六月跋》。《箋証》收入氏著：《蒙古史料（校注）四種》一書內。台北：正中書局，1962。

〔註 17〕按《水東日記》及《帝京景物略》不及有關史事。參《校証本》，〈明南北京

年～西元 1709 年）《日下舊聞・序》來說明唐、金、元、明北京城之營建及沿革過程。〈序〉云：

> 唐之幽州，其地半在新城之西，……明初即南城故宮爲燕邸，而非
> 因大內之舊云。此可以參証。（頁 596）〔註 18〕

明南北京之營建，雖記載於《明史》，然甌北以爲未詳，因此，引錄上述各書以補充之。

〈宋史事最詳〉條（23：312，頁 496～98）云：

> 唐、宋、金三朝，史官記載，其職頗重。五代李穀奏言，起居注創
> 於累朝，時政記興於近代。然後採其事實，編作史書。……自唐文
> 宗每召大臣論事，必命起居郎、起居舍人執筆立於殿階螭頭下，以
> 紀政事。（甌北自註：見李穀及宋扈蒙疏。）（頁 496）〔註 19〕

《舊五代史》及《宋史》已載前代史官修史事，然未詳。於是甌北進一步援引《五代會要》補充之。

〈張居正久病百官齋禱之多〉條（35：527，頁 803）云：

> 萬曆中，張居正臥病，京朝官建醮禱祀，延及外省，靡然從風。……
> 按《明史》，居正病，四閱月不愈，百官并齋醮爲禱，南都、秦、晉、
> 楚、豫諸大吏無不建醮，而《明朝小史》所載更詳。……〔註 20〕

借用非正史來補充正史不詳之處，上例最是明顯。甌北在本條中，首先明言有關史事詳載《明朝小史》，并即據之而鋪陳其事。

正史所載不詳，甌北援引非正史補充之者，《箚記》屢見，不一見。茲更列舉數例如下，《箚記》原文，從略。

1. 〈五代諸帝皆無後〉條（22：305，頁 483～84）載李克用（西元 856 年
   ～西元 908 年）諸子皆被殺戮，《舊五代史》謂邕王存美等人不知所終。
   甌北引錄《通鑑》以補上存美以風病偏枯，得免於難的事實。〔註 21〕

營建〉條，27：376，頁 616～617，註 1、3、4、5。《水東日記》，《四庫提要》
著錄，見子部，〈小說家類〉，頁 1203～1204。《帝京景物略》，《四庫提要》存
目，見史部，〈地理類〉，頁 672～673。

〔註 18〕按《日下舊聞》一書，清乾隆時奉敕改編爲《日下舊聞考》。朱〈序〉附見於
改編本，末卷一六○之內。《箚記》引錄時，刪改過若干文字。

〔註 19〕李穀疏見《五代會要》，卷十八，〈史館雜錄〉，〈周顯德元年十月〉條。扈蒙
（西元 915 年～西元 986 年）疏，見《宋史》，卷 269，列傳 28，本傳。

〔註 20〕《明朝小史》乃明呂毖所輯著。有關史事，見卷十四，〈萬曆紀・百官設醮〉條。

〔註 21〕事見卷 275，頁 8979。按甌北據《通鑑》補上之史事，原係四庫館臣輯《舊

2. 同上條，同頁，甌北徵引宋人陶穀（西元 903 年～西元 970 年）《清異錄》以說明李存勗諸子以孟知祥（西元 876 年～西元 936 年）故，得保存性命於蜀地。此又可補《舊五代史》所謂不知所終者。〔註22〕

3. 張全義（西元 852 年～西元 926 年）、馮道（西元 882 年～西元 954 年）歷事數君，後人皆視爲極盡羞恥之能事。然當時實有令譽，被視爲名臣、元老。〈張全義馮道〉條（22：308，頁 486～87）引《通鑑》、宋陶岳《五代史補》、宋張齊賢（西元 943 年～西元 1014 年）《洛陽縉紳舊聞記》、清鄭方坤（約西元 1729 年前後在世）《五代詩話》等書以補充正史未詳盡之處。〔註23〕

4. 〈金元二朝待宋後厚薄不同〉條（30：445，頁 695～97）徵引《宋遺民錄》，以補充說明宋恭帝（瀛國公，趙㬎，西元 1270 年～西元？年）被擄北方後，因懼元世祖忽必烈（西元 1215 年～西元 1294 年）加害，遂乞從釋事。〔註24〕

5. 〈元季風雅相尙〉條（30：452，頁 705）徵引明李東陽（西元 1447 年～西元 1516 年）《懷麓堂詩話》、明何良俊（約西元 1566 年前後在世）《四友齋叢說》等書以補充《元史》有關風雅相尙事。〔註25〕

五代史》時所寫之案語。見《舊五代史・唐書二十七・宗室列傳第三》。

〔註22〕《清異錄》收入《叢書集成》，《寶顏堂秘笈》。事見卷四，頁 40b，〈四奇寒具〉條。《清異錄》，《四庫提要》存目，見子部，〈小說家類〉，頁 1215。此處甌北援引之《清異錄》，亦來自原有之案語。見《舊五代史・唐書二十七・宗室列傳第三》。

〔註23〕《通鑑》，事見卷 281，頁 9175、9179～80。《五代史補》，《劄記》原文作《五代會要》，誤。事見前，卷五，〈郭忠恕責馮道〉條，又可參《校証本》，22：308，頁 491，註 1。《舊聞記》收入《叢書集成》，《知不足齋叢書》，事見卷二，頁 3b，〈齊王張令公外傳〉；又同書，卷五，頁 5a～6a。《五代詩話》，則見卷二，〈楊凝式〉條。《五代史補》，《四庫提要》著錄，見史部，〈雜史類〉，頁 464。《舊聞記》，《四庫提要》著錄，見子部，〈小說家類〉，頁 1188～1189。《五代詩話》，《四庫提要》著錄，見集部，〈詩文評類〉，頁 1795，按甌北本條所引諸書，皆轉據四庫館臣之案語而來。詳見《舊五代史》，張全義及馮道二人之列傳。

〔註24〕《宋遺民錄》，事見卷十五。本書，《四庫提要》存目，不著撰人。見史部，〈傳記類〉，頁 548。

〔註25〕《懷麓堂詩話》，收入《四庫全書》，有關史事，見頁 17b；《四友齋叢說》，收入《叢書集成》，《紀錄彙編》，有關史事，見卷十六，頁 4a。《詩話》，《四庫提要》著錄，見集部，〈詩文評類〉，頁 1792，《叢語》，《四庫提要》存目，見子部，〈雜家類〉，頁 1099。

6. 〈明代選秀女之制〉條（32：492，頁 753～755）徵引明王圻（西元 1565 年～西元 1614 年）《稗史彙編》、明朱國禎《湧幢小品》、明何良俊《四友齋叢說》等書以補充、佐証《明史》所載有關選秀女之事。〔註 26〕

7. 〈明內閣首輔之權最重〉條（33：500，頁 767～69）徵引明焦竑（西元 1541 年～西元 1620 年）《玉堂叢語》，以補充說明首輔夏言輕慢嚴嵩邀宴事。〔註 27〕

8. 〈明中葉才士傲誕之習〉條（34：514，頁 783～84）亦徵引《玉堂叢語》以說明明文徵明（西元 1470 年～西元 1559 年）爲當時諸王爭以重寶爲贈事。〔註 28〕

9. 〈長隨〉條（36：577，頁 848）徵引明鄭曉（西元 1499 年～西元 1566 年）《今言》以補充《明史》。甌北并以此佐証其對「長隨」一名所下之斷語。〔註 29〕

三、佐証正史例

　　非正史用作輔助／補充正史，除上述一、二兩節所分別代表的方式外，尚有另一種方式。這是：正史已詳載（異於方式一的正史不載；亦異於方式二的正史已載，但不詳），但甌北仍引據非正史以佐証正史，或甚至與正史平排并列，以証成一史事（增強事實的可信度）；或佐証自己判斷的正確性。茲

〔註 26〕《稗史彙編》，原文作《明稗類抄》，誤，事見前書，卷七十六，〈職官門·省部類·兩字尚書〉條，又可參《校証本》，頁 758，註 1；《湧幢小品》，事見卷一，頁 7a-b，〈宮妃〉條；《四友齋叢說》，卷之六，頁 8b～9a。《稗史彙編》，《四庫提要》存目，見子部，〈雜家類〉，頁 1124～1125，按《彙》，又作《類編》。參皮爾斯徹，上揭博士論文，頁 247，註 46。《湧幢小品》，《四庫提要》存目，見子部，〈雜家類〉，頁 1102。

〔註 27〕按有關史事，《叢語》不載。惟卷八，〈汰侈〉條則載二人對案共食時，夏言自備酒食，此與嚴嵩仰賴朝廷供應者迥異。台北：木鐸出版社，1982，頁 275。《叢語》，《四庫提要》存目，見子部，〈小說家類〉，頁 1223。

〔註 28〕同上書，卷五，〈廉介〉條，木鐸出版社，頁 169。按《明史》本傳已記載當時「周、徽諸王以寶玩爲贈」，徵明「不啓封而還之」之事，甌北實不必轉據《玉堂叢語》。

〔註 29〕甌北斷語云：「長隨本中官之次等，受役於大璫者。」按《今言》中，言及「長隨」凡兩見：卷一，頁 9b；卷二，頁 34a。台北：廣文書局，1969，頁 20，175。《今言》，《四庫提要》存目，見史部，〈雜史類〉，頁 481。又甌北引《明史·王振傳》云王、毛二中官即二長隨之事，按〈王振傳〉不載。與此事相涉之英宗及景帝紀亦不載！事或見他處？

舉數例如下：

　　〈《梁書》悉據國史立傳〉條（9：131，頁 192～93），指出謂《梁書》悉據國史「有美必書，有惡必爲之諱」的義例立傳。甌北云：

> 各列傳必先敘其歷官，而後載其事實，末又載飾終之詔，此國史體例也。有美必書，有惡必爲之諱。如昭明太子以其母丁貴嬪薨，武帝葬貴嬪地不利於長子。昭明太子聽墓工言，埋蠟鵝等物以厭之。後事發，昭明以憂懼而死。（甌北自註：事見《南史》及《通鑑》。）而本傳不載。臨川王宏統軍北伐，畏魏兵，不敢進。軍政不和，遂大潰。棄甲投戈，填滿山谷，喪失十之八九。此爲梁朝第一敗衄之事。（甌北自註：見《南史》及《通鑑》）而本傳但云：……。絕無一字及潰敗之迹。（頁 192）。〔註30〕

在本條中，甌北是援引《通鑑》，使之與《南史》平排并列，以說明、証成上述兩史事。兩史事的確然性由是得以加強。此其一。此外，甌北亦借《通鑑》之引用，以印証、鞏固他所下的「《梁書》悉據國史（義例）立傳」這一判斷。《通鑑》在這例中可謂扮演了雙重角色。又《梁書》、《南史》均係正史。僅根據此二者以衡斷前者証據不夠堅強。《通鑑》之徵用，正好充當了有力的支援。

　　〈五代鹽麴之禁〉條（22：300，頁 477～78）與上例情況相同。「五代橫征無藝」（甌北語），鹽麴之禁尤屬，民有私營者，動輒處以極刑。本條廣引事例以資說明此事。茲舉其一如下：

> 漢乾祐（西元 948 年～西元 950 年）中，私麴之禁，不論斤兩皆死。周廣順（西元 951 年～西元 953 年）中，仍改爲五斤以上。然五斤私麴即處極刑，亦可見法令之酷矣。此麴法之大概也。（自註：以上俱見薛《史》及《五代會要》。）

這與上例相同：亦是以非正史（《五代會要》）與正史（《舊五代史》）并舉，以增強史事之確然性；并藉此佐証「五代橫征無藝」及「法令之酷」這兩個判語。〔註31〕

〔註30〕甌北所言首事，見《通鑑》，卷 155，頁 4808，惟「墓工」，則作「道士」。次事見卷 146，頁 4552，4564～66。

〔註31〕《五代會要》（宋王溥（西元 922 年～西元 982 年）撰）所載有關史事，見卷二十七，（鹽鐵雜條下）。按《舊五代史·食貨志》廣順三年三月條下之案語即據此而來。

〈庚申帝〉條（30：457，頁 708～710），明程敏政（西元？年～西元 1449
年）《宋遺民錄》、明權衡《庚申外史》、《庚申帝大事記》、明袁忠徹《符台外
集》、明田藝蘅（約西元 1570 年前後在世）《西湖志餘》及余應〈合尊大師詩〉
等雜書野史，均記述庚申帝（元順帝，西元 1320 年～西元 1370 年）及宋恭
帝（德祐帝，西元 1270 年～西元？年）之子，而非元明宗（西元 1300 年～
西元 1329 年）之子。〔註 32〕但甌北對上述各書的記載採一保留的態度；指出
謂：「以上皆野史所載，未必可盡信。」（頁 709）至於正史的記載又如何？甌
北細稽《元史》，覺得記載相當曖昧，竟有不同的二說。於是指出謂野史之有
如上的記載，「未必無因也」。茲先引錄《箚記》之文如下：

> ……《元史》本紀，文宗至順元年，以順帝乳母夫言，明宗在日，素
> 謂長子非己子，命翰林書其事於史館。明年，復詔奎章閣學士虞集（西
> 元 1272 年～西元 1348 年）作詔，播告中外。順帝登極，以此事撤去
> 文宗廟主。詔曰：『文宗私圖傳子，乃搆邪言，謂朕非明宗子，俾出
> 居遐陬。』〈虞集傳〉亦見此事。是順帝之非明宗子，當時已播人口。
> 故文宗崩後，皇后卜答失里寧立明宗次子寧宗，而不立順帝。迨寧宗
> 天而順帝始立。則《遺民錄》所載，未必無因也。（頁 709～710）

縱觀上文，元順帝非明宗子之事實，已相當昭然明顯。然則順帝詔書之否認
其事，或不免欲蓋彌彰而已。然而，詔書既有此說，又加上野史不可盡信，
於是甌北只好仍以懷疑審慎的態度視之，指出謂《元史·明宗后邁來的傳》
應略及此事，「所謂疑以傳疑也。乃并不書，豈以其不經耶？」（按〈邁來的

〔註 32〕《宋遺民錄》收入《叢書集成》，《知不足齋叢書》。其中卷十五〈宋遺事〉條
輯錄不少順帝非明宗子的記載。此包括以下各文：1.〈讀虞集所草庚申君非周
王己子之詔有作〉（余應撰，此即所謂〈合尊大師詩〉是也。）2. 何喬新對此
詩所作之〈跋〉。3. 袁忠徹〈紀瀛國公事實〉。4. 無名氏〈贈虞作生詩〉。5.〈西
江月詩〉。6.《元史·順帝紀》略。7.〈虞集傳略〉。8.〈虞伯生草詔〉。9.
全祖望〈答史雪汀問宋瀛國公事帖子〉。
《庚申帝大事記》又名《庚申外史》、《庚申帝史外聞見錄》。有關史事，見全
書開首之數條。大陸學者任崇岳曾爲本書作箋証，名爲《庚申外史箋証》（鄭
州：中州古籍出版社，西元 1991 年）。任氏在《箋証·前言》中對本書之各異
名稍作說明，可參看。今甌北分別引錄《大事記》及《外史》，則不知二書實
爲一書也。《庚申外史》，《四庫提要》存目，見史部，〈雜史類〉，頁 474。《西
湖志餘》及《符台外集》二書未見。然袁氏有關此事的記載亦收入《宋遺民錄》
中，此即上文說過的〈紀瀛國公事實〉一文。按順帝非明宗子之事，《四庫提
要》及余嘉錫《四庫提要辨証》已批駁其謬。見二書《庚申外史》條。

（迪）傳）極簡略。〈傳〉云：「明宗貞裕徽聖皇后，名邁來迪，生順帝而崩，文宗立，諡貞裕徽聖皇后。」僅此十數字而已。然而，既明言順帝爲其所生，即等同謂順帝乃明宗子也。甌北不得云「乃并不書」！）

就此問題來說，野史《宋遺民錄》等書與正史（《元史》）的關係，相當難說。眾野史說法一致；而《元史》則有不同之二說（〈文宗紀〉爲一說，順帝詔書爲另一說）。然而，《元史》首說與野史之說法既完全一致，咸認爲順帝非明宗之子，則我們似乎可以說，此等野史所扮演之角色是佐証、鞏固了《元史》首說之可信性。

《宋遺民錄》等野史在本例中具有非常關鍵的地位。甌北不是說此等野史不可信，而是說「未必可盡信」，則意涵此等野史仍有一定的可信度，或至少有一定的參考價值，否則甌北不必大量列舉相關的記載。在甌北之意識中，正史當然比野史可靠（詳上章），但當正史本身有不同之二說時，則野史之記載便舉足輕重了。甌北之重視野史，此例相當明顯。

〈明祖之取江州〉條（36：566，頁 840）亦係以野史佐証正史的另一例。本條說：

> 《明史·趙德勝傳》，至正癸卯，太祖西征陳友諒（西元 1320 年～西元 1363 年），破安慶水寨，乘風泝小孤山。距九江五里，友諒始知，倉皇遁去。是友諒不及戰即往武昌也。〈劉基傳〉亦云，明祖攻安慶。自旦及暮不下，基請徑趨江州，遂悉軍西上。友諒出不意，帥妻子奔武昌。亦見《國初禮賢錄》。

是明祖取江州之具體情況，除見諸《明史》列傳外，亦見諸《國初禮賢錄》。〔註33〕是後書正可佐証《明史》記載之確當。

此外，正史與非正史并舉，以共同說明一史事，或甌北用以佐証一己判斷之正確性者，《箚記》中尙見多處，玆列舉略說如下。

1. 〈《舊唐書》前半全用實錄國史舊本〉條（16：222，頁 345～49），即據《通鑑》及《新唐書》以說明《舊唐書》前半，即以全用實錄舊本而對人物、史事多所迴護省略。〔註34〕

〔註33〕《國初禮賢錄》，不著撰人，收入《叢書集成》，《紀錄彙編》。有關史事，見頁 2a。本書，《四庫提要》存目，見史部，〈雜史類〉，頁 475。《提要》本條云：「舊本題明劉基撰。」

〔註34〕甌北云見載於《通鑑》之史事，見卷248，頁 8022，8033～34。

2. 〈《新舊書》互異〉條（18：235，頁 382～88），黃巢（？～884）據京城，唐大將李昌言（西元？年～西元 884 年）之動向，新舊二書所載不同。《劄記》乃以《通鑑》與《新書》并列，以佐証《新書》記載之確當。〔註35〕

3. 〈薛居正（西元 912 年～西元 981 年）《五代史》〉條（21：283，頁 451）列舉《宋史》、晁公武（約西元 1144 年前後在世）《郡齋讀書志》及王應麟（西元 1223 年～西元 1296 年）《玉海》所引《中興書目》，以說明《舊五代史》纂修的經過。各撰人之姓名亦附見。〔註36〕

再者，《五代會要》及《四友齋叢說》、《治世餘聞》、《明詩評》亦分別與《舊五代史》及《明史》并列，以說明相關史事。〔註37〕

以上一、二、三參節，旨在舉証說明甌北以非正史爲輔，藉以補充正史所不載者；或載而不詳者；或與正史并列，以說明史事或佐証一己之判斷者。此等書籍，就以上各例來說，大體上皆作爲輔助正史用，而正史仍居首要地位。即以最後一（三、）節來說，非正史之地位亦不過與正史齊頭并駕而已，無以過之。然而，〈女后之賢〉條（14：185，頁 293～94），正史、非正史之主、輔地位對易。此例殊異上述各例，茲特拈出略述於下。洪邁（西元 1123 年～西元 1202 年）《容齋隨筆》舉出歷代女后之賢者三例。〔註38〕甌北引述之後，以爲「容齋所記尚有遺漏」（頁 293），於是轉據正史（《晉書》及《北

〔註35〕有關史事，見《通鑑》，卷 254，頁 8260。

〔註36〕《郡齋讀書志》，見卷五，〈五代史一百五十卷〉條；《玉海》，見卷四十六，〈五代史〉、〈五代史記〉條所引之《中興書目》。《讀書志》，《四庫提要》著錄，見史部，〈目錄類〉，頁 729。《玉海》，《四庫提要》著錄，見子部，〈類書類〉，頁 1151。

〔註37〕見〈薛《史》全採各朝實錄〉條（21：284，頁 451～53），其中所引《五代會要》之史事，見卷十八，〈修國史〉條。《四友齋叢說》等書，則見引〈明代科場之弊〉條（36：575，頁 846～47）。按《叢說》未見有關史事之記載；明陳洪謨（約西元 1506 年前後在世）《治世餘聞》，收入《叢書集成》，有關史事，見上篇，卷之二，6a。又該史事，明王世貞（西元 1526 年～西元 1590 年）《明詩評》，卷二，〈唐寅〉條僅略及而已。《治世餘聞》，《四庫提要》存目，見史部〈雜史類〉，頁 479。

〔註38〕見該書，卷三，〈三女后之賢〉條。三女后指 1、王莽女漢平帝（公元前 5 年一公元 9 年）之后，2、楊堅女周宣帝（西元 559 年～西元 580 年）之后，3、五代南唐開國主李昇（徐知誥，西元 888 年～西元 943 年）女吳太子璉之妃，皆於事變後，持志不屈。

史》）所載之各例，「摘出以補容齋所未及」。〔註39〕（頁294）非正史爲主，正史爲輔的情況至爲明顯。然則正史反居次要地位了。

第二節　糾正正史用舉例

非正史應用於糾正方面，其途徑可分二：一爲糾正史事；另一爲糾正、彰明正史之迴護處。茲先說前者。

一、糾正正史錯謬處舉例

〈梁南二史歧互處〉條（11：150，227～29）云：

……至〈任昉傳〉，《梁書》、《南史》，俱謂昉出爲新安太守，卒於官。

而劉孝標〈廣絕交論〉有云：『瞑目東粵，䫉爾諸孤，流離大海之南，寄命瘴癘之地。』是則昉沒於粵，非沒於新安也，二書俱誤。（頁229）

按〈廣絕交論〉引錄於《梁書》及《南史》，而不是兩史作者自撰之文字，故可視爲係甌北引據正史外的文字以糾正正史訛誤例。〔註40〕

《宋史》各傳錯謬處）條（24：317，頁512～13）云：

〈韓世忠傳〉，世忠屯焦山，謂兀朮至，必登金山龍王廟觀虛實，乃令百人伏廟中，百人伏岸側。果有五騎闖入廟。兵喜，先鼓而出，僅得二人，逸其三，中有絳袍玉帶，既墜而馳者。訪之，即兀朮也。

按金山在水中，豈能騎而入，又騎而逃，此必誤也。《輿地紀勝》謂伏兵北固山龍王廟，此較近理。乃作傳者於此等處亦不訂正。

是甌北引據《輿地紀勝》以正《宋史·韓世忠傳》之誤。〔註41〕

〔註39〕女后之賢者，甌北多補上七人：1、東漢少帝劉辯后唐氏，2、晉愍懷太子遹妃王惠風（王衍女），3、前秦苻堅妻張夫人，4、苻堅族孫苻登妻毛氏，5、後涼國主呂紹妻張氏，6、後涼國主呂纂妻楊氏，7、西魏廢帝后宇文氏（宇文泰女）。按吳太子璉及晉愍懷太子遹未爲帝，亦非國主，因此李氏及王氏不得稱「后」。今洪邁及甌北所以云爾，蓋從「后」字之寬泛義耳。

〔註40〕《文選》卷五十五，《梁書》卷十四及《南史》卷五十九之〈任昉傳〉皆收錄〈廣絕交論〉。甌北引錄時，中間刪去若干字，如省去「瞑目東粵」與「䫉爾諸孤」間之數語即是。「東粵」，《梁書》作「東越」。又新安，南朝屬雍州，今入湖北省。新安既屬湖北，則自當係東粵（東越）所涵。蓋甌北以清代地理觀念視之，以爲新安偏北，不入越地，故認爲兩史俱誤！及翻閱《文選》，注文即謂：「東粵，謂新安，昉死所也。」則更可証甌北之失。

〔註41〕按金山、焦山、北固山，時屬兩浙西路鎮江府。參《輿地紀勝》，卷七。此書

〈明祖之取江州〉條（36：566，頁840），《明史》〈趙德勝傳〉及〈劉基傳〉載陳友諒不意太祖突襲，不及戰，倉皇逃去。然甌北認爲《西征記》之記載更可信，於是據此以糾《明史》。本條云：

> ……然《御製西征記》，抵皖城，寇舟不戰，水陸固守。我師遂宵晝弗停。次日午後，直抵潯陽。與彼交戰，再衝再折，若此者三，彼負而我勝。友諒逃遁，遣將伏降。是明兵到時，友諒亦曾拒戰，既敗而逃。當以《西征記》爲準。[註42]

甌北據非正史以訂正正史之誤，[註43] 茲多引錄一例。

〈喜寧之擒〉條（36：571，頁842～43），《明史・于謙傳》載擒獲叛閹喜寧，其始謀者乃于謙（西元1394年～西元1457年）。〈楊俊傳〉則指出擒獲喜寧者，乃都指揮江福，楊俊冒其功而已。甌北以爲二傳所載皆非，指出云：

> ……然閱《正統北狩事蹟》、尹直《北征事蹟》、高岱《鴻猷錄》等書，則不惟楊俊冒功，即江福亦非功首，其始謀乃英宗也。[註44]

此外，以非正史糾正正史之誤，《劄記》中尚有多條。茲略引述如下。〈《新舊書》各有紀傳互異處〉條（18：236，頁388）合《新書》列傳及《通鑑》之記載，糾正《舊書》本紀之誤，認爲張絳與張仲武，實爲二人。[註45] 〈監板《宋史》脫誤處〉條（24：321，頁516～17），援引宋楊萬里（西元1127年～西元1206

未遍翻，然三山條皆不及世忠追兀朮事。事或見他處？又甌北指責《宋史》有問題之處，亦未見其必然：1.《宋史》本傳作「金山廟」，不作「金山龍王廟」。疑前者不必位在金山上。2.金山雖在水中，然離岸不遠。使兀朮騎兵果登此山，後爲逃難，必拚命；至其先前之「騎而入」，必從容爲之，故更不成問題。

[註42] 《西征記》收入《叢書集成》，《紀錄彙編》，事見頁2a。筆者疑《明史》所載不誤。〈趙德勝傳〉及〈劉基傳〉云陳友諒不戰而倉皇遁去，指的是九江一役；皖城兩軍交戰事當係另一役。皖城隸安徽省潛山縣，與九江相距逾一百公里。

[註43] 據以上數註文，可知不必係正史之誤，而往往係甌北之自誤！

[註44] 《北狩事蹟》，明袁彬、尹直撰，收入《叢書集成》，《學津討原》。有關史事，載頁6a。《北征事蹟》，收入《紀錄彙編》，事見頁7a～7b。《鴻猷錄》，明高岱撰，亦收入《紀錄彙編》，事見卷十，〈己巳之變〉條，頁10b～11a。《北征事蹟》，《四庫提要》存目，見史部，〈雜史類〉，頁478。《鴻猷錄》，《四庫提要》存目，見史部，〈紀事本末類〉，頁444。

[註45] 《通鑑》有關此事之記載，見卷246，頁7956。甌北本條據新舊二書〈張仲武傳〉糾《舊書・武宗紀》之誤。又北京中華書局點校本《舊唐書》（1975）亦指出〈武宗紀〉本條有誤。其或據甌北之考証歟？

年）《誠齋揮塵錄》以糾正監板《宋史》之誤，確認配享者係張俊（西元 1086
年～西元 1154 年），而非張浚（西元？年～西元 1164 年）。〔註46〕又《《元史》》
條（29：416，頁 649～52）引據顧炎武（西元 1613 年～西元 1682 年）之記載，
指出謂《元史》因草率而致誤之處甚多。〔註47〕

　　以上各例，皆係據非正史以糾駁正史之訛誤處。下文則據非正史以究明
正史之迴護處。

二、究明正史迴護處舉例

　　《三國志》多迴護處）條（6：87，頁 122～25）列舉多例，以說明陳壽
對魏晉事多所迴護。甌北并轉據裴《註》，多方引錄，藉以彌補《三國志》此
缺失。茲舉其中一例以概其餘。本條云：

> ……至高貴鄉公之被弒也，帝以威權日去，心不能甘，發甲於凌
> 雲台，親討司馬昭。昭令賈充拒之，時相府兵尚不敢動，充即諭
> 成倅、成濟曰：『公畜養汝等，正為今日！』濟乃抽戈犯帝，刃出
> 於背而崩。此事見《漢晉春秋》、《魏氏春秋》及《世語》、《魏末
> 傳》，〔註48〕是司馬昭實為弒君之首。乃《魏志》但書高貴鄉公卒，
> 年二十，絕不及被弒之迹。反載太后之令，言高貴鄉公之當誅，
> 欲以庶人禮葬之。并載昭奏，稱……。轉似不知弒君之事，而反
> 有討賊之功。〈本紀〉如此，又無列傳散見其事，此尤曲筆之甚者
> 矣。……（頁 123）

陳壽（西元 233 年～西元 297 年）迴護司馬氏弒帝事，甌北乃據裴《註》所
引錄之各書，糾補如上。

　　又〈薛《史》書法迴護處〉條（21：285，頁 453～56）列舉數例，指出
薛居正記五代史事多所迴護。茲舉其一以概其餘。本條云：

〔註46〕《校証本》指出百衲本《宋史》正作「張俊」，可知甌北所據者為誤本。又遍
　　　　檢《揮塵錄》，未見有關配享事之紀載。再者，《四庫提要》及余嘉錫《四庫
　　　　提要辨証》（卷十六，子部七）明言本書非楊萬里所撰。甌北仍據舊題而不之
　　　　察，亦失考之甚。本書，《四庫提要》存目，見子部，〈雜史類〉，頁 1093。
〔註47〕顧氏之記載，見《日知錄》，卷26，《《元史》》條。
〔註48〕按《漢晉春秋》等書，乃甌北轉引自裴《注》者。見《三國志》，卷四，「甘
　　　　露五年五月己丑高貴鄉公卒年二十」之註文。《漢晉春秋》所稱之文王乃指司
　　　　馬昭，「文王」係其謚。見《晉書·文帝紀》，北京，中華書局，1974 年，頁
　　　　44。

〈梁太祖紀〉，朱瑄、朱瑾救汴後，帝（按即朱溫）以其有功於己，
厚禮而歸之。瑄、瑾以帝軍士勇悍、懸金帛誘之。軍士利其貲，
赴之者眾。帝乃移檄讓之。瑾等來使不遜，乃命朱珍侵曹伐濮。
按《通鑑攷異》及《五代史補》，〔註49〕朱溫常患兵力不足，敬翔
說令麾下士詐為叛逃，即奏於唐帝，并告四鄰，以追叛為名，可
以拓地廣眾。溫大喜，從之。是兗、鄆本無誘兵之事，特溫託詞
以為兵端也。而薛《史》云云，是真謂瑄、瑾以誘兵啓釁矣。（頁
453）

是以非正史糾駁正史迴護處之又一例。

《《明史》立傳多存大體》條（31：471，頁 723～25）指出「《明史》立傳
多存大體。不參校他書，不知修史斟酌之苦心也。」（頁 723）筆者認為所謂「多
存大體」云云，或係「尚有漏略」或「尚欠剪裁」之美稱而已。上章指出，甌
北皇權崇拜之思想相當濃厚，而本條又係全書中討論《明史》之第二條。因此
正好借此顯眼的位置推崇本朝人所修之《明史》一番。然而，本書又實有不少
未盡如人意之處。甌北援引多種野史（即所謂參校他書）以糾駁之即可知其本
人對《明史》之滿意度仍有保留。甌北所以用「《明史》立傳多存大體」這個美
稱，固然可謂係其內心皇權崇拜思想之真實流露、反映，但亦未嘗不是他對《明
史》仍感不滿之另類表示、婉轉表示；當然亦可解讀為甌北對《明史》的曲為
迴護。甌北云須「參校他書，……」，即微可窺見其中之消息矣。

第三節 其他使用舉例

非正史在《劄記》一書中之作用，蓋以補充史事，或以糾正正史之訛誤
為最多見。此種應用，似亦最具史學上的意義與價值，故先析述如上。但非
正史在《劄記》中之作用，其途轍可謂萬緒千端，繁雜不一。為省篇幅及讀
者目力，茲以本節「其他使用舉例」概括之，各細目則分見於後。

〔註49〕《攷異》有關記載，見《通鑑》，卷二五七，頁 8360～8361。又《五代史補》
不見有關記載。《攷異》之記載，則係據高若拙《後史補》而來。甌北所指
之《五代史補》，當即本書。果爾，本條資料之來源，只係《後史補》一書
而已。甌北云：「按《通鑑攷異》及《五代史補》……」，不當，蓋「及」
字意涵各自為一資料源頭。《舊五代史》本條案語作「《通鑑攷異》引高若
拙《後史補》曰：……」，（上京：中華書局，西元 1976 年，頁 9），用「引」
字，得其實矣。

一、充當史事敍述之楔子

〈五代諸帝多由軍士擁立〉條（21：294，頁 464～67），指出謂「宋太祖由陳橋兵變，遂登帝位。」隨後，即引錄查愼行（西元 1650 年～西元 1727 年）詩。詩云：

> 千秋疑案陳橋驛，一著黃袍便罷兵。〔註50〕

按此詩與本條下文各史事之說明，并無直接關係。筆者乃以楔子視之，蓋充當下文「五代諸帝多由將士擁立」之導引而已。

非正史作楔子用，茲多舉一例。五代自後唐莊宗（西元 885 年～西元 926 年）以降，賦斂日重，歷代承之。甌北因歷述自後唐終五代之世，鹽麴之禁之虐民，以見橫征暴斂之一斑。在正式敍述後唐莊宗任吏人峻法以剝下之前，甌北指出謂當時百姓仍皆樂輸，雖困而未至流亡，并引洪遇（西元 1123 年～西元 1202 年）《容齋隨筆》以爲佐証。本條云：

> 五代橫征無藝。洪容齋《隨筆》記朱溫以夷門一鎮，力征而得天下。
> 士雖苦戰，民則樂輸。末帝與唐莊宗對壘於河上，民雖困於輦運，
> 亦未至流亡，由賦斂輕而田園可戀故也。及唐莊宗任吏人孔謙爲三
> 司使，峻法以剝下，厚斂以奉上，於是賦斂日重，歷代因之。今即
> 據鹽麴二事，可見其大概也。〔註51〕

〔註50〕詩見《敬業堂詩集》，卷二十，〈汴梁雜詩〉八首中之第四首。甌北引錄這詩後，繼云：「蓋以爲世所稀有之異事也。不知五代諸帝多由軍士擁立，相沿爲故事，至宋祖已第四帝矣。宋祖之前有周太祖郭威，郭威之前有唐廢帝王從珂。……」按：甌北對愼行詩之理解有誤。茲先引錄全詩如下：「梁宋遺墟指汴京，紛紛代禪事何輕。也知光義難爲弟，不及朱三尚有兄。將帥權傾皆易姓，英雄時至適成名。千秋疑案陳橋驛，一著黃袍便（或作「遂」）罷兵。」「紛紛代禪事何輕」及「將帥權傾皆易姓」兩語已明白反映愼行非不知宋祖之前，軍士擁立早已成爲故事矣。甌北僅引錄本詩末二句，并以「蓋以爲世所稀有之異事也」來描述愼行對禪代事之理解，實誤會之至。按《劄記》一書之謬誤至多。杜維運先生嘗指出謂此書之誤，皆無心之誤也。并嘗歸納致誤之由，計有六端。其一是「未細稽原文而誤」。細析之，又有三項。首項曰「由略視數行數語而誤」，次項曰「由急讀疾書而誤」。今甌北僅據愼行詩末二句，便下判斷說「以爲世所稀有之異事也。……」其誤蓋由急讀疾書而略視前面之數行數語而來。本條之誤，屬杜先生分類中之「未細稽原文而誤」無疑。見氏著：《〈廿二史劄記〉考証釋例》，收入《校証補編廿二世劄記》（台北：華世出版社，西元 1977 年），〈附錄一〉。

〔註51〕〈五代鹽麴之禁〉條（22：300，頁 477～78）。按事見《容齋三筆》，卷第十，〈朱梁輕賦〉條。甌北云見「洪容齋《隨筆》」，不確，蓋實見《三筆》（按洪

很明顯，《隨筆・朱梁輕賦》一條在這裡是扮演了楔子的角色。甌北先之引錄，據以作爲下述橫征暴斂一個強烈的對比。

二、充當類同史事之結語／判語

非正史作爲楔子用之外，亦有作爲結語／判語用的。茲舉二例。〈魏齊斗秤〉條（15：204，頁318），引據《漢書》、《宋書》，并兩引《晉書》，以說明斗秤尺度古今不同。最後，并以顧炎武之判語作結。甌北云：「……顧寧人所謂古今斗尺權量之一大變局也。」〔註52〕是援引非正史作爲有關史事之綜合結語（最後判語）之一例。

〈夏貴〉條（26：362，頁574～76）則以野史所載弔唁之言作爲結語。按夏貴（西元1197年～西元1279年）宋亡後降元。然《宋史》因其降元而不爲立傳，〔註53〕《元史》又以其在元朝無績可紀，亦不立傳。其人數十年勞悴由是付諸流水。甌北曰：「計其時年已大耋，即苟活亦衹數年，故歿後有人弔之曰：『享年八十三，何不七十九？嗚呼夏相公，萬代名不朽！』（甌北自註：宋《稗史》）。〔註54〕眞可惜也。」是甌北引弔唁之言以贊述夏公，并作爲本條之結語。

三、充當史事之解說

〈曹吉祥江彬〉條（36：572，頁843～44）云：

書分《隨筆》、《續筆》、《三筆》，此其一。又四庫館臣所輯錄之《舊五代史》即收有此條，并註明云「見容齋《三筆》所引薛《史》。」（語見〈食貨志〉首段）可知甌北所引述者，實源自薛《史》舊文，非洪邁自撰。《三筆》本條亦明言謂引自薛《史》。甌北讀書多粗心大意，此又係一例。然既云本諸洪氏之記載，筆者即順隨甌北意，而視係引錄他書之又一例。

〔註52〕 顧氏之意見，見《日知錄》，卷十一，〈權量〉條。然本條無「古今斗尺權量之一大變局也」一語，蓋甌北綜括炎武之意見而以己意自爲之。

〔註53〕 明人柯維騏（西元1497年～西元1574年）《宋史新編》及柯劭忞（西元1850年～西元1933年）《新元史》則爲之立傳。《新編》，見卷189，〈叛臣傳〉；《新元史》，見卷177。

〔註54〕 按指明王圻《稗史彙編》，卷八十八，〈人事門・尤悔類・降虜見嘲〉條引《三朝野史》。又可參《校証本》，頁581，〈夏貴〉條，註1。按《三朝野史》，兩見《四庫提要》。一入卷五十二，史部，〈雜史類存目一〉，頁473；一入卷一四三，子部，〈小說家類存目一〉，頁1217。兩書皆不著撰人，然實係一書。余嘉錫嘗作考辨，見氏著《四庫提要辨証》，卷十九，子部十，〈《三朝野史》一卷〉條。

武宗嬖江彬爲義子。自通州回京，彬將邊兵扈行，而帝已病，彬矯旨改團營爲威武團練營。及帝崩，大學士楊廷和雖令中官密啓太后謀誅之，然近在肘腋間，何以能束手就縛？及觀箬陂《繼世紀聞》及唐樞《國琛集》、何良俊《四友齋叢説》，是時廷和方懼其爲變，謀之於王翶。翶請於遺詔内敍邊兵扈從南巡之勞，而離家日久，俱令至通州給賞，散歸。於是彬左右無人，遂不能脱。（頁 844）〔註 55〕

是甌北援引《繼世紀聞》等書說明江彬（西元？年～西元 1521 年）束手被擒的原因。非正史作史事解說用，此例可見。〔註 56〕

〈明官俸最薄〉條（32：488，頁 750～51）云：

……《明史·食貨志》謂，自古官俸之薄未有若此者。顧寧人謂，

其弊在於以鈔折米，又以布折鈔，以致如此。（頁 750）〔註 57〕

此援引非正史（《日知錄》）以解釋正史之又一例。

〈後魏刑殺太過〉條（14：192，頁 302～05）載後魏刑殺，有罪及五族者。然五族何指？又宗族、三族等概念，亦須先辨明，蓋受刑人之多寡與此

〔註 55〕 按《繼世紀聞》及《國琛集》皆作謀之於張永，非謀之於王翶。《四友齋叢説》則作王晉溪（按即王瓊（西元？年～西元 1532 年），晉溪乃其號，《明史》卷一九八有傳）。甌北似取何良俊説，而誤晉溪爲王翶（按翶爲另一人，《明史》卷一七七有傳），故作「謀之於王翶」。按以上三書，皆收入《叢書集成》，《紀錄彙編》。《繼世紀聞》，事見卷六，頁 1b～2a；《國琛集》，頁 28b，〈楊廷和〉條；《四友齋叢説》，卷之六，5b～6a。《紀聞》，《四庫提要》存目，見史部〈雜史類〉，頁 479。《國琛集》，唐樞（1497～1574）撰，《四庫提要》存目，見〈傳記類〉，頁 554。

〔註 56〕 甌北讀書每粗心大意，此條實誤。然《明史》之記載，亦不無問題。《明史》卷一九〇，〈楊廷和傳〉云：「廷和……傳遺命罷威武營團練諸軍，時平擄伯江彬擁重兵在肘腋間，知天下惡之，心不自安。其黨都督僉事李琮尤狠黠，勸彬乘間以其家眾反，不勝則北走塞外。彬猶豫未決。……彬已擒矣。彬既誅，中外相慶。」前既云「罷威武營團練諸軍」，則後不得云「江彬擁重兵在肘腋間」。嘗疑彬或擁他軍，故重兵猶不離肘腋。然勸其反者，竟謀及家眾，則已無兵使喚可知。《明史》此段記載，前後矛盾，事實難明。〈江彬傳〉則有如下之記載：「今帝體德甚，左右力請，乃還京。彬猶矯旨改團練營爲威武團練營，自提督軍馬，……及帝崩，大學士楊廷和用遺命，分遣邊兵，罷威武團練營。……太后遽下詔收彬。彬覺，亟走西安門。……門者執之，拔其鬚且盡。收者至，縛之。世宗即位，磔彬於市。」（《明史》卷三〇七）據此，江彬所提督軍馬之威武團練營已罷，爲再明白不過之事。甌北不必參閲《繼世紀聞》等三書，始知事實源委。此又當係其讀書，不細稽原文，數行直下之又一例。

〔註 57〕 《明史》有關記載，見〈食貨志〉第六，北京：中華書局，1974，頁 2003。顧説見《日知錄》，卷十二，〈俸祿〉條。

關係最大。《爾雅》、張晏《漢書・注》及如淳《漢書・注》，以至杜預所造之注均作不同的解釋（interpretation）。就中對「宗族」一詞所作的解釋，其內涵似以如淳及杜預注為最廣。魏太武帝（西元 408 年～西元 452 年）誅人，宗族牽連最多。甌北由是謂「安知非如淳、杜預之注之遺害耶！故落筆不可不慎也。」（頁 304～05）〔註 58〕按本條稍異於上二條。上二條是分別援引《繼世紀聞》、《日知錄》等書來說明、解釋史事之本身；本條則徵引《日知錄》及史注來解釋史事中所牽涉之概念。然均作為解釋用，則前後三例無二致。

四、充當正史外之異說（平衡正史之記載）

〈于謙王文之死〉條（36：570，頁 842）援引明黃溥《閒中今古錄》，〔註 59〕指出王文（西元 1393 年～西元 1457 年）、于謙（西元 1398 年～西元 1457 年）謀迎立外藩，坐以大逆。臨死時，謙連呼皇天后土；文則從容就死。〔註 60〕然參觀《明史》文、謙二傳，則從容就死者乃謙也，文則力辨冤枉。甌北由是下判語曰：「蓋各就其平日之人品而繫以蓋棺定論耳。」正史、野史記載不同，孰是孰非，甌北不下斷語。野史之功用，在此例中可謂存正史外之異說，蓋扮演平衡正史記載之角色。

〔註 58〕參本條末甌北之自註，知《爾雅》及杜預之說法，均甌北從《日知錄》轉引而來。見《日知錄》，卷二，〈九族〉條。甌北本條云：「……《後漢書》楊終疏言，秦政酷烈，一人有罪，延及三族。（如淳曰：父族、母族、妻族也。張晏曰：父母、妻子、兄弟也。）」查《後漢書・楊終傳》有關之注文僅云：「《前書音義》曰：『父族、母族、妻族也。』」所謂「前書音義」，乃指前人對《前漢書》所撰之音義。按東漢人服虔、應劭皆曾分別撰音義。三國人如淳對《漢書》亦曾作注，但未詳其書之名目。今甌北逕以「如淳」代原文之「前書音義」，不知何據。此其一。又上引注文無「張晏曰：父母、妻子、兄弟也」數字，不知甌北何所據而云焉。《漢書・高帝紀》「元年冬十月」條之注文亦不及此。茲存疑，以待來日。

〔註 59〕按《劄記》徵引本書不少。然皮爾斯徹指出說其中有關杭州教授徐一夔文字獄案之記載（32：480），其史源當出自徐禎卿《翦勝野聞》，而非如甌北所說的出自黃溥《閒中今古錄》。然徐書，明人及清人多有惡評（《劄記》卷三十六，〈明人說部〉亦嚴厲屬批評本書），因此，甌北便偽稱有關記載本諸黃書了。參皮爾斯徹，上揭博士論文，頁 258，285。又可參陳學霖，〈徐一夔死刑辨証兼論明初文字獄史料〉，《中國學人》，第六期（西元 1977 年，9 月），頁 86。

〔註 60〕《閒中今古錄》，未見。陳學霖指出謂「此書原刊二卷本無傳。」（上揭文，頁 86）。今所見者惟本書之摘抄。收入《叢書集成》，《紀錄彙編》。于謙、王文事，見卷一二九，頁 14a。

〈張士德之擒〉條（36：564，頁 839）云：

> 按陸深《平吳錄》〔註61〕云，徐達攻常州，張士誠遣其弟士德來援。
> 士德敗走，遇坎墜馬被擒。《皇朝本紀》則云，徐達破張士誠兵於宜
> 興湖橋，擒其弟張九六（按：即張士德）。（甌北自註：今《明史·
> 徐達傳》則云，擒士德於常熟）。

上引《平吳錄》只載張士德（西元？年～西元 1357 年）戰敗於常州，未載被
擒於何地，可不論。《皇朝本紀》〔註62〕明言破士誠（西元 1321 年～西元 1367
年）兵於宜興，擒其弟士德。甌北據此而推斷士德被擒，當同在宜興。《明史》
則云擒士德於常熟。〔註63〕按宜興，時隸常州府；常熟則隸蘇州府。二地相
距約一百公里。今甌北并列正史（《明史》）及非正史（《皇朝本紀》）不同之
二說，而不作孰是孰非之判斷。正史更僅以註文之方式列陳於本條之後，則
非正史之地位或更高歟？〔註64〕

五、充當論斷之佐証

〈金代文物遠勝遼元〉（28：392，頁 622～23）條，甌北列舉眾例以佐証
彼對金代文物所下之斷語。其中廢帝海陵王金主亮（西元 1122 年～西元 1161
年）尤為宗室中藝文方面之表表者。本條云：

> 海陵嘗使畫工密圖杭州湖山，親題詩其上，有『立馬吳山第一峰』
> 之句。（甌北自註：皆本紀）其中秋待月賦〈鵲橋仙詞〉，尤奇橫可
> 喜。（甌北自註：見《桯史》……。）（頁 623）〔註65〕

是甌北匯合正史及野史之記載，以說明／佐証其「金代文物遠勝遼元」一斷語。

甌北徵引非正史以佐証／強化其判斷之正確性，《箚記》中尚見多處。周
延儒（西元 1594 年～西元 1644 年），《明史》入〈奸臣傳〉，甌北以為未免稍

〔註61〕按《平吳錄》為吳寬（西元 1435 年～西元 1504 年）所撰。收入《叢書集成》，
《今獻彙言》。有關史事，載頁 4a。本書，《四庫提要》存目，見史部，〈雜史
類〉，頁 478。

〔註62〕《皇朝本紀》收入《叢書集成》，《紀錄彙編》。事見頁 21a。

〔註63〕甌北云：《明史·徐達傳》載擒士德於常熟。按〈張士誠傳〉亦有相同之記載，
可并參。

〔註64〕按有關明朝史事之各卷（尤其卷 36），甌北引錄野史之記載至多，正史似僅居
次要之地位。此可參下文所引錄之各例。

〔註65〕詞見《桯史》，卷八，〈金文辭怪〉條。本書為岳珂（西元 1183 年～西元 1234
年）所撰。《四庫提要》著錄，見子部，〈小說家類〉，頁 1200。

過，蓋以其爲一庸相而已，入普通列傳即可。〈周延儒之入奸臣傳〉條（31：
475，頁 729～30）云：「周延儒頗多可稱，故王鴻緒《明史傳稿》在列傳中」，
即不啻舉《傳稿》以佐証自己判斷（延儒入普通列傳即可）之正確。

又明太祖以遊丐起事，本目不知書，然其後不失「文學明達，博古通今」
（甌北語）。甌北由是即譽之爲「聰明天亶」、「勤於學問所致」。〔註66〕正史之
外，甌北尚援引野史，如徐禎卿《翦勝野聞》、黃瑜（約西元 1470 年前後在世）
《雙槐歲鈔》等書〔註67〕以佐証「文學明達，博古通今」等判語爲確鑿可靠。

明鄉官固私派橫征，縉紳亦倚勢恃強。甌北因舉《明史》及諸野史，如明
文林（西元 1445 年～西元 1499 年）《琅琊漫鈔》等書以見虐民之梗概。〔註68〕
是甌北援引野史以佐証其判斷之又一例。其判斷可以下數字概括之：明鄉官虐
民甚。〔註69〕

六、充當史事記載之原料

甌北本書雖名爲《廿二史箚記》，但書中有不少條目是完全沒有徵引正史
記載的；又或雖徵引，但只是以註文〔註70〕的方式出現，而正文錄野史雜書
的記載；又或正文中雖援引正史，但只是作爲野史之"附庸"而已，野史反
居主要地位。本節將從《箚記》一書中分別舉証，以說明上述三種情況。茲
先就第一種情況舉例如下。

〈北齊有賢閹〉條（15：211，頁 324）似係全書中完全不援引正史以說
明史事之首見例。本條僅援引顏之推（西元 531 年～西元？年）《顏氏家訓》
來說明北齊有賢閹之事實，〔註71〕，正史未被徵引、提及。

〈宋四六多用本朝事〉條（26：363，頁 576～79），全文長一千多字，但
甌北卻全不援引（甚至沒有提及）正史。所引駢文語句皆出自集部。《校証本》
即云：「本篇多取自《宋四六選》。」〔註72〕本條論四六文，不必援引正史之記

〔註66〕見〈明祖文義〉條（32：479，頁 738）。

〔註67〕徐書收入《叢書集成》，《紀錄彙編》，卷一三〇，事見頁 16a～17a；黃書收入
　　　　《叢書集成》，《嶺南遺書》，事見卷一，頁 9b，〈楓林壬課〉條。黃書，《四庫
　　　　提要》存目，見子部，〈小說家類〉，頁 1219。

〔註68〕《琅琊漫抄》，收入《叢書集成》，《學海類編》，事見頁 4a-b。

〔註69〕此斷語，乃綜括〈明鄉官虐民之害〉條（34：517）得之。

〔註70〕《箚記》中，甌北自爲註的地方不少。

〔註71〕事見卷三，〈勉學篇〉。

〔註72〕見頁 582，註 5。按《宋四六選》一書，選者是彭元瑞（西元 1730 年～西元

載，亦自可理解。但《劄記》中有論及史事，卻全不提及正史之記載者，更不必說援引、徵用。本書最後一卷（卷三十六），此種情況尤普遍。如《《皇陵碑》》條（36：558，頁 834～35）即是。該條援引野史至夥，計有《皇陵碑》、《天潢玉牒》、《皇朝本紀》、《鴻猷錄》、《翦勝野聞》等書，〔註73〕以敘明太祖側微時之不經事。正史之記載或反本諸《皇陵碑》等書，是故甌北不之採錄歟？

又〈《新月詩》〉條（36：568，頁 841）亦全不採正史。至於野史，則引用凡三。計有《從亡錄》、黃溥《閒中今古錄》及鄭曉（西元 1499 年～西元 1566 年）《今言》。〔註74〕

〈明代宦官先後權勢〉條（36：573，頁 845）亦然。野史引用者凡五。計有明陸容（西元 1436 年～西元 1494 年）《菽園雜記》、王鏊（西元 1450 年～西元 1524 年）《震澤長語》、何良俊《四友齋叢說》及陸深（西元 1477 年～西元 1544 年）以下兩書：《金台記聞》、《玉堂漫筆》。〔註75〕

《劄記》不少條目全不及正史，而稗乘胜說反取而代之而成為被劄記之對象，以上各例可見梗概。

至於第二種情況（正文以野史為主，正史僅作注用），《劄記》中不多見，茲舉述二例。

〈劉繼祖汪文〉條（36：563，頁 838～39）敘述明太祖側微時，曾受劉、汪二氏恩惠；明祖顯達後，劉氏封侯，汪敕授世官，皆奉祀皇陵。本條正文

1803 年），編者是曹振鏞。

〔註73〕《皇陵碑》等書，收入《叢書集成》，《紀錄彙編》。該書乃洪武十一年太祖自撰，全文稍逾千字。《劄記》中所記明祖側微時之不經事，《玉牒》，見頁 1a～2a；《皇朝本紀》，見頁 1a；《鴻猷錄》，見卷一，頁 6a～6b；《翦勝野聞》，見頁 3a～3b。

〔註74〕《從亡錄》，未見。《閒中今古錄摘抄》收入上揭《紀錄彙編》。有關史事，載頁 17a～17b；《今言》中，有關史事，載卷二，第一六六條，頁 42a，台北：廣文書局，1969，頁 191。又參本章上註 60。《今言》，《四庫提要》存目，見史部，〈雜史類〉，頁 481。

〔註75〕《劄記》中所言史事，《菽園雜記》，載卷四（其中《劄記》所引有誤，參《校証本》，頁 853，36：573，註 1）；《金台紀聞》收入《叢書集成》，《儼山外集》，有關史事，載卷十一，頁 3a～3b；《玉堂漫筆》則無有關記載；《震澤長語》收入《叢書集成》，《寶顏堂秘笈》。有關史事，見卷上，頁 25a；《四友齋叢說》，收入《叢書集成》，《紀錄彙編》，有關史事載卷之八，頁 15a。《菽園雜記》，《四庫提要》著錄，見子部，〈小說家類〉，頁 1204。《震澤長語》，《四庫提要》著錄，見子部，〈雜家類〉，頁 1054。《金台記聞》，《四庫提要》存目，見子部，〈小說家類〉，頁 1220。《玉堂漫筆》，《四庫提要》存目，見子部，〈小說家類〉，頁 1220。

僅援引野史，如《天潢玉牒》、《鴻猷錄》及《翦勝野聞》〔註76〕之記載，正史（《明史》）反入註而已。〔註77〕

〈權奸黷賄〉條（36：574，頁845～46）記明朝劉瑾（西元？年～西元1516年）、錢寧、江彬（西元？年～西元1521年）及嚴嵩（西元1480年～西元1569年）四人籍沒時，金、銀、珠寶入公帑之數量。正文所引據者全係野史之記載，如《震澤長語》、《劉青日札》、《鴻猷錄》及《繼世餘聞》即是。〔註78〕正史（《明史》）之記載反出現在註中。茲引錄如下：

> 《明史‧嚴嵩傳》，嵩籍沒時黃金三萬餘兩，白金百餘萬兩，他珍寶
> 不可數計，蓋猶少言之也。〔註79〕（頁846）

根據上述野史所載，嚴嵩籍沒時，家產數量遠超過《明史‧嚴嵩傳》之記載。兩相權衡，甌北蓋認為野史更可信。野史入正文，而正史反入注，即可透露其中的消息。正史所記載充公之數量，甌北最後以「蓋猶少言之也」一語作結，則不啻轉據野史而糾駁正史矣。

野史地位反居正史之上，尚有第三種情況：甌北明言所引錄之正史，其內容乃本諸野史而來。野史既有不同之二說，則正史記載便隨之而異。茲引錄一例以作說明。

〈通州糧運京二傳所載不同〉條（36：569，頁842）云：

> 土木之變，英宗既北狩，也先將入寇，朝議欲焚通州倉，以絕寇資。
> 後令京軍自運到京，不數日京師頓足。《明史‧周忱傳》以為此議本
> 出自忱，〈于謙傳〉則又以為出自謙。蓋〈忱傳〉本之何良俊《四友
> 齋叢說》，謂忱適以事至京，令軍士預支半年糧，俾自往取，何至付

〔註76〕《玉牒》等三書，皆收入上揭《紀錄彙編》。有關史事，載該書，頁2a；《鴻猷錄》，卷一，頁7a；《翦勝野聞》，頁7a。

〔註77〕按：注中正史所言者與正文野史稍異。前面說過甌北常引用野史以存正史外之異說。本條則正相反，野史居主位，入正文；正史居輔位，存異說，入注而已。

〔註78〕《震澤長語》收入上揭《寶顏堂秘笈》。有關史事載卷下，〈雜倫〉條，頁24b～25a；《留青日札》，撰者是明田藝蘅。有關史事，載卷四，〈劉瑾〉、〈錢寧〉、〈江彬〉及〈嚴嵩〉四條；台北：廣文書局，1969，頁208～228。
按《劄記》誤載〈錢寧〉條有關史事，當據本條糾正之。《鴻猷錄》收入上揭《紀錄彙編》；有關史事，載卷十四，〈江彬之變〉條，頁21a。又《繼世餘聞》一書名有誤。參《校証本》，頁854，〈權奸黷賄〉條，註2。

〔註79〕按〈嚴嵩傳〉後附其子〈世蕃傳〉。甌北所引數據，見〈世蕃傳〉末。其原文云：「籍其家，黃金可三萬餘兩，白金二百餘萬兩，他珍寶服玩所直又數百萬。」甌北所轉錄者，與此頗有出入。此又係其粗心大意之一例。

爲煨燼。〈謙傳〉則本之陳沂《畜德錄》，謂國之命脈在此，傳示城

中，有力者盡取之。〔註80〕

通州積糧，令京軍自往領取，其議究出自周忱，抑出自于謙？抑如本條末所
說的「蓋本忱建此議，而謙奏行之耳」，我們不必深問。又事實上，其史源是
否確如甌北所說的是分別本諸《四友齋叢說》及《畜德錄》，亦不必深究。這
裡要指出的是甌北既有此說，則在其意識中，野史可充當正史纂修之原料，
固明白無疑矣。

本節所舉各例雖然分別隸屬於三種不同的情況，〔註81〕但都充份顯示并
佐証了以下一事實：野史在甌北眼中的地位是相當高的，偶爾甚至凌駕在正
史之上。

非正史在《箚記》一書中所擔當之崗位、所扮演之角色，尚有多種。如被
借用爲襯托史官纂修正史時之斟酌苦心，即其一〔註82〕。又如被借用爲彰顯正
史纂修者之識見，即其二。〔註83〕再如被徵用爲考証史事，即其三。〔註84〕此
外，若細加釐析區別，再作類分，則非正史之功能，尚有多種。然而，由於失
諸瑣碎，又作此等用途用之情況不多見，茲從略。

結　語

本章之主旨有二：一、透過廣泛蒐羅及分類歸納之方式以說明正史以外

〔註80〕《四友齋叢說》及《畜德錄》皆收入《紀錄彙編》。《叢說》，事見卷之六，頁
5a～5b；《畜德錄》，頁8b。《畜德錄》，明陳沂（西元1469年～西元1538年）
撰，《四庫提要》存目，見史部，〈傳記類〉，頁553。

〔註81〕三種情況，約言之，如下：一、《箚記》若干條目根本不提正史，而全用野史
的記載。二、正史只作注用，正文全徵引野史。三、甌北明言（相信）正史
之記載有本諸野史者。

〔註82〕如〈李福達之獄〉條（31：473，頁727～28）即借用野史（如《從信錄》、明
伍袁萃（約西元1595年前後在世）《林居漫錄》、《法傳錄》等書）之不同說
法以襯托《明史》下判語時之斟酌苦心即爲一例。《漫錄》，《四庫提要》存目，
見子部，〈小說家類〉，頁1222。

〔註83〕如〈《三國志》書事得實處〉條（6：88，頁125～27）即借用野史之不被陳壽
採納來佐證壽有識見即爲一例。

〔註84〕如〈《舊唐書》源委〉條（16：219，頁340～41）即據《五代會要・前代史》
以考証《舊唐書》纂修之源委。又如〈唐節度使之禍〉條（20：267，頁429
～30）即據《唐會要・諸使中篇》考出以「節度使」名官之始年是睿宗景雲
二年（據《校証本》，應爲景雲元年）。

的典籍（尤指稗乘胜説）在《箚記》一書中，是相當廣泛地被援引徵用著的，并在甌北之眼中具有不可忽視的地位。二、任何史書（含正史）之纂修，都不可能不以史料爲根據。野史可信度固低，但不能由此便一概排斥之，認爲絶不可作史料用，或認爲不可據以糾補已纂修完竣之正史。野史是否可用，及如何用，端視個別、具體情況而定，不能一概而論。據上面的分析，野史在《箚記》中的作用實有多種。這或很可以反映甌北對野史依其可信度作個別、具體處理的結果。〔註85〕不同野史之不同可信度，及同一野史不同部份之不同可信度，甌北當有所領會，〔註86〕本章主旨之一即企圖彰明此點。

附表：《廿二史箚記》徵引正史以外之書籍一覽表〔註87〕

書　名	作　者	出　處
1.漢紀〔註88〕	晉・張璠	76
2.唐會要	北宋・王溥	240〔註89〕，267〔註90〕

〔註85〕 這裡只是指出在甌北意識中，各種野史各有其可信度，但各可信度是否符合實情，則是另一問題。如陳學霖即指出，甌北輕信野史之記載。陳學霖，上揭文，頁88～89，94。

〔註86〕 各種野史在甌北眼中有不同的可信度，可以下二例爲証：1.〈明人説部〉條（36：576）認爲徐禎卿《翦勝野聞》及王錡《寓圃雜記》係「明人小説中最陋者也」。2.《詹曝雜記》，卷六，〈王承恩〉條則十分推重吳偉業（西元1608年～西元1672年）之《綏寇紀略》。徐、王二書及吳氏書同爲野史小説，然可信度在甌北眼中固不同矣。《寓圃雜記》，《四庫提要》存目，見子部，〈小説家類〉，頁1219。《紀略》，《四庫提要》著錄，見史部，〈紀事本末類〉，頁443。〈王承恩〉條，見《近代中國史料叢刊》，第886～887號，頁212～214。

〔註87〕 本表各書排列原則如下：一、《箚記》徵引之書籍，除正史及經書外，餘一概列入。經部各典，《箚記》徵引極少，讀者參本書第三章，註1，即可知其要者。二、重要史籍，如編年體之《資治通鑑》、本末體之《通鑑紀事本末》、政典類之《唐會要》等，先予列入。從第16條《陸士衡文集》起，則按作者朝代先後，列入歷代雜書小説（含較不重要之史籍）。三、作者生於同一朝代（南、北宋合算）之書籍，則按書名首字筆劃多寡排列。四、首字筆劃相同，則按書籍在《箚記》中之條數先後排列，五、甌北自撰之《陔餘叢考》及不知撰人，或不知收入何書之散篇著作，則殿於表末。又，上揭王樹民《廿二史箚記校証》，於書中各條目之上皆冠上數碼，今即據以標示《箚記》所引各書之出處，卷數及條目名稱，一概從略。

〔註88〕 按《漢紀》，當作《後漢紀》。參金毓黻：《中國史學史》（台北，西元1974年），頁60，〈後漢史著作表〉。又本書久已亡佚，且本條所錄有關史事，《後漢書・荀爽傳》有載，甌北直據之即可。可參《校証本》，頁117。

〔註89〕 《箚記》原文作：「蘇冕言……。」《校証本》云：《唐會要》成書於王溥，然

3.通鑑紀事本末	南宋・袁樞	106
4.資治通鑑	北宋・司馬光	99，131，222，235，236，282，353
5.輿地紀勝	南宋・王象之	317
6.續資治通鑑長編	南宋・李燾	331〔註91〕
7.文獻通考	元・馬端臨	340
8.經世大典	元・虞集	431
9.元史紀事本末	明・陳邦瞻	449
10.宋史新編	明・柯維騏	361
11.續通鑑綱目	明・商輅	322，359，374，422
12.清太宗實錄	清・官修	474
13.十國春秋	清・吳任臣	3，17，184
14.明史傳稿	清・王鴻緒	475
15.歷代史表〔註92〕	清・萬斯同	3
16.陸士衡文集	晉・陸機	9
17.顏氏家訓	隋・顏之推	211〔註93〕
18.北狩見聞錄	宋・曹勛	318，412〔註94〕
19.朱子語類	南宋・黎靖德編	184
20.東都事略	宋・王稱	367
21.松漠紀聞	宋・洪晧	390
22.指南錄	南宋・文天祥	361
23.容齋隨筆	南宋・洪邁	185
24.洛陽縉紳舊聞記	北宋・張齊賢	340
25.清夜錄	宋・俞文豹	318
26.桯史	南宋・岳珂	392
27.揮麈錄	南宋・王明清	314

創始於蘇冕，故《箚記》云爾。《校証本》，頁419。

〔註90〕本條所記唐節度使官名之由來，本諸《唐會要》，卷七八，〈諸使〉中篇。甌北未言其出處，今據《校証本》（頁446～447）補入。

〔註91〕按：有關史事，《宋史・禮志》，卷一一九〈錄周後〉條及《宋會要輯稿・崇儒》七，〈存先代後〉條，所記更有系統。《校証本》，頁548。

〔註92〕按：本條所引錄者乃朱彝尊為《歷代史表》所作之序言。

〔註93〕按：本條所記北齊有宦者田敬宣，事見《顏氏家訓》，卷三，〈勉學篇第八〉。敬宣本名田鵬鸞，本蠻人，齊主賜名敬宣。

〔註94〕本條所載宋徽、欽二宗北狩後分別館於大延壽寺及憫忠寺之事，曹本書實未有記載，甌北誤。

28.誠齋揮麈錄	南宋·楊萬里	321〔註95〕
29.蒙韃備錄	南宋·趙珙〔註96〕	416
30.鄭所南集	南宋·鄭思肖	317
31.避亂錄	南宋·王明清	314
32.遺山先生文集	金·元好問	377，403，415
33.合尊大師詩〔註97〕	元·余應	457
34.歸潛志	元·劉祁	377，415
35.七修類稿	明·郎瑛	519，520
36.水東日記	明·葉盛	376〔註98〕
37.今言	明·鄭曉	520，568，577
38.天潢玉牒	明·解縉	558，562，563
39.天順日錄	明·李賢	572
40.紀異錄	收入明·永樂大典	436
41.北征事蹟	明·尹直	571
42.正統北狩事蹟	明·袁彬、尹直	571
43.四友齋叢說	明·何良俊	452，492，530〔註99〕569，572，573，575
44.玉堂薈記	明·楊士聰	474，475
45.玉堂叢語	明·焦竑	500，514
46.平吳錄	明·吳寬〔註100〕	564，565
47.平胡錄	明·陸深	565
48.玉堂漫筆	同上	567，573〔註101〕
49.西峰淡話	明·茅元儀	431

〔註95〕 本條所記張浚停報配亨事，《誠齋揮麈錄》無記載。又本書亦非楊萬里所撰。參余嘉錫：《四庫提要辨証》，子部七，卷十六，〈誠齋揮麈錄〉條。

〔註96〕 按趙珙，原作孟珙，今據王國維考証改。見《蒙韃備錄箋証·跋》，收入上引氏著：《蒙古史料（校注）四種》。

〔註97〕 此詩收入程敏政：《宋遺民錄》。參本書第三章，註32。

〔註98〕 本條記明代建南京城時，物料取諸民間事，《水東日記》不載，甌北誤。此又可參《校証本》，頁616。

〔註99〕 本條所記明王振自宮以進，至司禮監事，《叢說》不載，甌北誤。《校証本》，頁814。

〔註100〕 原作陸深，今據《校証本》（頁852）改。

〔註101〕 按：明閣臣迎太監事，《玉堂漫筆》不載。

50.西湖志餘	明‧田藝衡	457
51.西征記	明‧御制	566
52.竹墅席上談	明‧王穉登	473
53.宋遺民錄	明‧程敏政	445，457
54.戒菴漫筆	明‧李翊	473，517〔註102〕
55.否泰錄〔註103〕	明‧劉定之	491
56.庚申帝大事記	明‧權衡	457
57.庚巳編	明‧陸粲	471
58.林居漫錄	明‧伍袁萃	473
59.明稗類鈔〔註104〕		492
60.明朝小史	明‧呂毖	527
61.金台記聞	明‧陸深	573
62.明詩評	明‧王世貞	575
63.治世餘聞	明‧陳洪謨	575
64.帝京景物略	明‧劉侗	375，376〔註105〕
65.皇陵碑	明‧朱元璋	479，588
66.皇朝本紀〔註106〕	明‧半官修	558，562，564
67.書史會要	明‧陶宗儀	436
68.草木子	明‧葉子奇	471，484，497〔註107〕
69.畜德錄	明‧陳沂	569
70.留青日札	明‧田藝衡	574
71.符台外集	明‧袁忠徹	457
72.國琛集	明‧唐樞	572
73.開中今古錄	明‧黃溥	480，568，570

〔註102〕按：本條所記明萬曆間嘉定、青浦豪俠周星卿阻勢家奪民產事，《戒菴漫筆》
　　　　不載，甌北又誤。

〔註103〕本條云明英宗下詔終止用人殉葬，事載《否泰錄》。按：本書不載，事見《稗
　　　　史彙編》。參《校証本》，頁757。

〔註104〕按：應係《稗史彙編》。

〔註105〕此二條所記史事，甌北謂出自《景物略》者，皆誤。按：當作出自清孫承澤
　　　　《春明夢餘錄》，或《天府廣記》。《校証本》，頁616，617。

〔註106〕按：本書又名《皇明本紀》。參皮爾斯徹，上揭博士論文，頁279，註128。

〔註107〕以上三條甌北云載諸《草木子》者，皆誤。各事見《稗史彙編》。《校証本》，
　　　　頁734～44，757，773。

74.朝野異聞錄		480，514，517〔註108〕
75.湧幢小品	明·朱國禎	492
76.菽園雜記	明·陸容	573
77.寓圃雜記	明·王錡	576
78.稗史〔註109〕		362
79.稗史彙類	明·王圻	479，514〔註110〕
80.稗史類編〔註111〕		530
81.瑯琊漫抄	明·文林	517
82.說郛	明·陶宗儀	445
83.輟耕錄	同上	396，444，496
84.翦勝野聞	明·徐禎卿	479，558，563，567，576
85.穀山筆塵	明·于慎行	492，500，502〔註112〕，527
86.震澤長語	明·王鏊	573，574
87.龍興慈記	明·王文祿	471〔註113〕
88.鴻猷錄	明·高岱	558，562，563，565，569，571，574
89.雙岐雜記〔註114〕	明·王瓊	471
90.雙槐歲抄	明·黃瑜	479
91.懷麓堂詩話	明·李東陽	452
92.繼世紀聞	明·陳洪謨	572
93.繼世餘聞		574〔註115〕
94.二臣傳	清·官修	542

〔註108〕此不署名之著作，應從不存在過。以上三條所載有關史事，當來自梁億之《傳信錄》。參皮爾斯徹，博士論文，頁260。惟《傳信錄》，寫作《傳疑錄》，則皮氏一時筆誤矣。

〔註109〕甌北此作爲宋《稗史》者，乃明王圻《稗史彙編》之誤。參《校証本》，頁581。

〔註110〕本條所載明人桑悅、王廷陳、康德涵、謝榛四人事，《稗史彙編》不載。參《校証本》，頁793。

〔註111〕《校証本》（頁814）云：《類編》應作《彙編》。按後者固爲正確之書名，然作「類」字亦不必誤。參皮爾斯徹，頁247，註46。

〔註112〕本條所記文、武管家萬案、方祥事，《穀山筆塵》不載。見《校証本》，頁773。

〔註113〕明徐達食太祖所賜鵝而卒之事，《龍興慈記》不載，甌北誤。

〔註114〕《雙岐》，李慈銘云：當作「雙溪」。參《校証本》，頁735。

〔註115〕《繼世餘聞》，世無此書。明陳洪謨則有《治世餘聞》及《繼世紀聞》二書。然本條所載史事，二書未見。參《校証本》，頁854。

95.日知錄	清・顧炎武	86，192，194，204，248，320，416，448
96.日下舊聞	清・朱彝尊	376
97.元詩選	清・顧嗣立	452
98.永曆紀年	清・黃宗羲	541
99.宋四六選	清・彭元瑞	363〔註116〕
100.異域瑣談	清・椿園氏	522
101.敬業堂詩集	清・查慎行	294
102.鄭成功傳〔註117〕	清・黃宗羲	541
103.陔餘叢考	清・趙翼	3，161，168，204，244，363，454，461
104.梁書總論	唐・魏徵	135
105.辨磨甘露碑詩	元・郝經	377
106.通鑑集覽		353
107.北庭雜記		365
108.宦者高永壽傳	清・陳玉璂	471
109.紹熙行禮記		316
110.國初禮賢錄		566
111.從信錄		473
112.從亡錄		568

　　上表，從《陸士衡文集》以降，《劄記》援用之雜書小說，以明代最多，近六十種；宋次之，計十四種；清又次之，計十種；晉、隋、唐、金、元各一二種而已。又《劄記》五代史卷（卷二十一、二十二）亦援用不少前人記載。但此等書籍，多爲四庫館臣附於《舊五代史》內之案語。故本表不予列入。

〔註116〕按本條所錄載之各官啓，據《校証本》（頁582），知多取自《宋四六選》。
〔註117〕清末薛鳳昌編《梨洲遺著彙刊》，收入此篇，則固視爲黃宗羲所作，然未知何據。參《校証本》。頁850。

第四章　綜　論

　　茲將本書前三章之內容及研究取徑（含資料、研究方法及對有關問題之"貢獻"），依次略述如下。

一、

　　「江山代有才人出，各領風騷數百年。」[註1]

　　這句絕妙好詩的作者便是本書的主人翁趙翼。先生生於清雍正五年（西元 1727 年），活到嘉慶十九年（西元 1814 年），享年八十八歲。少負逸才，一生吟詠不絕。《甌北集》收錄詩作五千首。乃乾隆時代（西元 1736 年～西元 1795 年）三大家詩人之一，與袁枚（西元 1716 年～西元 1798 年）、蔣士銓（西元 1725 年～西元 1785 年）齊名。

　　沒有人懷疑甌北（趙翼之號）是清中葉的大詩人，亦沒有人懷疑上引詩句所自的〈論詩〉是出於他的手筆。但流傳至今兩百年的一部史學名著《廿二史劄記》，其為甌北之作品乎？「疑之者乃比比」。[註2]清代李慈銘（西元 1830 年～西元 1894 年）、當代大陸學人張舜徽、旅美學人謝正光等先生皆先後否定該書是甌北所撰。本問題前有梁啓超（西元 1873 年～西元 1929 年），近有杜維運先生（西元 1928 年～）力闢其誣。任公才大，其言最富啓發性，然失諸語焉不詳。[註3]維運先生論證其事之文字數見，[註4]護惜古人之心，

〔註 1〕　《甌北詩鈔》，〈絕句二〉，〈論詩〉（台北：台灣商務印書館，西元 1968 年），頁 484。

〔註 2〕　借用杜維運先生語，見《廿二史劄記・校證本前言》（台北：華世出版社，西元 1977 年），頁 10。

〔註 3〕　任公對本問題之看法，見本書第一章，註 15。

〔註 4〕　相關文字之出處，見本書第一章，註 3。

昭如日月，然或不屑爲繁瑣考證之學。筆者不敏，乃繼踵前賢，接軌往跡，勉力撰成本書首章，凡四萬餘言。讀者得毋譏考據瑣瑣，小題大做乎？

　　考證需博學。論證一問題，尤須竭澤而漁地蒐羅相關資料。本篇（本書一章）之作，雖未達「上窮碧落下黃泉」之境域，但「動手動腳找東西」的辛勞，則自不可免。所參稽援用之資料，除甌北本人之著作，如《廿二史箚記》、《陔餘叢考》、《甌北集》等外，當時與之有交往之學人的文集、詩集及後人的研究成果，皆係蒐羅參考之列。方法方面，先對各相關資料（尤其《箚記》及《叢考》）做內容分析（content analysis），俾徹實瞭悟其內涵及可能之作者；然後施之以內證、外證、理證等等的考證方法，并從而彙整歸納以求得出一事事無礙（各資料間和諧一致）、事理無礙（資料與常情常理不相衝突）的圓融結論。本章無論第二節從「可能性」立論也好，第三節從「進一步剖析」以確立作者係甌北也好，都本著上述方法進行。甌北爲《箚記》一書之作者，敢信殆成鐵案。

　　本章主旨固然在於正面考證《箚記》的作者，但他方面，亦多能隨文解釋何以李慈銘等人認定甌北非該書之撰人。此所謂「破解」歟？論證貴能立能破。不能立，則無所建樹；不能破，則充其量新舊二說并陳；何者爲是，仍未分判也！惟有破立兼顧，結論始可立於不敗之地。

　　又本章對若干相關的小問題，亦作過考訂、探討。此如《叢考》一書之撰人、〔註5〕《箚記》撰著之始年、甌北之濃厚皇權崇拜思想等，亦多係前人未及研究，或雖研究而仍待商榷者。本章篇幅固多，然可見非全用在《箚記》一書之作者考證問題上。

二、

　　《箚記》一書述史、治史，固然以援引徵用正史爲主。然而該書，尤其末尾數卷，其實是相當廣泛地援用稗乘胜說、雜書野史的。這方面，過去不甚爲國人注意。《箚記·小引》曾經相當嚴厲地批評過野史小說。學人便多據此而誤認甌北在書中不援用此等書籍治史了。近年來，情況稍見改善。國內外頗有學者能據實指出，《箚記》一書未嘗不援用野史雜書以治史（詳本書第二章）。這是很可喜的現象。可惜其中尚有一事實迄今仍爲所有學者所誤解。

〔註5〕　按李慈銘亦懷疑該書非甌北之作品。詳本書第一章第一節。

　　按〈小引〉及書中有多條資料相當清楚、明確的揭示，甌北在原則上并沒有反對徵用野史雜書治史；他所反對的是重撿、再用前人纂修正史時棄而不用的野史來糾駁正史吧了。本書第二章的主旨之一，即在於闡釋這個素為學人所誤解的問題。另一主旨在於舉證說明甌北言行間極不一致。按甌北明聲稱不用棄餘之野史以糾駁正史，但事實上卻用上不少，〔註6〕可見其言行間不免矛盾衝突。何以故？本章最重要之主旨，即在於對此一矛盾，嘗試作解釋。

　　首先，筆者從甌北濃厚的皇權崇拜思想、稗史小說本身可信度不高、清中葉文網仍繁密等三方面說明何以《劄記》在開首處，即明言不可據野史，以糾駁在甌北眼中享有崇高地位的正史。至於甌北何以在書中又屢屢以實際行動違反他的聲明呢？筆者則嘗試從以下數方面作解釋：甌北之學術態度不嚴謹的才人型性格、中國歷代之相當重視以小說雜書治史的悠久傳統、此等書籍在個別問題上仍有相當高的可信度等等，來說明甌北在不經意的情況下，便自打嘴巴，違反了原先的聲明，而另有作法了。

　　本章的研究取徑，首先是分析、辨釋（含回顧）前人對有關問題的理解；次網羅《劄記》一書中所有資料（計僅得四條），并加以剖析，俾確知甌北對有關問題所作的主張；最後則是對甌北言行不一的表現，嘗試作一解釋。這個素未為學人深入研究，或雖研究，但因誤解甌北，而不得其究竟的問題，於焉闡釋鑽研底於成。

三、

　　第三章可說是第二章的延伸。前章已確認甌北書中援用野史雜書以治史（含糾補正史）的事實。本章更進而分類例析，藉以說明各書籍（主要是野史雜書）在《劄記》中的作用。剋就與正史的關係言，如用作糾駁、補充、佐證、解說等等均係最常見之例。此外，野史更偶爾喧賓奪主，其勢凌駕在正史之上。野史居主位，正史僅作參考；野史入正文，正史僅入註等等情況亦屢見不鮮。然則野史在甌北眼中的地位可概見了。

　　至於本章的研究取徑及方法之運用，上段已略及之，茲稍作補充：首先

〔註6〕　須再次指出：史官纂修正史時，用過或棄置不錄用的野史，依甌北意，後人均可據之以治史。但不可據史官棄而不用的此等野史來糾駁已纂修完竣的正史。此中分別甚大。一般學人對此不甚了了，恆誤會甌北，以為他對援用野史以治史之作法，一概反對。這是沒有細讀〈小引〉或誤解〈小引〉之過。

是全面蒐羅排比《劄記》中所有被引用之非正史；然後，依其應用之情況加以分類；繼後是就各類中選舉列述其比較有代表性者數例，藉以察見甌北如何運用各種非正史以治史。正史與非正史的關係及非正史在甌北眼中的地位，即可概見。

本章爲求愼重，《劄記》所徵引的資料而轉錄在本文之內的，不論正史、非正史，無不一一核對原書。甌北治史，每患粗心大意。此稍一查證原典，即知其然。〔註7〕就正史而言，其錯錄正史原文；或正史本有而誤爲無；或無而誤爲有者，不一而足。杜維運先生在指出《劄記》引錄資料多誤及甌北史識多有可議處之後，說：「《廿二史劄記》一書，其佳處正復不少，足以助人讀史，予人以啓發。」〔註8〕誠哉斯言，筆者愛讀該書，正由於此。然而，若要瞭解史事之眞相，或要知悉正史之眞實記載，則非得徹底檢查核對原書不可。蓋《劄記》"騙人"之處極多，絕不可輕信也。寫本章時，竟意外地加強了「轉引史料必須檢查原書」〔註9〕這個信念。這可說是一種額外的收穫。

四、

上述三章，首章偏重考證，求事實也；次章偏重解釋，求原因也；三章則建立架構，籠罩《劄記》全書以剖析野史，求其作用與地位也。時人著述，每言創意、貢獻。本書旨在還甌北於甌北，於願足矣。至於其中或不無創意與貢獻之處，則待讀者評鑑之。

〔註7〕 杜維運及王樹民兩先生已先後校證過《劄記》。台北華世出版社 1977 年及北京中華書局 1984 年所出版的校證本《劄記》即分別係兩先生之校證成果。但《劄記》錯謬極多，兩先生未及處理者，爲數仍不少。撰寫本章時，皆得一一核對原書。

〔註8〕 《廿二史劄記‧考證序言》（台北：華世出版社，西元 1977 年），頁9。

〔註9〕 語見嚴師耕望：《治史經驗談》（台北：台灣商務印書館，西元 1981 年），頁60～64。按「轉引史料必須檢查原書」，雖然是史學方法最基本的信條，但事實上，學者爲文、撰書，不嚴格遵守這信條者極多。陳學霖先生論述明初文字獄案，即指出說，誤信甌北而不檢查原書或不細考原書者，大學者如顧頡剛、吳晗、徐道鄰等人，皆不能免。此更可證知是一事，行又是一事矣。陳學霖，上引文，頁88～89。

參考及徵引書目舉要

壹、中文部份

一、專　書

（一）趙翼本人及其同時代人之著作（含非專書之原始史料）

1. 趙翼，《廿二史劄記》（三十六卷，補遺一卷）

　　　甲、嘉慶湛貽堂甌北全集本

　　　乙、北京：中華書局校證本，西元 1984 年

　　　丙、台北：華世出版社校證本，西元 1977 年

　　　丁、台北：世界書局本，西元 1974 年

2. 趙翼，《陔餘叢考》（四十三卷），嘉慶湛貽堂甌北全集本。

3. 趙翼，《甌北集》（五十三卷），同上。

4. 趙翼，《甌北詩鈔》（二十卷），甲、同上，乙、台北：台灣商務印書館，西元 1968 年。

5. 趙翼，《甌北詩話》（十二卷），嘉慶湛貽堂甌北全集本。

6. 趙翼，《皇朝（清朝）武功紀盛》（四卷）

　　　甲、同上

　　　乙、台北：文海出版社，近代中國史料叢刊，133 號。

7. 趙翼，《簷曝雜記》（六卷），甲、嘉慶湛貽堂甌北全集本，乙、台北：文海出版社，近代中國史料叢刊，886～887 號。

8. 趙懷玉，《甌北先生年譜》，嘉慶湛貽堂甌北全集本。

9. 姚鼐，《甌北先生家傳》，台北：華世出版社《廿二史劄記》附錄。

10. 孫星衍，《甌北先生墓誌銘》，同上。

11. 章學誠，《文史通義》，北京：古籍出版社，西元 1956 年。

12. 章學誠，《章氏遺書》

      甲、上海：商務印書館，西元 1936 年

      乙、台北：漢聲出版社，西元 1973 年

      丙、北京：文物出版社，西元 1985 年。

13. 錢大昕，《潛研堂文集》，台北：台灣商務印書館，西元 1968 年。

14. 錢大昕，《十駕齋養新錄》，台北：台灣商務印書館，西元 1967 年。

15. 王鳴盛，《十七史商榷》，台北：廣文書局，西元 1971 年。

16. 謝啓昆，《樹經堂文集》，嘉慶七年刊本。

17. 謝啓昆，《西魏書》，台北：世界書局，西元 1962 年。

18. 李調元，《童山文集》，台北：藝文印書局，百部叢書集成本。

19. 李調元，《童山詩集》，同上。

20. 盧文弨，《抱經堂文集》，同上。

21. 舒位，《缾水齋詩集》，商務印書館據畿輔叢書本排印。

22. 張維屏，《聽松廬文鈔》，收入李桓編：國朝耆獻類徵初編，台北：文友書店，西元 1966 年。

23. 王昶，《春融堂集》，嘉慶丁卯（西元 1807 年）刻本。

24. 劉統勳，《國朝宮史》，四庫全書本，台灣商務印書館，西元 1983 年。

25. 昭槤，《嘯亭續錄》，台北：文海出版社，近代中國史料叢刊，63 號。

26. 袁枚，《小倉山房詩集》，隨園三十六種本。

27. 袁枚，《小倉山房續文集》，同上。

28. 周中孚，《鄭堂讀書記》，台北：世界書局，西元 1960 年。

（二）趙翼身後人（含對甌北作研究）之著作

1. 杜維運，《趙翼傳》，台北：時報出版公司，西元 1983 年。

2. 杜維運，《清乾嘉時代之史學與史家》，台北：國立台灣大學文學院，西元 1962 年。

3. 杜維運，《清代史學與史家》，台北：東大圖書公司，西元 1984 年。

4. 杜維運，《憂患與史學》，台北：東大圖書公司，西元 1993 年。

5. 杜維運，《學術與世變》，台北：環宇出版社，西元 1971 年。

6. 王建生，《趙甌北研究》，台北：台灣學生書店，西元 1988 年。

7. 余英時，《論戴震與章學誠》，香港：龍門書店，西元 1977 年。

8. 錢穆，《中國近三百年學術史》，台北：台灣商務印書館，西元 1976 年。

9. 梁啓超，《中國近三百年學術史》，上海：中華書局，西元 1937 年。

10. 梁啓超，《中國學術思想變遷之大勢》，台北：中華書局，西元 1974 年。

11. 梁啓超，《清代學術概論》，台北：台灣商務印書館，西元 1966 年。

12. 梁啓超，《中國歷史研究法》，台北：中華書局，西元 1972 年。

13. 湯用彤，《漢魏兩晉南北朝佛教史》，台北：台灣商務印書館，西元 1979 年。

14. 楊鴻烈，《大思想家袁枚評傳》，上海：商務印書館，西元 1927 年。

15. 王先謙，《十二朝東華錄》，台北：文海出版社，西元 1963 年。

16. 郭鐵鈞，《清朝文字獄》，北京：群眾出版社，西元 1990 年。

17. 張書才，杜景華，《清代文字獄案》，北京：紫禁城出版社，西元 1991 年。

18. 謝蒼霖，萬芳珍，《三千年文禍》，江西：高校出版社，西元 1991 年。

19. 郭伯恭，《四庫全書纂修考》，台北：台灣商務印書館，西元 1972 年。

20. 任松如，《四庫全書答問》，成都：巴蜀書社，西元 1988 年。

21. 聶石樵，《司馬遷論稿》，北京：北京師範大學出版社，西元 1987 年。

22. 金德建，《司馬遷所見書考》，上海：上海人民出版社，西元 1963 年。

23. 游信利，《史記方法論》，台北：文史哲出版社，西元 1988 年。

24. 周虎林，《司馬遷與其史學》，台北：文史哲出版社，西元 1987 年。

25. 何秋濤，《朔方備乘》，光緒刻本。

26. 胡適，《章實齋先生年譜》，台北：台灣商務印書館，西元 1968 年。

27. 王國維，《蒙古史料（校注）四種》，台北：正中書局，西元 1962 年。

28. 張之洞，《張文襄公全集》，勸學篇，台北：文海出版社，近代中國史料叢刊，482 號。

29. 余嘉錫，《四庫提要辨證》，北京：北京中華書局，西元 1985 年。

30. 李慈銘，《越縵堂讀書記》，台北：世界書局，西元 1975 年。

31. 李慈銘，《越縵堂日記》，桃花聖解盦日記，乙集，辛集。

32. 李慈銘，《越縵堂日記補編》，台北：文光圖書公司，西元 1965 年。

33. 存萃學社編，《章實齋先生年譜彙編》，香港：崇文書局，西元 1975 年。

34. 吳天任，《章實齋先生的史學》，台北：台灣商務印書館，西元 1979 年。

35. 陳登原，《國史舊聞》，北京：中華書局，西元 1980 年。

36. 張舜徽，《中國史論文集》，湖北：人民出版社，西元 1956 年。

37. 金毓黻，《中國史學史》，台北：鼎文書局，西元 1974 年。

38. 李宗侗，《中國史學史》，台北：華岡出版部，西元 1975 年。

39. 劉節，《中國史學史稿》，河南：中州書畫社，西元 1982 年。

40. 高國抗，《中國古代史學史概要》，廣州：高等教育出版社，西元 1985 年。

41. 鄒賢俊，《中國古代史學史綱》，湖北：華中師範大學出版社，西元 1989 年。

42. 陶懋炳，《中國古代史學史略》，湖南：人民出版社，西元 1987 年。

43. 徐浩，《廿五史論綱》，上海：新華書店，西元 1989 年。

44. 張孟倫，《中國史學史》，甘肅：人民出版社，西元 1986 年。

45. 張大可，徐景重，《中國歷史文選》，蘭州：甘肅教育出版社，西元 1988 年。

46. 張家璠等主編，《中國史學史簡明教程》，廣西師範大學出版社，西元 1992 年。

47. 倉修良主編，《中國史學名著評介》，山東教育出版社，西元 1990 年。

48. 陳垣，《陳垣史源學雜文》，北京：人民出版社，西元 1980 年。

49. 柳詒徵，《國史要義》，台北：中華書局，西元 1976 年。

50. 嚴耕望，《治史經驗談》，台北：台灣商務印書館，西元 1981 年。

51. 任崇岳，《庚申外史箋證》，鄭州：中州古籍出版社，西元 1991 年。

52. 小橫香室主人，《清朝野史大觀》，台北：中華書局，西元 1959 年。

53. 張惟驤，《清代毘陵書目》，台北：鼎文書局，西元 1978 年。

54. 李元度，《國朝先正事略》，台北：文海出版社，近代中國史料叢刊，111 號。

55. 劉珍等修，吳樹平校注，《東觀漢記校注》，鄭州：中州古籍出版社，西元 1987 年。

56. 周天游，《八家後漢書輯注》，上海：古籍出版社，西元 1986 年。

57. 劉義慶著，徐震堮校箋，《世說新語校箋》，香港：中華書局，西元 1987 年。

58. 顧炎武著，黃汝成集釋，《日知錄集釋》，台北：世界書局，西元 1974 年。

59. 宋原放，李白堅，《中國出版史》，北京：中國書籍出版社，西元 1991 年。

60. 李致忠，《歷代刻書考述》，四川：巴蜀書社，西元 1990 年。

（三）清乾嘉以前的作品

1. 顏之推，《顏氏家訓》，台北：中華書局，西元 1974 年。

2. 蕭統選，李善注，《文選》，香港：商務印書館，西元 1973 年。

3. 司馬光，《資治通鑑》，香港：中華書局，西元 1976 年。

4. 馬端臨，《文獻通考》，台北：新興書局，西元 1959 年。

5. 王稱，《東都事略》，四庫全書本。

6. 王應麟，《玉海》，台北：華文書局，西元 1964 年。

7. 晁公武，《郡齋讀書志》，台北：廣文書局，西元 1967 年。

8. 徐夢莘，《三朝北盟會編》，台北：文海出版社，西元 1977 年。

9. 洪邁，《容齋隨筆》，上海：古籍出版社，西元 1978 年。

10. 陳邦瞻，《元史紀事本末》，台北：商務印書館，西元 1965 年。

11. 王溥，《唐會要》，叢書集成，聚珍版叢書本。

12. 王溥，《五代會要》，上海：古籍出版社，西元 1978 年。

13. 劉知幾著，蒲起龍釋，《史通通釋》，上海：古籍出版社，西元 1978 年。

14. 劉祁，《歸潛志》，四庫全書本。

15. 元好問，《遺山先生文集》，商務印書館四部叢刊初編縮本。

16. 陶岳，《五代史補》，四庫全書本。

17. 曹勛，《北狩見聞錄》，商務印書館，四庫全書珍本。

18. 俞文豹，《清夜錄》，叢書集成，歷代小史本。

19. 趙珙，《蒙韃備錄》，叢書集成，古今說海本。

20. 焦竑，《玉堂叢語》，台北：木鐸出版社，西元 1982 年。

21. 鄭曉，《今言》，台北：廣文書局，西元 1969 年。

22. 不著撰人，《國初禮賢錄》，叢書集成，紀錄彙編本。

23. 陳洪謨，《治世餘聞》，同上。

24. 陳洪謨，《繼世紀聞》，同上。

25. 朱元璋，《西征記》，同上。

26. 葉盛，《水東日記》，同上。

27. 王世貞，《明詩評》，同上。

28. 何良俊，《四友齋叢說》，同上。

29. 陳沂，《畜德錄》，同上。

30. 明初官修，《天潢玉牒》，同上。

31. 朱元璋，《皇陵碑》，同上。

32. 徐禎卿，《翦勝野聞》，同上。

33. 明初官修，《皇朝本紀》，同上

34. 黃溥，《閒中今古錄》，同上。

35. 唐樞，《國琛集》，同上。

36. 高岱，《鴻猷錄》，同上。

37. 尹直，《北征事蹟》，同上。

38. 王明清，《揮麈錄》，叢書集成，學津討原本。

39. 袁彬、尹直，《北狩事蹟》，同上。

40. 岳珂，《桯史》，同上。

41. 張齊賢，《洛陽縉紳舊聞記》，叢書集成，知不足齋叢書本。

42. 程敏政，《宋遺民錄》，同上。

43. 陶穀，《清異錄》，叢書集成，寶顏堂秘笈本。

44. 王鏊，《震澤長語》，同上。

45. 王瓊，《雙溪雜記》，叢書集成，今獻彙言本。

46. 吳寬，《平吳錄》，同上。

47. 楊士聰，《玉堂薈記》，叢書集成，借月山房彙鈔本。

48. 黃瑜，《雙槐歲鈔》，叢書集成，嶺南遺書本。

49. 文林，《瑯琊漫鈔》，叢書集成，學海類編本。

50. 陸深，《金台記聞》，叢書集成，儼山外集本。

51. 王士禎，《五代詩話》，叢書集成，粵雅堂叢書本。

52. 陸容，《菽園雜記》，四庫全書本。

53. 四庫館臣，《日下舊聞考》，四庫全書本，此據朱彝尊日下舊聞改編。

54. 劉侗，《帝京景物略》，台北：廣文書局，西元 1969 年。

55. 劉靜修，《靜修先生文集》，台北：新文豐出版公司，西元 1984 年。

56. 柯維騏，《宋史新編》，台北：新文豐出版公司，西元 1974 年。

57. 彭元瑞選，曹振鏞編，《宋四六選》，台北：廣文書局，西元 1966 年。

58. 查慎行，《敬業堂詩集》，台北：台灣商務印書館，西元 1965 年。

59. 田藝蘅，《留青日札》，台北：廣文書局，西元 1969 年。

60. 郎瑛，《七修類稿》，台北：世界書局，西元 1963 年。

61. 陶宗儀，《輟耕錄》，台北：世界書局，西元 1963 年。

62. 王圻，《稗史彙編》，台北：新興新局，西元 1971 年。

63. 朱國禎，《湧幢小品》，台北：新興書局，西元 1960 年。

（四）經書、歷代正史

1. 《十三經注疏（附校勘記）》，台北：藝文印書館，西元 1955 年。

2. 《史記》，香港：中華書局點校本。

3. 《漢書》，北京：中華書局點校本。

4. 《後漢書》：台北：宏業書局點校本。

5. 《三國志》，香港：中華書局點校本。

6. 《晉書》，北京：中華書局點校本。

7. 《宋書》，同上。

8. 《南齊書》，同上。

9. 《梁書》，同上。

10. 《陳書》，同上。

11. 《魏書》，同上。

12. 《北齊書》，同上。

13. 《周書》，同上。

14. 《南史》，同上。

15. 《北史》，同上。

16. 《隋書》，同上。

17. 《舊唐書》，同上。

18. 《新唐書》，同上。

19. 《舊五代史》，同上。

20. 《新五代史》，同上。

21. 《宋史》，同上。

22. 《遼史》，同上。

23. 《金史》，同上。

24. 《元史》，同上。

25. 《明史》，同上。

26. 《新元史》，台北：開明書店，二十五史刊行委員會輯。

27. 《清史稿》，台北：鼎文書局，西元 1981 年。

（五）工具書

1. 臧勵龢，《中國古今地名大辭典》，台北：台灣商務印書館，西元 1966 年。

2. 譚其驤，《中國歷史地圖集》，上海：地圖出版社，西元 1987 年。

3. 杜連喆、房兆楹編，引得編纂處校訂，《三十三種清代傳記綜合引得》，北京：中華書局，西元 1987 年。

4. HUMMEL, A.W.著，中國人民大學譯，《清代名人傳略》，西寧：青海人民出版社，西元 1990 年。

5. 王德毅，《中國歷代名人年譜總目》，台北：華世出版社，西元 1979 年。

6. 莊漢新，郭居園，《中國古今名人大辭典》，北京：警官教育出版社，西元 1991 年。

7. 譚正璧，《中國文學家大辭典》，香港：文史哲出版社，西元 1961 年。

8. 姜亮夫纂，陶秋英校，《歷代人物年里碑傳綜表》，香港：中華書局，西元

1976 年。

9. 梁啓雄，《廿四史傳目引得》，香港：太平書局，西元 1977 年。

10. 開明書店，《二十五史人名索引》，台北：台灣開明書店，西元 1954 年。

11. 陳德芸，《古今人物別名索引》，上海：上海書店，西元 1984 年。

12. 四庫館臣，《四庫全書總目提要》，北京：中華書局，西元 1987 年。

13. 王其淦，《（光緒）武進陽湖縣志》，光緒丙午（西元 1906 年）印。

14. 徐世昌，《清儒學案》，台北：國防研究院，中華大典編印會同印行，西元 1967 年。

15. 繆荃孫，《續碑傳集》，台北：明文書局，西元 1985 年。

16. 杜維運，《史學方法論》，台北：華世出版社，西元 1979 年。

17. 王爾敏，《史學方法》，台北：東華書局，西元 1977 年。

18. 許冠三，《史學與史學方法》，台北：萬年青書廊，不標年份。

19. 何秀煌，《思想方法導論》，台北：三民書局，西元 1974 年。

二、專　文

1. 杜維運，〈廿二史箚記考證〉，《新亞學報》，第二卷第二期，西元 1957 年。

2. 杜維運，〈廿二史箚記考證釋例〉，《幼獅學報》，第一卷第一期，西元 1958 年 10 月。

3. 杜維運，〈廿二史箚記之作者問題〉，《大陸雜誌》，第十九卷第六期，西元 1959 年 9 月。

4. 杜維運，〈李保泰的生平與學術〉，《故宮文獻》，第一卷第一期，西元 1969 年 12 月。

5. 杜維運，〈趙翼之史學〉，《大陸雜誌》，第二十二卷第七期，西元 1961 年 4 月。

6. 杜維運，〈廿二史箚記校證本前言〉，《校證補編廿二史箚記》，華世出版社，西元 1977 年。

7. 杜維運，〈評廿二史箚記校證〉，收入杜維運：《憂患與史學》，台北：東大圖書公司，西元 1993 年。

8. 杜維運，〈關於趙翼傳的新資料〉，同上。

9. 杜維運，〈頌清與刺清──趙甌北的徬徨〉，同上。

10. 吳錫澤，〈趙甌北其人其書──廿二史箚記的箚記〉，《新時代》，第六卷，第九、十期，西元 1966 年 9 月、10 月。

11. 周億孚，〈乾嘉時代趙翼錢大昕之史學〉，《珠海學報》，第三期，西元 1970 年 6 月。

12. 李金榮，〈趙甌北先生的史學〉，《史學》，第五期，成功大學歷史學會，西

元 1978 年 6 月。

13. 洪偶，〈廿二史劄記的作者是趙翼嗎〉，《中國文化之謎》，第一輯，上海：學林出版社，西元 1985 年。

14. 古偉瀛，〈從廿二史劄記看趙翼的史學觀〉，《中西史學史研討會論文集》，第二屆，中興大學歷史系主編，久洋出版社，西元 1987 年。

15. 高振鐸，〈廿二史劄記校證評略──讀史記、漢書部份〉，周鵬飛、周天游主編，《漢唐史籍與傳統文化》，陝西：三秦出版社，西元 1992 年 7 月。

16. 謝正光，〈就陔餘叢考論廿二史劄記的作者問題〉，《新亞書院中國文學系年刊》，第一期，西元 1963 年 7 月。

17. 謝正光，〈從趙翼傳的立論說到趙甌北在詩壇上的地位〉，《明報月刊》，第二四七期，西元 1986 年 7 月。

18. 雷大受，〈趙翼及其史學著作〉，《史學論集》，北京：師範學院出版社，西元 1985 年。

19. 張曉虎，〈趙翼〉，陳清泉等編：《中國史學家評傳》，河南：中州：古籍出版社，西元 1985 年。

20. 陳祖武，〈趙翼與陔餘叢考〉，收入欒保群、呂宗力校點，《陔餘叢考》，河北：人民出版社，西元 1990 年。

21. 錢穆，〈記鈔本章氏遺書〉，《圖書集刊》，第二期，四川省立圖書館，西元 1942 年 6 月，此文又收入新編本《文史通義》，台北：華世出版社，西元 1980 年。

22. 章群，〈通鑑唐紀引用筆記小說述論稿〉，《東吳文史學報》，第八號，西元 1990 年 3 月。

23. 陳學霖，〈徐一夔死刑辨誣兼論明初文字獄史料〉，《中國學人》，第六期，西元 1977 年 9 月。

24. 孫次舟，〈章實齋著述流傳譜〉，《說文月刊》，第二、三期合刊，西元 1941 年 9 月，又收入《章實齋先生年譜彙編》，香港崇文書店，西元 1975 年。

25. 不標作者，〈著者（張舜徽）簡介〉，張舜徽，《中華人民通史》，湖北：人民出版社，西元 1988 年。

26. 姜勝利，〈劉、章史識論及其相互關係〉，《史學史研究》，第三期，西元 1983 年。

27. 內藤虎次郎著，蘇振申譯〈章學誠的史學〉，《文藝復興月刊》，第一卷第二期，西元 1970 年 2 月。

28. 黃兆強，〈趙翼史學研究〉，香港新亞研究所碩士論文，西元 1979 年。

29. 黃兆強，〈綜論趙翼確為廿二史劄記及陔餘業考之作者〉，《東吳文史學報》，第八號，西元 1990 年 3 月。

30. 黃兆強,〈趙翼曾否反對引用野史糾駁正史問題平議〉,《東吳文史學報》,第十號,西元 1992 年 3 月。

31. 黃兆強,〈廿二史箚記及陔餘叢考校證——史記、漢書〉,《東吳文史學報》,第十一號,西元 1993 年 3 月。

32. 黃兆強,〈正史以外的書籍在廿二史箚記中的運用例析〉,《東吳文史學報》,第十二號,西元 1994 年 3 月。

33. 黃兆強,〈六十五年來的章學誠研究〉,《東吳文史學報》,第六號,西元 1988 年 1 月。

34. 黃兆強,〈史學上的真理與方法——從西方史學發展史考察〉,《東吳哲學傳習錄》,第二號,西元 1993 年 5 月。

貳、外文部份

1. CHAN, Virginia Mayer, *Historical Consciousness in eighteenth century China：A case study of Zhao Yi and the "Zhexi" Historians*, Harvard University, Ph. D. dissertation, 1982.

2. DEMIEVILLE, Paul, "Chang Hsüeh-ch'eng and his historiography". In W. G. Beasley & E. G. Pulleyblank, ed., *Historians of China and Japan,* London, Oxford University Press, 1961.

3. GOODRICH, L. Carrington, *The Literary Inquisition of Ch'ien-Lung*, Baltimore: Waverly Press, 1935.

4. GRAY, J., "Historical Writing in twentieth-century China： Notes on its Background and Development", in *Historians of China and Japan*, London：O. U.P. 1961.

5. GUY, R. Kent, *The Scholars and the State： The Politics of the Ssu-k'u Chüan-shu Project,* Harvard University Ph. D. dissertation, 1981.

6. HUMMEL, Arthur W., *Eminent Chinese of the Ch'ing Period*, Washington：United states Government Printing Office, 1943.

7. HUANG, Pei, *Autocracy at work： A study of the Yung-Cheng Period, 1723～1735*, Bloomington, Indiana: Indiana University Press, 1974.

8. PRIEST, Quinton Gwynne, *Historiography and Statecraft in eighteenth century China： The Life and Times of Chao I （1727～1814）*, The University of Arizona, Ph. D. dissertation, 1982.

9. PRIEST, Quinton Gwynne, "Portraying Central Government Institutions：Historiography and Intellectual Accomodation in the High Ch'ing", *Late Imperial China*, Vol. 7, No. 1, June, 1986.

10. PULLEYBLANK, E.G., "Chinese Historical Criticism： Liu Chih-Chi and Ssu-ma Kuang" in *Historians of China and Japan*, London： O. U. P., 1961.

11. BEARD, Charles A., "That Noble Dream", in Fritz Stern, ed., *The Varieties of History*, New York：Vintage Books edition, 1973.

12. WALEY, Arthur, *Yuan Mei：Eighteenth century Chinese Poet,* London：Allen & Unwin, 1956.

13. WONG, Siu-keung, *Recherches sur les travaux relatifs à Zhang Xuecheng（1738～1801）, historien et philosophe,* Thèse du Diplome de Doctorat, Paris, 1987.

14. 内藤虎次郎，《内藤湖南全集》，第十一卷，支那史學史，東京：筑摩書房，1969。

後　記

　　大概半年前在一次飯局中，承蒙花木蘭文化出版社總編輯杜潔祥先生的厚愛，他和我談起要再版拙著《廿二史箚記研究》一書。我當然很感謝他。該書是十多年前（1994 年 3 月）由台灣學生書局出版的。版權既爲學生書局所有，則出版問題如何解決，這是我所擔心的。最後再版事便似乎"無疾而終"。沒想到杜主編對再版事非常積極，沒幾個月，即去年十一月，我便正式收到花木蘭文化出版社一封信，很具體的徵詢我出版的意願。在這情況下，我便只好硬著頭皮致電學生書局了。沒想到，楊經理一口答應下來，很樂意把該書交由花木蘭出版社以重新排版全套不分售方式出版。在這裡我要特別對學生書局表示由衷的感謝。

　　本年元旦過後，我收到花木蘭出版社寄來拙著的排版稿，乃知悉拙著將收錄在《古典文獻研究輯刊》第十編內；細閱同時寄來的一函，復知悉相關叢刊大抵是收錄碩博士論文的。其實，拙著《廿二史箚記研究》並非我的碩博士論文，雖然該書與我的碩士論文有一定的關係。我撰寫於 1979 年的碩士論文，其題目爲《趙翼史學研究》，約十一二萬字，內分十章，依次爲：

　　一、趙翼的生平、思想及其撰史的材質
　　二、趙翼的史學著作
　　三、趙翼在眾史學家眼中的地位及其所以爲世所重之原因
　　四、趙翼及其同時代的清代史學
　　五、正史以外的史籍在《廿二史箚記》中的運用
　　六、趙翼的史學思想
　　七、趙翼的史學方法

八、趙翼對史實史事（往跡）及對正史（史著）的批評

九、趙翼對史實史事本身之解釋及對正史作者的史學之解釋

十、綜論趙翼史學之得失

至於拙著《廿二史劄記研究》，全書約十二三萬字（與碩士論文篇幅相當或稍多），除〈緒言〉及第四章〈綜論〉外，其實主要內容只有三章，依次為：

一、《廿二史劄記》作者問題考辨

二、《廿二史劄記》所見趙翼對待野史的態度及其實際作法

三、《廿二史劄記》博徵正史以外的典籍及其作用

以上一、二、三參章所處理的內容，其實碩士論文的第二章和第五章已有所處理，只不過內容簡單得多。換言之，《廿二史劄記研究》是這兩章內容大幅度的擴充，藉以對相關課題作更深入的研究和探討。

讀者可能會產生疑惑，我幹嗎不煩縷爾，要對兩著作做上述的比較？其實，原因很簡單。我的碩士論文《趙翼史學研究》完成於 30 年前。《廿二史劄記研究》則完成並出版於 15 年前。如兩著作根本是同一個東西（當然部份內容確係相同，詳見上文說明），而我現在拿同一個東西來再版，那連我自己也會覺得有點太超過！因為深怕讀者產生不必要的困擾，所以現今不厭其煩，說明二者之差異如上。

好了，不多說了。總之，我得再感謝花木蘭文化出版社杜主編和學生書局楊經理，他們給我一個機會，讓我把十多年前的舊作再予以付梓；也可以說提供我一次給讀者再檢驗的機會。真的要謝謝他們。

最後要說的是，本書在內容上一仍其舊，只改正了學生書局版若干誤植的文字；個別語句亦稍作文字上的潤飾，求其更通順而已。

必須要提的是，拙著出版後，嘗寄予前輩、同道，請求指正。事後分別接獲王爾敏教授（來信日期：1994.04.07；以下各日期均為來信日期）、杜維運教授（1994.04.10）、張榮芳教授（1994.04.13）、王建生教授（1994.04.14）、王德毅教授（1994.04.20）、廖瑞銘教授（1994.05.04）、毛漢光教授（1994.05.18）及法國漢學家業師謝和耐教授（J.Gernet; 1994.06.21）來信勗勉，甚或謬許，深感汗顏。最讓筆者感動的是，有二位素未謀面之讀者，也特別來信給予鼓勵，並提出修正意見。其中一位當時肄業於輔仁大學中研所的黃昱凌先生（1994.04.20 來信）更為我校正文字十多處，並開列勘誤表。以上各前輩、同

道之高誼隆情，筆者感激莫名，今利用拙著"再版"之機會，一併致上由衷之謝意。

附　識

　　《廿二史劄記》一書，雖前後經台灣學人杜維運及大陸學人王樹民二先生之校證，但該書引錄正史不免錯誤而仍未爲二先生糾謬校正者，所在多有。筆者乃奮發自勵，冀對《劄記》稍予糾正。今所成者乃《劄記》中之《史記》、《漢書》部份。《陔餘叢考》之相關部份亦一併予以校證，成《《廿二史劄記》及《陔餘叢考》校證──《史記》、《漢書》》一文。文載於《東吳文史學報》，第十一號，1993 年 3 月，頁 131～165。今收入本書以爲附錄。

黃兆強　2010 年元月
於東吳大學錢穆故居

附錄：《廿二史劄記》及《陔餘叢考》校證
——《史記》、《漢書》 〔註1〕

黃兆強

一、前　言

　　趙翼（號甌北，以號行，下文概以甌北稱之；西元 1727 年～西元 1814 年）之史學名著《廿二史劄記》（以下簡稱《劄記》），先後曾得杜維運先生及王樹民生先校證過。〔註2〕對該書貢獻良多，眞可謂甌北之兩大功臣。筆者十多年前讀《劄記》時，偶翻檢正史與之核對，知《劄記》之錯謬處，有杜先生所未及校證者。年前得讀王先生之校證，《劄記》舛漏處未及糾補者，亦所在多有。乃奮發自勉，冀對《劄記》一書，稍事糾舉。然以課業繁忙，未暇校證全書。茲先治卷一至卷三，即《史記》、《漢書》部份。他卷唯待來日矣。甌北之另一名著《陔餘叢考》（以下簡稱《叢考》）之第五卷主要亦同探討上述二史，茲一併校證焉。（涉及《後漢書》之部份則不予校證。）

二、凡　例

　　1. 本校證徵引史文，《史記》悉用香港：中華書局（西元 1969 年版，西元 1978 年重印）之版本；〔註3〕《漢書》悉用上海：中華書局（西元

〔註 1〕本文初稿完成後，承蒙中央研究院史語所研究員廖伯源先生細閱一過，并蒙指正多處，意見至爲寶貴。謹在此致以最誠摯之謝忱。本文名爲〈……校證〉。「校」乃指以正史原文校勘《廿二史劄記》及《陔餘叢考》兩書中之文字；「證」指兩書中之內容錯謬疏漏處，乃據正史（稍旁及他書）考證之。

〔註 2〕杜維運：〈《廿二史劄記》考證〉，《新亞學報》，第二卷第二期，西元 1957 年。台北華世出版社西元 1978 年出版《校證補編廿二史劄記》，杜氏之考證，散列於正文各條之後。王樹民：《廿二史劄記校證》，北京：中華書局，西元 1984 年。

〔註 3〕按本版翻印自大陸：中華書局之點校本。

1962 年版，西元 1975 年第三次印刷）之版本；《後漢書》悉用台北：宏業書局（西元 1973 年）之版本；〔註4〕其他正史，悉用中國大陸中華書局之版本。以下引錄正史，除特別聲明外，俱以上述版本爲準。并在不產生混淆之情況下，只引錄書名及頁碼。

2. 《箚記》悉用王樹民《廿二史箚記校證》之本子（以下簡稱《校證本》），〔註5〕并參觀杜維運先生《校證補編廿二史箚記》之本子。

3. 《叢考》悉用欒保群及呂宗力之校點本，〔註6〕并參觀《校證補編廿二史箚記》之本子。〔註7〕

4. 《校證本》於《箚記》每條正文前均冠上數碼。今採傚其作法，并於數碼前加「：」號；「：」前冠上卷碼，如 1：5，即第一卷第五條是也。又下文引錄《箚記》原文後均附上頁碼，此乃指《校證本》之頁碼而言。

5. 校證《箚記》及《叢考》時，筆者偶以己意附上若干批評、論斷；又或推度甌北本意而補上若干說明。此或與校證本身無關。然對瞭解甌北之史學精神（特別其偏頗處），或不無少助。茲仍以「校證」二字冠於各該條目前，不另立「批評」、「論斷」、「說明」等名目。

三、《廿二史箚記》校證

1：1　〈司馬遷作史年歲〉

001

本條云：歐陽修、宋子京修《新唐書》，亦十七年。（頁 1）

校證：按《新唐書》出諸宋、歐二人之手。宋祁（字子京）修書在前，凡十七年乃成；修纂修在後，歷時六、七年。甌北視兩人修書共十七年，是誤宋祁編纂之時間爲《新唐書》完成之總時間也。〔註8〕

〔註4〕同上註。
〔註5〕王氏之《校證本》乃根據嘉慶初年湛貽堂本、光緒二十六年（西元 1900 年）廣州廣雅書局本及二十八年湖南新化西畬山館本互校（見《校證本·前言》頁 4），故至爲精審。
〔註6〕欒保群、呂宗力校點：《陔餘叢考》，河北：人民出版社，西元 1990 年。惟本書未說明根據何種版本作校點。
〔註7〕《校證補編廿二史箚記》中所含之《叢考》部份（卷五至卷十四）乃根據湛貽堂《甌北全集》本標點、排印。見〈新印《校證補編廿二史箚記》說明〉，頁 1～2。
〔註8〕點校本《新唐書》（上海：中華書局，西元 1975 年），〈出版說明〉，頁 2 亦誤

1：2 〈班固作史年歲〉

002

本條云：據《後漢書‧班固傳》，固父彪接遷書太初以後，繼採遺事，傍
貫異聞，作後傳數十篇。（頁 2）

校證：按《後漢書》班固傳附見其父班彪傳。又甌北本條所云，其事屬
彪，〔註9〕與固無涉，當作〈班彪傳〉。

1：3 〈各史例目異同〉

003

本條云：古有《禹本紀》、《尙書》、《世紀》〔註10〕等書，遷用其體以敘
述帝王。惟項羽作紀頗失當，故《漢書》改爲列傳。（頁 3）

校證：甌北認爲以項羽入紀頗失當。究其由，蓋彼認定「史遷用其（本
紀）體以敘述帝王」故也！但甌北此認定實可商榷。按紀，綱紀
也；理也。〔註11〕又《史記會注考證》云：「紀是綱目之紀，謂相
比次有倫理也，林駉曰：子長以事之繫於天下，則謂之紀。秦始
皇已并六國，事異於前，則始皇可紀也。項羽政由己出，且封漢
王，則項羽可紀也。孝惠高后之時，政出房闈，君道不立，雖紀
呂后亦可也。」〔註12〕是紀不必然記述帝王明矣。又可參看下文
080 條校證。

004

同條云：《宋史‧度宗本紀》後附瀛國公及二王，不曰帝，而曰瀛國公，
曰二王，固以著其不成爲君。而猶附於紀後，則以其正統餘緒，
已登極建號，不得而沒其實也。（頁 3）

校證：按瀛國公及二王爲「帝」時，天下幾已他屬。《宋史》不稱彼等爲
帝，「固以著其不成爲君」，所謂從其實也。然猶須進一步指出：

作「歷時約十七年」。宋、歐二人修《新唐書》事，分見《宋史》各本傳，惟
所言極簡略。二人修史詳情，可參王鳴盛《十七史商榷》，卷六十九，〈宋歐
修史不同時〉條。金毓黻（金靜庵）亦稍及修書事。見氏著：《中國史學史》
（台北：鼎文書局，西元 1974 年），頁 123。

〔註9〕 見《後漢書》，頁 1324。
〔註10〕 應作《世本》，《校證本》已及之，見頁 21，〈注〉1。
〔註11〕 見《史記‧五帝本紀‧注》，頁 1。
〔註12〕 見《史記會注考證》（台北：宏業書局，西元 1976 年），卷一，頁 3。

瀛國公（恭帝、德祐帝）德祐二年（公元 1276 年）既降元，其在元人眼中固不再爲帝。後之二王更無論矣。《宋史》纂修於元順帝至正年間，勝朝降主，其在新朝眼中，固不被視爲帝也。

005

同條云：至馬令、陸游《南唐書》作〈李氏本紀〉，吳任臣《十國春秋》
　　　　爲僭大號者皆作紀，殊太濫矣。其時已有梁、唐、晉、漢、周
　　　　稱紀。諸國皆偏隅，何得亦稱紀耶？（頁 3）

校證：按十國中，除荊南及楚二國各君主皆奉五代正朔外，餘八國均各
　　　自紀年、稱帝。梁、唐、晉、漢、周之政令幾全不之及。《南唐書》
　　　及《十國春秋》乃國別史，不必兼顧所謂正統皇朝者。馬、陸、
　　　吳等爲諸國作紀，又有何不可？甌北囿於「正統皇朝」之觀念，
　　　立論或不免迂腐。

006

同條云：《史記》作十表。……《漢書》因之，亦作七表。以《史記》中
　　　　〈三代世表〉、〈十二諸侯年表〉、〈六國表〉〔註 13〕皆無與於漢
　　　　也，其餘諸侯皆本《史記》舊表，而增武帝以後沿革以續之。
　　　　惟〈外戚恩澤侯表〉，《史記》所無。又增〈百官公卿表〉，最爲
　　　　明晰。另有〈古今人表〉，……（頁 4）

校證：此條可言者有數端：一、〈三代世表〉、〈十二諸侯年表〉及〈六國
　　　年表〉固爲《漢書》所無。此外，〈秦楚之際月表〉，亦爲《漢書》
　　　所無。二、〈外戚恩澤侯表〉及〈百官公卿表〉，《史記》固無此名
　　　目，然不得謂《史記》所無。蓋〈外戚恩澤侯表〉，并〈異姓諸侯
　　　王表〉以下五表，皆沿襲《史記》〈漢興以來諸侯王表〉以下五表
　　　而來。又〈百官公卿表〉乃沿襲〈漢興以來將相名臣年表〉而來，
　　　唯表前有長敘，并於將相御史大夫外，增益九卿。三、甌北云《漢
　　　書》因《史記》之舊，去其三表，作七表。按《漢書》僅八表耳；
　　　若去其三，則因襲《史記》者僅五表。〔註 14〕此處云作「七表」，

〔註 13〕按：應係〈六國年表〉。
〔註 14〕此五表爲〈異姓諸侯王表〉第一、〈諸侯王表〉第二、〈王子侯表〉第三、〈高
　　　惠高后孝文功臣表〉第四、〈景武昭宣元成哀功臣表〉第五。此外，加上
　　　〈外戚恩澤侯表〉第六、〈百官公卿表〉第七、〈古今人表〉第八，共八表。

蓋將《史記》「十表」之概念置《漢書》上矣：十去其三，故得七
也。〔註15〕

007

同條云：《後漢》、《三國》、《宋》、《齊》、《梁》、《陳》、《魏》、《齊》、《周》、
《隋》及《南北史》皆無表。（頁4）

校證：按《晉書》亦無表，不獨上所列各史為然。蓋甌北一時遺漏耳。

008

同條云：《新唐書》〈宰相〉、〈方鎮〉、〈宗室世系〉三表。（頁4）

校證：按《新唐書》尚有〈宰相世系表〉，即共四表。

009

同條云：八書乃史遷所創，以紀朝章國典。《漢書》因之，作十志。……
其後，〈律曆〉、〈禮樂〉、〈天文〉、〈地理〉、〈刑法〉，歷代史皆
不能無。（頁5）

校證：按自《後漢書》而下，上列各志，各朝正史，或缺其一，或缺其
二。《三國志》、《南史》、《北史》則并一志亦無之。所謂「歷代史
皆不能無」，蓋甌北就理想中之正史言之耳，非實指各正史必有此
等志也。甌北下此判語，隔廿一字之後，又說：「《三國》無志」，
則更可證其本人非不知正史中有無志者。

010

同條云：惟《遼史》增〈營衛〉、〈捺鉢〉、〈部族〉、〈兵衛〉諸志。（頁5）

校證：按《遼史》之〈營衛志〉，內分〈宮衛〉、〈捺鉢〉、〈部族〉三篇。
今大名與小名同列，王樹民已駁正其失。〔註16〕然尚可指出一點：
〈兵衛志〉猶《新唐書》之〈兵志〉耳。是《遼史》稍變異其名
目而已，未可稱之為「增」。此甌北用字不當，抑忘卻《新唐書》
亦有〈兵志〉歟？

按第五表〈景武昭宣元成哀功臣侯表〉，乃根據《漢書‧敍傳》云爾。今通行
本《漢書》目錄去「哀」字，蓋以其表中實不及哀帝時功臣也。

〔註15〕　〈班固作史年歲〉條（1:2），甌北云：「其八表及〈天文志〉尚未就而固已卒。」
（按《漢書》早已完成於班固之手。後固坐事以致散亂有闕是另一問題。然
不得謂「……尚未就而固已卒」。參《校證本》，頁20，〈注〉1。）是甌北非
不知《漢書》止八表而已，非如《史記》之有十表也。

〔註16〕　見《校證本》，頁21，〈注〉5。

011

同條云：《金》、《元》二史，志目與《宋史》同，惟少《藝文》耳。（頁5）

校證：按《宋史》有〈儀衛志〉，《元史》無之；其儀衛，儀仗，納入〈輿
　　　服志〉內。《宋史》有〈禮志〉、〈樂志〉，《元史》合而一之。然〈禮
　　　樂志〉外，又特立〈祭祀志〉，此又志目異於《宋史》者，不可謂
　　　同。

012

同條云：《晉書》……，其逆臣則附於卷末，不另立〈逆臣〉名目。《宋
　　　書》……，其二凶亦附卷末。《齊書》……，其降、敵國者亦附
　　　卷末。《梁書》……，其逆臣亦附卷末。《陳書》及《南史》亦
　　　同，惟侯景等另立〈賊臣〉名目。其劉聰、石勒，《晉》、《宋》、
　　　《齊》、《梁》俱入外國傳。……《隋書》以李密、楊玄感次列
　　　傳後，宇文化及、王世充附于卷末。……《新唐書》增〈公主〉、
　　　〈藩鎮〉、〈姦臣〉三款。（頁6）

校證：此條可言者有數事。一、上引文五言某傳或某人附於某史「卷末」。
　　　按此所謂「卷」，乃概指「書」而言。「卷末」即等同「全書之末」。
　　　惟此中之首例（《晉書》，其逆臣附於卷末），則為例外。蓋逆臣附見
　　　於《晉書》諸列傳末而已，其後尚有〈載記〉三十卷，非附於全書
　　　之末也。二、「《梁書》，……其逆臣亦附於卷末。《陳書》及《南史》
　　　亦同。惟侯景等另立〈賊臣〉名目。」按逆臣，如甌北言，固附於
　　　《陳書》及《南史》之末。惟此中仍有不同。蓋《陳書》不標〈逆
　　　臣〉名目，《南史》則標之。故「另立〈賊臣〉名目」者，唯《南史》
　　　耳，《陳書》不與焉。三、「劉聰、石勒、《晉》、《宋》、《齊》、《梁》，
　　　俱入外國傳。」按劉聰、石勒，晉時人耳，見於《晉書・載記》及
　　　《魏書》各本傳，不見於《宋》、《齊》、《梁》諸史。細稽甌北文意，
　　　蓋舉劉聰、石勒二名以概括諸胡之入史傳者，非直認二人盡見諸
　　　《晉》、《宋》、《齊》、《梁》各史也。然則劉、石二名下應加上「等」
　　　字或「等人」二字，庶可免人疑竇。又《宋書》有〈索虜〉、〈夷蠻〉
　　　等傳，《南齊書》有〈魏虜〉、〈蠻〉等傳，《梁書》則有〈諸夷〉傳。
　　　甌北所謂外國傳，蓋指此而言。四、甌北認李密、楊玄感傳次《隋
　　　書》列傳後。按李、楊等人位次個別列傳後，類傳前。類傳，亦列

傳也。故不宜籠統稱爲「次列傳後」。

1：5 〈褚少孫補《史記》不止十篇〉

013

本條云：今少孫所補，……凡〈封禪書〉中所云今上，皆改曰武帝。（中
尚有一「今上」字未改。）（頁9）

校證：有關「今上」與「武帝」之關係，可言者有數端：一、〈封禪書〉
中以「上」或「天子」來稱呼武帝者各數十見。〈武帝紀〉仍其舊，
不加改易；其中只有二例外。〈封禪書〉云：「明年，今上初至雍，
郊見五畤。」〔註17〕〈武帝紀〉作：「明年，上初至雍，郊見五畤。」
〔註18〕是改「今上」爲「上」而已，非改爲「武帝」。〈封禪書〉
又云：「及今上即位，則厚禮置祠之內中。」〔註19〕〈武帝紀〉作：
「及武帝即位，則厚禮置祠之內中。」〔註20〕是改「今上」爲「武
帝」也。通觀〈封禪書〉及〈武帝紀〉，前者之「今上」，後者改
爲「武帝」者，僅此一見而已。其實，〈封禪書〉稱「今上」，亦
只三見而已。〔註21〕二、又通觀〈武帝紀〉，除開首一段〔註22〕敘
述武帝即位前之情況，前後凡三次用「武帝」（原文作「孝武皇帝」）
一名外，其餘用「武帝」稱劉徹者，僅一見（此即上文「及武帝
即位，……」之一次）。餘皆仍〈封禪書〉之舊，以「上」或「天
子」稱之（參上文）。三、〈封禪書〉云：「今上封禪，其後十二歲
而還。」〔註23〕〈武帝紀〉一字不改，過錄其文而已。〔註24〕甌
北云：「尚有一『今上』字未改」，蓋指此而言。

014

同條云：〈武紀·贊〉亦全用史公〈封禪書〉後文，無一字改易。（頁9）

〔註17〕《史記》，頁1384。
〔註18〕《史記》，頁452。
〔註19〕《史記》，頁1384。
〔註20〕《史記》，頁453。
〔註21〕除上面所述及之二條外（均見《史記》，頁1384），尚有一條如下：「今上封禪，
其後十二歲而還……。」（頁1403）
〔註22〕《史記》，頁451。
〔註23〕《史記》，頁1403。
〔註24〕《史記》，頁485。

校證：按《漢書·武紀·贊》之內容不見諸〈封禪書〉中，更遑論無一
字改易。因思「武紀贊」三字當係「《史記·武帝紀·太史公曰》」
之訛。及翻《史記》核之，果然。然甌北謂無一字改易，亦不盡
然。〈封禪書〉云：「究觀方士祠官之意」，〈武帝紀〉作：「究觀方
士祠官之言」；「獻酬之禮，則有司存」，〈武帝紀〉作：「獻酬之禮，
則有司存焉。」雖改動無關宏旨，然究不可謂「無一字改易」。（《史
記》，頁 1404，486）

015

同條云：至〈扁鵲倉公傳〉，雖非少孫所補，然淳于意答文帝詔問之語，
所治何人，所療何症，自成一篇，亦必當時有此現成文字而鈔
入者，使史遷爲之，必不如此瑣屑。（頁 9）

校證：淳于意答文帝詔問之語，〔註 25〕瑣屑固然，然亦不可以此輕之。
蓋淳于意所言者，實類同今日之醫案。患者何病？臨床症狀如何？
以何法治之？如何斷症？皆言之極詳。其有功於醫學及醫學史，
自無待言。

1：7　《史記》〈律書〉即〈兵書〉》

016

本條云：張晏謂〈兵書〉者，專指史遷序目而言，顏師古駁之者，專據
少孫所補律呂而言。（頁 10）

校證：《漢書·司馬遷傳》云：「……而十篇缺，有錄無書。」〔註 26〕張
晏〈注〉云：「遷沒之後，亡〈景紀〉、〈武紀〉、〈禮書〉、〈樂書〉、
〈兵書〉、〈漢興以來將相年表〉、〈日者列傳〉、〈三王世家〉、〈龜
策列傳〉、〈傅靳列傳〉。……」師古云：「序目本無〈兵書〉，張云
亡失，此說非也。」〔註 27〕

按史遷序目有〈律書〉，無〈兵書〉〔註 28〕（〈書〉名亦作〈律書〉，不作
〈兵書〉。）然上所引張晏注則以〈兵書〉稱之，甌北解釋謂乃「專指史遷序
目而言」，此尤啓人疑竇。細稽序目，雖名爲〈律書〉，所言之內容則純爲兵

〔註 25〕《史記》，頁 2796～2817。
〔註 26〕《漢書》，頁 2724。
〔註 27〕《漢書》，頁 2724～2725，〈注〉13。
〔註 28〕見《史記·太史公自序》，頁 3305。

事。〔註 29〕張晏以〈兵書〉稱之，從其實，不從其名也。今甌北云「專指史
遷序目而言」，蓋意謂「專指史遷序目中之說明文字而言」耳。甌北語句太簡
約，轉孳疑惑。

又師古駁張晏，明係以「序目本無〈兵書〉」爲由以駁之。此師古自言之
矣。（少孫所補，固屬律呂範疇，然師古并未以此爲據以駁晏。）甌北不細稽
師古本人所言，而轉以少孫所補之內容以推斷師古何以駁斥張晏，不免迂曲
錯謬矣！

1：8 〈《史記》變體〉

017

本條云：《漢書・韓安國傳》下半篇全載王恢與安國辨論擊匈奴一事。一
　　　　難一答，至十餘番，不下斷語，亦一奇格。（頁 11）

校證：按答問中，恢言計六次，安國言計四次，共十番。「十餘番」，言
　　　　過其實。〔註 30〕

1：9 〈漢王父母妻子〉

018

本條云：……蓋以高祖之母久已前死（甌北自注：高祖起兵時，母死於
　　　　小黃。）（頁 12）

校證：甌北自注本如淳注。如淳注引《漢儀注》之言曰：「高帝母，兵起
　　　　時死小黃北。」〔註 31〕甌北引文缺去「北」字。

019

同條云：當高祖道遇孝惠時，與孝惠偕行者但有魯元公主，則悼惠未偕
　　　　行可知也。悼惠既未偕行，又別無投歸高祖之事。則必與太公、
　　　　呂后同爲羽所得。……（頁 12）

校證：甌北推斷悼惠必爲項羽所俘，此或係當時事實。〔註 32〕然其邏輯
　　　　（用以推斷之方法）不無問題。蓋悼惠不與高祖偕行，後又別無
　　　　投歸之事，不蘊涵彼之必然境況即爲項羽所俘。偕行、投歸、俘

〔註 29〕同上註。
〔註 30〕相與答問之言，見《漢書》，頁 2398～2403。
〔註 31〕注見《漢書》，頁 68，〈注〉1。
〔註 32〕陳垣分析此條極詳細精闢，但亦未及悼惠當時之行蹤。參氏著：《陳垣史源學
　　　　雜文》（北京：人民出版社，西元 1980 年），頁 16～18。

虜，實未窮盡當時之一切可能情況。蓋悼惠或以故他往亦未可知。換言之，不偕行，不投歸，固係當時事實，然不被俘，亦非不可能也。退一步言，其被俘縱係事實，然此乃甌北推斷之偶中而已，非「不偕行」、「不投歸」便必然邏輯地蘊涵其被俘也。甌北之斷語，正揭露其思維（邏輯推斷）之不周延。

1：11 〈過秦論三次引用〉

020

本條云：賈誼〈過秦論〉，……史遷用之〈秦本紀〉後，最爲切當。（頁12～13）

校證：按〈秦本紀〉應作〈秦始皇本紀〉，蓋〈過秦論〉不見於〈秦本紀〉，而見於〈秦始皇本紀〉。〔註33〕

021

同條云：《漢書》武帝以前紀傳多用《史記》文，而即以爲己作，未嘗自言「引用史遷」云云。……蓋古人著述往往如此，不以鈔竊爲嫌也。（甌北自注：《漢書・五行志》記秦始皇滈池君遺璧之事，卻書明引用《史記》文。）（頁13）

校證：按《漢書・五行志》中書明引用《史記》文之處極多。〔註34〕又「滈池君」，原文作「鎬池君」。〔註35〕

1：12 〈《史記》自相歧互處〉

022

本條云：據〈項羽紀〉，項梁曰：「假，與國之王，窮來歸我，殺之不義。」而〈田榮傳〉則以此語爲楚懷王之言。（頁13）

校證：按〈項羽紀〉載項梁語如下：「田假爲與國之王，窮來從我，不忍殺之。」〔註36〕而〈田儋傳〉〔註37〕載楚懷王語曰：「田假，與國

〔註33〕見《史記》，頁276～284。

〔註34〕師古曰：「此〈志〉凡稱《史記》者，皆謂司馬遷所撰也」（《漢書》，頁1355。）果爾，則〈志〉中引用《史記》文，不下十六次。除甌北所稱之一次見《漢書》頁1399外，尚見以下各頁：1354，1377，1394，1401，1419，1430，1437，1438，1451，1463，1464，1469，1472，其中頁1430及1472各兩次，共計十六次。

〔註35〕見《漢書》，頁1400。

〔註36〕見《史記》，頁302。

之王，窮來歸我，殺之不義。」〔註38〕是甌北誤楚懷王之言爲項
梁之言。言「窮來歸我，殺之不義」者乃懷王，非項梁。

023

同條云：〈酈食其傳〉既敘食其見高祖之事，而〈朱建傳〉又重敘酈生見
　　　　高祖之事，與彼傳小異。（頁 13）

校證：按酈生見高祖事，凡兩見〈酈生陸賈列傳〉。其一見諸酈生本傳中。
　　　另一見諸〈朱健傳〉（附入〈酈生陸賈傳〉）之後，且低二格書之，
　　　想是後人補述之詞。然既位置〈朱健傳〉之後，則不應視爲〈朱
　　　健傳〉之一部份。甌北云：「〈朱健傳〉又重敘酈生見高祖之事」，
　　　不確。又〈酈生傳〉述其見高祖事，文字比較簡略；〈朱健傳〉後
　　　之一段文字，則相當詳細。茲撮述〈酈生傳〉之本文與〈朱健傳〉
　　　後之一段文字如下，以見兩文敘述見高祖事之異同。

　　〈朱健傳〉後一段文字言高祖使使謝絕酈生之往見，〈酈生傳〉不及此。
此其異一也。又前者敘酈生瞋目案劍叱使者復入言沛公，〈酈生傳〉不及此。
其異二也。又前者不載兩女子爲沛公洗足事；〈酈生傳〉則載之，復敘述沛公
輟洗，起攝衣。此其異三也。〔註39〕

1：13　〈《史記》《漢書》不同處〉

024

本條云：一代修史，必備眾家記載，兼考互訂，而後筆之於書。觀各史
　　　　藝文志所載各朝文士著述，有關史事者何啻數十百種，當修史
　　　　時，自必盡取之。彼此校核，然後審定去取。其所不取者，必
　　　　其記事本不確實，故棄之。而其書或間有流傳，好奇之士往往
　　　　轉據以駁正史，此妄人之見也。（頁 14）

校證：甌北此條之論斷，其可商榷者計有數處：所謂正史編纂者必盡取
　　　各朝文士著述中有關史事者，蓋想當然矣。此其一。甌北又深信
　　　正史編纂者審定去取方面之「超人能力」。此其二。其三是否定後

〔註37〕甌北作「〈田榮傳〉」，蓋從其實也。當時田儋已死。建議殺假者乃田榮。惟《史
　　　　記》傳目作〈田儋傳〉，今從之。
〔註38〕見《史記》，頁 2644。
〔註39〕〈酈生傳〉，見《史記》，頁 2691～2696。彼見高祖事，則見頁 2691～2693。
　　　　〈朱健傳〉後敘述酈生往見高祖事之一段文字，見《史記》，2704～2705。

之作者可有超越前入之處。此條反映出甌北過份推崇正史之成就，可稱為迹近迷信矣。〔註40〕

025

同條云：《史記》分王諸將，韓王成都陽翟。《漢書》無「都陽翟」三字，以成雖有此封，實未至國也。（頁15）

校證：《校證本》已指出云：「《史記》多『韓王成因故都，都陽翟』」一條，而《漢書》無之，不僅為無『都陽翟』三字而已。〔註41〕按《史記》記載項羽分王諸將，除趙歇及田市二王外，餘皆書明都何地。《漢書》則全不及都何地，與《史記》異。（見《史記·項羽本紀》，頁316～317；《漢書·陳勝項籍傳》，頁1809～1810。）

026

同條云：《史記》，漢騎將追項羽，為羽所叱，人馬俱驚者為赤泉侯，而不著姓名。《漢書》則曰楊喜。然《史記》羽死後分其四體者有楊喜，又不言即赤泉侯。（頁15～16）

校證：項羽尸分四體，楊喜得其一，封赤泉侯。此事實，《校證本》已言之。〔註42〕今進一步補充指出如下：《史記》記楊喜分得項羽一體之後，相隔只廿九字（按此廿九字所述仍為同一史事），即言「封楊喜為赤泉侯」。〔註43〕甌北何得謂：「又不言即赤泉侯」耶？

027

同條云：《史記》周文，《漢書》作周仁。（頁17）

校證：《史記·萬石張叔列傳》云：「郎中令周文者，名仁，其先故任城人也。」〔註44〕此後凡五稱「仁」，不稱「文」。今甌北如上所云，則易使人誤會，以為周文與周仁非同一人；或誤會以為《史記》全作「周文」矣。

〔註40〕筆者曾對甌北上述論點進行過批判。參拙文：〈趙翼曾否反對引用野史糾駁正史問題平議〉，《東吳文史學報》，第十號，西元1992年，頁152。此文經增補改寫後納入本書內：即本書第二章。

〔註41〕《校證本》，頁26，〈注〉9。

〔註42〕同上注，頁26-27，〈注〉11。

〔註43〕見〈項羽本紀〉，頁336。

〔註44〕《史記》，頁2771。

028

同條云：《史記·梁平王傳》，有告變者曰類犴反……（頁 17）

校證：類犴反上變告梁孝王之孫平王襄與大母爭樽狀，事見〈梁孝王世家〉。
　　　〔註45〕甌北以事與平王有關，而別作〈梁平王傳〉；何此傳之有？！

2：15　〈《漢書》移置《史記》文〉

029

本條云：蒯通說信三分鼎足之計，至數千言。《史記》在信傳內，《漢書》
　　　　亦另入〈通傳〉。（頁 29）

校證：按蒯通之說辭，《漢書》不及千言，〔註46〕《史記》則千餘言。
　　　〔註47〕

2：16　〈《漢書》多載有用之文〉

030

本條云：〈韓安國傳〉載其與王恢論伐匈奴事。恢主用兵，安國主和親，
　　　　反覆辨論，凡十餘番，皆邊疆大計。（頁 30）

校證：按不及「十餘番」，僅十番而已。參上 017 條。

2：17　〈《漢書》增傳〉

031

本條云：〈河間獻王傳〉詳敘其好古愛儒，所積書與漢朝等；〈魯共王傳〉
　　　　敘其好治宮室，壞孔子宅，廣其宮，因得壁中古書。《史記》皆
　　　　不載。（頁 31）

校證：按《史記·五宗世家》有〈河間獻王傳〉及〈魯共王傳〉。前者「好
　　　　儒學」及後者「好治宮室事」，傳中均有載，惟不及《漢書》詳盡
　　　　而已，不得云皆不載。茲過錄兩傳全文於後，俾知究竟。

　〈五宗世家〉云：「河間獻王德，以孝景帝前二年用皇子為河間王。好儒
學，被服造次必於儒者。山東諸儒多從之游。」〔註48〕

　又云：「魯共王餘，以孝景前二年用皇子為淮陽王。二年，吳楚反破後，

〔註45〕《史記》，頁 2088。
〔註46〕見頁 2161～2165。
〔註47〕見頁 2623～2626。
〔註48〕《史記》，頁 2093。

以孝景前三年徙爲魯王。好治宮室苑囿狗馬。季年好音，不喜辭辯。爲人吃。」
〔註49〕

032

同條云：《史記》李陵附〈李廣傳〉，但云陵將步騎五千人出居延，與單
于戰，殺傷萬餘人。（頁31）

校證：《史記‧李將軍傳》云：「陵將其射士步兵五千人出居延北，可千
餘里。……」〔註50〕

《漢書‧李廣蘇健傳》亦云：「……臣願以少擊眾，步兵五千人涉單于
庭。……陵於是將其步卒五千人出居延。」〔註51〕然則李陵所將者步兵耳，
非步騎也。

2：18　〈《漢書》增事蹟〉

033

本條云：漢王使信擊魏豹，信問酈生：「魏得無用田叔爲將乎？」曰：「柏
直也。」信曰：「豎子耳。」遂進兵。（頁32）

校證：按《漢書‧韓彭英盧吳傳》作「周叔」。田叔另有其人。〔註52〕

034

同條云：信既虜豹，使人請漢王，願益兵三萬，北舉趙，東擊齊。……。
（頁32）

校證：按《漢書‧韓彭英盧吳傳》作：「北舉燕、趙」。〔註53〕所舉不獨
趙而已，甌北漏「燕」字。

035

同條云：〈石慶傳〉，《漢書》增武帝責丞相一詔。（頁33）

校證：武帝責丞相一詔，載《漢書‧萬石衛直周張傳》，文長二百餘字。
〔註54〕《史記‧萬石張叔傳》本已有之，雖然僅三十字。〔註55〕

〔註49〕 《史記》，頁2095。
〔註50〕 《史記》，頁2877。
〔註51〕 《漢書》，頁2451。
〔註52〕 《史記》、《漢書》均有〈田叔傳〉，然皆不及將兵事。甌北作「田叔」，蓋一
時筆誤。周叔將兵事，見《漢書》，頁1866。
〔註53〕 《漢書》，頁1866。
〔註54〕 《漢書》，頁2198。
〔註55〕 《史記》，頁2768。

甌北云：《漢書》增此一詔。按「增」字，於此例中，可有二義。其一為本無，而後添加之；另一為本有，而後增益之而已。細審甌北文，似傾向於就第一義而為說。然則甌北誤矣。不然，似應用他字以代「增」字，庶幾可免去此字之歧義也。

036

同條云：〈公孫弘傳〉，《漢書》增弘沒後為相者，李蔡等十餘人盡誅，惟石慶得善終，正以見弘之能得君也。（頁 33）

校證：弘沒後，武帝朝為相者僅七人：李蔡、嚴青翟、趙周、石慶、公孫賀、劉屈氂，車千秋而已。〔註 56〕甌北作「十餘人」，非是。

037

同條云：宣帝時，韋玄成等議，以武帝豐功偉烈，奉為世宗，永為不毀之廟。（頁 35）

校證：《漢書・宣帝紀》載：宣帝本始二年六月，「尊孝武廟為世宗廟。……」〔註 57〕又《漢書・韋賢傳》載：「宣帝本始二年，復尊孝武廟為世宗廟，行所巡狩亦立焉。」〔註 58〕惟〈紀〉、〈傳〉皆不載宣帝從何人議而尊武帝為世宗。細稽〈韋賢傳〉，玄成等人奏請修廟或毀廟事，前後凡三次，〔註 59〕皆元帝時事，其中只有一次言及武帝，但奏中不及甌北所云「奉為世宗，永為不毀之廟」事。以武帝豐功偉烈，奏請不宜毀廟者固有其人，尹忠、王舜、劉歆是也，玄成不與焉。元帝時，「廷尉忠〔註 60〕以為孝武皇帝改正朔，易服色，攘四夷，宜為世宗之廟。」〔註 61〕又哀帝時，太僕王舜、中壘校尉劉歆議曰：「孝宣皇帝舉公卿之議，用眾儒之謀，既以為世宗之廟，建之萬世，宣布天下。臣愚以為孝武皇帝功烈如彼，孝宣皇帝崇立之如此，不宜毀。」〔註 62〕忠、舜、歆等人之奏議載玄成傳前後，且玄成亦數言修廟毀廟事，甌北誤他人之奏議為玄成之

〔註 56〕參《漢書・公孫弘傳》，頁 2623；〈百官公卿表〉，頁 773～790。
〔註 57〕《漢書》，頁 243。
〔註 58〕《漢書》，頁 3115。
〔註 59〕見《漢書》，頁 3117，3118，3120。
〔註 60〕師古云：忠，尹忠也。見《漢書》，頁 3119，〈注〉13。
〔註 61〕《漢書・韋賢傳》，頁 3119。
〔註 62〕同上註，頁 3127。

奏議，蓋以此。

2：23 〈漢初諸侯王自置官屬〉

038

本條云：《漢書・齊悼惠王傳贊》云，高祖初定天下，……（頁 37）

校證：按齊悼惠王傳載入〈高五王傳〉。〈高五王傳・贊〉總述漢初大封同姓，諸侯得自置御史大夫群卿以下眾官，及後唯得衣食租稅事。〈贊〉文開首二句：「悼惠之王齊，最為大國」〔註63〕述及悼惠王；又悼惠傳居〈高五王傳〉之首。甌北或即以此而稱之為〈齊悼惠王傳贊〉。然《漢書》既不用〈齊悼惠王傳〉一名，又〈贊〉文僅二句述及悼惠而已，宜從原標目。

2：25 〈漢儒言災異〉

039

本條云：《尚書》雖自景帝時伏生所傳，而伏生亦未言〈洪範〉災異。（頁 40）

校證：按伏生傳《尚書》乃在文帝時，或更早。景帝時，想伏生不在人世矣，更不必說傳《尚書》。《漢書・儒林傳》云：「孝文時，求能治《尚書》者，天下亡有，聞伏生治之，欲召。時伏生年九十餘，老不能行，於是召太常，使掌故朝錯往受之。秦時禁書，伏生壁藏之，其後大兵起，流亡。漢定，伏生求其《書》，亡數十篇，獨得二十九篇，即以教於齊魯之間。……」〔註64〕

按朝錯為掌故，乃在文帝前九年或更早。〔註65〕文帝前九年至景帝即位，歷十六年。文帝前九年，伏生已九十餘，景帝為帝時，伏生十九不在世。故知甌北云《尚書》，景帝時伏生所傳，必誤。又按上所引〈儒林傳〉文，漢初，伏生即以《尚書》教於齊魯之間。是文帝時，太常遣朝錯往受《尚書》前，《尚

〔註63〕《漢書》，頁 2002。

〔註64〕同上註，頁 3603。

〔註65〕《漢書・爰盎朝錯傳》載錯受《尚書》伏生所。後曾為太子舍人、門大夫，遷博士，拜太子家令。據《通鑑》，錯為太子家令乃文帝前十一年事。然則錯為掌故，往受《尚書》伏生所，當至少往前推移二三年。是錯為掌故必不晚於文帝前九年也。參《漢書》，頁 2277～2278；《通鑑》，漢紀七，〈文帝前十一年〉條（香港：中華書局，西元 1972），頁 485。

書》早已傳諸民間也。

2：29 〈賢良方正茂材直言多舉現任官〉

040

本條云：漢時賢良方正等人，大抵從布衣舉者甚少。今見於各列傳者，賢良惟公孫弘由布衣起。鼂錯則已爲太子家令；董仲舒已爲博士；馮唐已爲騎都尉，歸家，群臣舉爲賢良，唐年九十餘，不能爲官。……貢禹已爲涼州刺史，病去官，復舉賢良，爲河南令。……陳咸已爲九卿，罷歸，舉方正直言，爲光祿大夫給事中。（頁 44）

校證：按馮唐、貢禹、陳咸三人，前已當官，固非以布衣見舉，然唐、禹舉賢良，咸舉方正時，果眞如甌北言已去官歸家，〔註 66〕則非現任官矣。又《漢書・公孫劉田王楊蔡陳鄭傳》云：「咸……入爲少府。……爲少府三歲……坐免。頃之，紅陽侯立舉咸方正，爲光祿大夫給事中。」〔註 67〕是〈本傳〉只言舉方正，未兼言舉直言。又本條三分一篇幅言舉孝廉之事，標目未能兼顧及之。

2：30 〈漢時諸王國各自紀年〉

041

本條云：〈梁孝王世家〉，十四年入朝，二十二年孝文帝崩，二十四年入朝，二十五年復朝。最後云，梁共王三年，景帝崩。……《漢書》亦同。（頁 44～45）

校證：本條所言各事，均見《史記・梁孝王世家》，〔註 68〕《漢書》則見〈文三王傳〉。〔註 69〕惟「梁共王三年，景帝崩」一句，〈本傳〉闕如，蓋不欲載以諸侯紀年記漢朝事。〔註 70〕

〔註 66〕據《漢書・張馮汲鄭傳》所載，馮唐舉賢良時，非罷歸在家。〈本傳〉云：「文帝說。是日，令唐持節赦魏尚，復以爲雲中守。而拜唐爲車騎都尉，主中尉及郡國車士。十年，景帝立，以唐爲楚相。武帝即位，求賢良，舉唐。唐時年九十餘，不能爲官。」〈本傳〉所云如此。甌北以唐歸家後再見舉，其別有所據而云乎？又唐所拜官，據上引文，作「車騎都尉」。

〔註 67〕《漢書》，頁 2902。

〔註 68〕《史記》，頁 2082，2087。

〔註 69〕《漢書》，頁 2207。

〔註 70〕杜維運先生亦及此條，唯稱「《漢書・梁孝王傳》無此記載」。見氏著：《校證

2：32　〈漢三公官〉

042

本條云：至東漢光武又改大司馬爲太尉。于是太尉、大司徒、大司空稱
　　　　爲三公。建武廿七年，詔大司徒、大司空去「大」字，故劉昭
　　　　〈百官志〉稱太尉公、司徒公、司空公。（頁46）

校證：《後漢書・光武紀》載建武二十七年，「五月丁丑，詔曰：『昔契作
　　　司徒，禹作司空，皆無「大」名，其令二府去「大」。』又改大司
　　　馬爲太尉。」〔註71〕是大司徒、大司空去「大」字之後，大司馬
　　　始改爲太尉。然大司馬改爲太尉，細審上引文，乃光武下詔去二
　　　府「大」字之後而隨即繼起之事，故逕謂二事同時發生亦可。今
　　　甌北先云「東漢光武又改大司馬爲太尉」，繼後始云「建武廿七年，
　　　詔大司徒、大司空去『大』字」，則轉似大司馬改爲太尉事發生在
　　　前，而若干年後始有去二府「大」字之詔也！

又《後漢書・百官志》云：「太尉公一人，……司徒公一人，……司空公
一人。」〔註72〕此乃〈志〉中之正文部份。按〈百官志〉，司馬彪所撰；劉昭，
補注之而已。蓋昭以蔚宗《後漢書》無〈志〉，乃取司馬彪《續漢書》之八志，
并爲之作注，以補范《書》之闕者。今甌北曰：「劉昭〈百官志〉」云云，則
轉似劉氏乃〈志〉之撰者矣。

2：34　〈上書無忌諱〉

043

本條云：賈誼〈治安策〉，願文帝「生爲明帝，沒爲明神」……又曰：「若
　　　　畜德宿禍，使萬年之後，傳之老母弱子，將使不寧，不可謂
　　　　仁。」……又谷永奏成帝曰：「漢興九世，百九十餘歲，繼體之
　　　　主七，皆順承天道，至陛下獨違道縱慾，輕身妄行，積失君道，
　　　　不合天意，亦已多矣。爲人後嗣，守人功業如此，豈不負
　　　　哉！」……此等狂悖無忌諱之語，敵以下所難堪，而二帝受之，
　　　　不加譴怒，且歎賞之，可爲盛德矣。（頁48）

補篇廿二史箚記》（台北：華世出版社，西元1977年），頁45，〈注〉2。
〔註71〕《後漢書》，頁79。
〔註72〕《後漢書》，頁3557～3562。

校證：漢時上書，忌諱不如後世之甚，此固然。然謂帝王「不加譴怒，且歎賞之」，則不盡然。蓋成帝即曾因谷永之上言而大怒，并治之罪。史稱「成帝性寬而好文辭……永自知有內應，展意無所依違，每言事輒見答禮。至上此對，上大怒。衛將軍商密摘永，令發去。上使侍御史收永。」〔註73〕

2：36 〈漢武用將〉

044

本條云：公孫敖亡七千人，趙食其迷失道，樓船將軍楊僕擊朝鮮，坐兵至列口不待左將軍，以致失亡多，皆當斬，皆許贖爲庶人，後皆重詔起用，使之立功。（頁50）

校證：按公孫敖，趙食其、楊僕三人，其中除公孫敖贖爲庶人後并得重用外，〔註74〕餘二人則未及此殊遇也。楊僕朝鮮一役，與左將軍荀彘不協，爲其所執捕，武帝以其坐兵至洌口（《漢書》作列口）不待左將軍，擅先縱，亡失多，當誅，贖爲庶人。〔註75〕此後即不聞再起重用之事。〔註76〕趙食其亦然。贖爲庶人後，亦不聞再起用。惟楊僕之死，史有明載；趙食其之死，史不及焉。此則兩者之異也。〔註77〕

2：37 〈武帝三大將皆由女寵〉

045

本條云：（衛）青以后同母弟見用爲大將軍。征匈奴有功，封長平侯。（頁51）

校證：按衛青封長平侯在先，拜大將軍在後也。元光五年（公元前130年），〔註78〕青拜爲車騎將軍；元朔二年（西元前127年）以三千

〔註73〕 《漢書・谷永杜鄴傳》，頁3465。
〔註74〕 參《史記・衛將軍驃騎列傳》，頁2942；《漢書・衛青霍去病傳》，頁2491。
〔註75〕 參《史記・朝鮮列傳》，頁2988-2990；《漢書・西南夷兩粵朝鮮傳》，頁3866～3867。
〔註76〕 杜維運先生亦曾指出此事。參上揭書，頁52，〈注〉2。
〔註77〕 《史記・酷吏傳》記楊僕云：「爲荀彘所縛。居久之，病死。」見《史記》，頁3149。《漢書》亦同，見頁3660。趙食其傳，見頁《史記》，頁2944；《漢書》，頁2492。
〔註78〕 《漢書》作六年，見頁2472。

八百戶，青封爲長平侯；元朔五年（西元前124年），武帝使使者持大將軍印，即軍中拜青爲大將軍。〔註79〕衛青先封爲長平侯，最後始拜爲大將軍。甌北對此事不可能不知。然其先敘拜大將軍事，後敘封長平侯事，則不免以文害意。宜於「征匈奴有功」一語前，加上「先是」一副詞，則可免混淆矣。

046

同條云：去病以皇后姊子見用爲驃騎將軍。征匈奴有功，封冠軍侯。（頁51）

校證：《史記‧衛將軍驃騎列傳》云：「是歲也（按爲元朔六年），大將軍姊子霍去病年十八，幸，爲天子侍中。（《漢書‧衛青霍去病傳》遞作：「去病以皇后姊子，年十八爲侍中。」見《漢書》，頁2478。）善騎射，再從大將軍，受詔與壯士，爲剽姚校尉。……以千六百戶（《漢書》作二千五百戶）封去病爲冠軍侯。……去病既侯三歲，元狩二年春，以冠軍侯去病爲驃騎將軍。」〔註80〕此條與上條同，蓋亦以文害意之另一例。更正之法，適與上條同。

2:38〈與蘇武同出使者〉

047

本條云：張騫先使月氏，道半爲匈奴所得，留十年，持漢節不失。（頁52）

校證：《史記‧大宛傳》作「十餘歲」。〔註81〕《漢書‧張騫李廣利傳》同，〔註82〕非僅「留十年」而已。

048

同條云：與（蘇）武同時出使者，有中郎將張勝及假吏常惠等。（頁52）

校證：時爲中郎將者乃蘇武；張勝爲副中郎將而已。〔註83〕

3：41 〈兩帝捕盜法不同〉

049

本條云：漢武時，酷吏盛行，民輕犯法。盜賊滋起，……斬首或至萬數。

〔註79〕見《史記》，頁2923-2925；《漢書》，頁2472～2475。
〔註80〕《史記》，頁2928～2929。
〔註81〕同上註，頁3157。
〔註82〕《漢書》，頁2687。
〔註83〕《漢書‧李廣蘇健傳》，頁2460。

（頁 58）

校證：《漢書・酷吏傳》原文作：「吏民益輕犯法，盜賊滋起。……斬首大部或至萬餘級。」〔註84〕廣義言之，吏亦民也。然狹義言之，吏自吏，民自民。甌北刪去「吏」字，則人不知其所謂民者是否兼吏而言，是以「吏」字不宜刪。又斬首人數，由「萬餘級」擅改爲「至萬數」，亦不妥。蓋前者人數過萬；後者至多亦不過一萬耳。

3：42　〈呂武不當并稱〉

050

本條云：趙王友之幽死，梁王恢之自殺，則皆以與妃呂氏不諧之故。然趙王友妃，呂產女；梁王妃，亦諸呂女。（頁 59～60）

校證：趙王友妃，史作「諸呂女」，未明言其爲呂產女。梁王妃，（按當作趙王妃，詳下文。）史明言其爲「呂產女」，而不以「諸呂女」泛稱之。〔註85〕又恢自殺時爲趙王，非梁王。按梁王彭越伏誅後，恢被立爲梁王。後趙幽王友死，呂后徙恢王趙，并以呂產女爲其后。既而，王自殺。〔註86〕是呂產女爲劉恢妻時，恢已爲趙王矣。至其死，仍爲趙王，甌北皆以梁王稱之，不妥。

3：43　〈漢初妃后多出微賤〉

051

本條云：武帝母王太后，先嫁爲金王孫婦。后母臧兒卜此女當大貴，乃從金氏奪歸。景帝時爲太子，后母以后納太子宮，生男（頁 60）

校證：《史記・外戚世家》：「……乃奪金氏。金氏怒，不肯予決，乃內之太子宮。太子幸愛之，生三女一男。」〔註87〕是納此女太子宮者，金氏也。臧兒本欲奪歸，不成。故納之者，必非臧兒。〔註88〕然細究本問題，納此女太子宮，主導者固係金氏，蓋盼藉此以塞臧

〔註84〕《漢書》，頁 3662。
〔註85〕趙王友后乃諸呂女，事見《史記・呂太后本紀》，頁 403。《漢書・高五王傳》同，見頁 1989。梁王（即趙共王恢）后，乃呂產女，見《漢書》，頁 1990。又二王之妻，《史記》、《漢書》皆作「后」，甌北改以「妃」稱之，不妥。二王之后，究爲誰之問題，杜維運先生亦嘗考證之。見氏著，上揭書，頁 58～59。
〔註86〕見《史記・呂太后本紀》，頁 404；《漢書・高五王傳》，頁 1990。
〔註87〕《史記》，頁 1975；《漢書・外戚傳》同，頁 3946。
〔註88〕此點杜維運先生已指出之。上揭書，頁 59。

兒奪歸之欲望也。然亦可能是與臧兒協商下之折衷作法。果爾，則甌北云「后母（即臧兒）以后納太子宮」，此語或偶中事實，不得謂全錯。

3：46　〈漢公主不諱私夫〉

052

本條云：武帝姊館陶公主寡居，寵董偃十餘年。（頁 61）

校證：按館陶公主乃武帝祖母（文帝后竇氏）之女，故為武帝姑，非姊也。〔註 89〕

3：47　〈漢諸王荒亂〉

053

本條云：趙太子丹與同產姊及王後宮亂，為江充所告。（頁 62）

校證：《漢書‧景十三王傳》云：「太子丹與其女弟及同產姊姦。」〔註 90〕是與太子丹姦者，同產姊之外，尚有女弟。

054

同條云：梁王立，與姑園子姦。……劉立姦事發，訊治。立對曰：「立少失父母，處深宮中，獨與宦者婦妾居，漸漬小國之俗，加以性質下愚，輔相亦不以仁義相輔。遂至陷於大戮。」此雖畏罪自解之辭，實亦當時致弊之由也。（頁 62～63）

校證：梁王立荒亂，與姑園子姦，固係事實。然其陷牢獄、被訊治，則以他故。《漢書‧文三王傳》云：「元延中，立復以公事怨相掾及睢陽丞，使奴殺之，殺奴以滅口。凡殺三人，傷五人，手毆郎吏二十餘人。……哀帝建平中，立復殺人。天子遣廷尉賞，大鴻臚由持節即訊。」〔註 91〕訊治時，立詐僵仆陽病。〔註 92〕訊治大臣謂其「置辭驕嫚，不首主令，與背叛亡異。」〔註 93〕可知其陷獄，非以園子姦事發而起，實由於動輒殺人而起。後遇大赦，劉立未被治罪。數歲後元始年間，立始以自殺身亡。可知漢廷始終未治

〔註 89〕　《漢書‧東方朔傳》，頁 2853。
〔註 90〕　《漢書》，頁 2421。
〔註 91〕　《漢書》，頁 2217～2218。
〔註 92〕　《漢書》，頁 2219。
〔註 93〕　《漢書》，頁 2218。

其罪。〔註94〕

3：49　〈兩漢多鳳凰〉

055

本條云：……又詔：「鳳凰所見亭部，無出今年租。先見者賜帛十匹，近
　　　　者三匹。」此章帝時事也。（頁64）

校證：《校證本》已指出「十匹」，乃「二十匹」之誤。〔註95〕又《漢書·
　　　章帝紀》載：「（二年）九月壬辰，詔：『鳳凰、黃龍所見亭部，無出
　　　二年租賦。……先見者帛二十匹……。』」〔註96〕可知「今年」乃「二
　　　年」之誤；又「租」外，尚有「賦」；「鳳凰」外，尚有「黃龍」。

3：50　〈漢多黃金〉

056

本條云：梁孝王薨，有四十萬斤。……宣帝既立，賜霍光七千斤，廣陵
　　　　王五千斤。……（頁65）

校證：按「四十萬斤」，當作「四十餘萬斤」。〔註97〕「賜廣陵王五千斤」，
　　　當作「賜廣陵王黃金千斤」。〔註98〕

3：51　〈先生或只稱一字〉

057

本條云：古時先生二字，或稱先，或稱生。《史記·鼂錯傳》，錯初學於
　　　　張恢先所。《漢書》則云，初學於張恢生所。一稱先，一稱生，
　　　　顏註云，皆先生也。又〈鼂錯傳〉，校尉鄧公，諸公皆稱為鄧先。
　　　　顏註亦曰，鄧先生也。〈貢禹傳〉，禹以老乞骸骨，元帝詔曰：「朕
　　　　以生有伯夷之廉，史魚之直。」師古註，生謂先生也，梅福上
　　　　書曰：「叔孫先非不忠也。」師古亦註，先謂先生也。是古時先
　　　　生或稱先，或稱生，不必二字并稱。（頁65～66）

〔註94〕按劉立被訊治時，其對話無「遂至陷於大戮」一句。此句乃甌北所加；揆諸
　　　　劉立對話之上下文意，不甚合。
〔註95〕見頁77，〈兩漢多鳳凰〉條，〈注〉4。
〔註96〕《後漢書》，頁153。
〔註97〕《漢書·文三王傳》，頁2211。
〔註98〕《漢書·宣帝紀》，頁249。

校證：上文甌北三引師古註以佐證其判語「先生二字，或稱先，或稱生」，惟三引文中，其二似有問題。甌北云：「……一稱先，一稱生，顏注云，皆先生也。」此顏注，筆者未見。此其一。甌北又云：「……諸公皆稱爲鄧先。顏注亦曰：鄧先生也。」按師古原注作：「鄧先，猶云鄧先生也。一曰，先者其名也。」〔註99〕是「先」究等同「先生」否，就此例言之，師古未作絕對之判語。其所以多列一說，蓋存疑也。甌北刪去此說，既未忠於顏注，亦有爲佐證己說而有隱瞞資料之嫌！

3：52　〈漢外戚輔政〉

058

本條云：武帝又以祖母竇太后弟子竇嬰爲丞相。（頁66）

校證：按竇太后「弟子」，《史》、《漢》皆作「從兄子」。〔註100〕

059

同條云：宣帝祖母史良娣死巫蠱之禍，帝乃以良娣弟高爲大司馬車騎將軍領尚書事。（頁66）

校證：按宣帝拜高爲大司馬車騎將軍領尚書事乃在帝崩時，上距史氏死巫蠱之禍已數十年。果以巫蠱禍而拜之，不待此時也。《漢書·王商史丹傅喜傳》云：「及宣帝即尊位，恭〔註101〕已死，三子，高、曾、玄。曾、玄皆以外屬舊恩封。……高侍中貴幸，以發舉反者大司馬霍禹功封樂陵侯。宣帝疾病，拜高爲大司馬車騎將軍，領尚書事。帝崩，……。」〔註102〕是宣帝感舊恩以史高充任侍中耳。其封樂陵侯及後拜大司馬車騎將軍領尚書事當與史良娣死巫蠱事不相干。

060

同條云：又許后爲霍氏毒死，乃以后叔父延壽爲大司馬車騎將軍輔政。（頁66）

〔註99〕《漢書》，頁2303，〈注〉2。

〔註100〕《史記·魏其武安侯列傳》，頁2839；《漢書·竇田灌韓傳》，頁2375。

〔註101〕恭，史恭也，其女弟即史良娣。

〔註102〕見《漢書》，頁3375；〈百官公卿表〉載：「黃龍元年，十二月癸酉，侍中樂陵侯史高爲大司馬車騎將軍。」〈宣帝紀〉云：「冬十二月甲戌，帝崩于未央宮。」按甲戌，癸酉之翌日也。是知帝於崩前一日始拜高爲大司馬車騎將軍。

校證：宣帝登極，不及半年，立許氏為皇后，〔註103〕許后立三年，被霍光
夫人顯使女醫淳于衍毒死。〔註104〕後五年帝封許后父昌成君廣漢為
平恩侯，位特進。後四年，復封廣漢弟延壽為樂成侯。〔註105〕五鳳
二年四月，拜延壽為大司馬車騎將軍，輔政。先是延壽已為彊弩將
軍矣。〔註106〕是許氏被毒死至叔父延壽拜為大司馬車騎將軍輔政，
事隔已十多年。甌北上云：「……毒死，乃以后叔父延壽為大司馬
車騎將軍輔政」，徒使人誤會帝為補償后家乃拜延壽此職也。

061

同條云：……（王）音卒，又以其弟根為大司馬驃騎將軍輔政。（頁66）

校證：按永始二年（公元前15年）正月，大司馬王音薨。二月王商繼為
大司馬衛將軍。四年十一月，免。元延元年（公元前12年）正月，
商復為大司馬衛將軍，十二月乙未遷為大司馬大將軍，辛亥薨。
庚申，光祿勳王根為大司馬驃騎將軍。〔註107〕是繼王音為大司馬
者王商也，非王根。且王音薨，至王根拜為大司馬驃騎將軍，事隔
已四年。又王商與王根為親兄弟，王音則二人之堂兄弟而已。甌
北視王根為王音之弟，不確。

3：53 〈兩漢外戚之禍〉

062

本條云：崔駰疏言，漢興以後，至於哀平，外家二十餘，保全者四家而
已。章懷〈註〉謂，……文帝竇后，弟子嬰誅。（頁67）

校證：《後漢書·崔駰列傳》所引之駰疏，其原文如下：「……漢興以後，
迄于哀、平，外家二十，保族全身，四人而已。……」〔註108〕章
懷太子〈注〉所列舉者止二十家，保全者四人，非如甌北云「外
家二十餘」、「保全者四家」。又竇嬰乃文帝竇后之從昆弟子，非直
弟子也。〔註109〕

〔註103〕見〈宣帝紀〉，頁238～239。
〔註104〕〈外戚傳〉，頁3966～3967。
〔註105〕同上注，頁3967。
〔註106〕〈外戚傳〉，頁3968；〈百官公卿表〉，頁809。
〔註107〕參〈百官公卿表〉，頁835～839。
〔註108〕《後漢書》，頁1720。
〔註109〕見〈外戚傳〉，頁3945。《史記·魏其武安侯傳》及《漢書·竇田灌韓傳》逕

3：54 〈兩漢喪服無定制〉

063

本條云：太僕鄧彪遭母憂，乞身，詔以光祿大夫行服。

校證：鄧彪乞身行服乃遭後母喪，甌北去「後」字，不當。〔註110〕

064

同條云：傅燮、荀爽、桓鸞爲舉主服喪三年，李恂、桓典、王允爲郡將
服喪三年。（頁69）

校證：按李恂、桓典及王允分別爲太守李鴻、國相王吉及太守劉瓆服喪
三年，非爲郡將持喪。爲郡將服喪者，傅燮也。李恂、傅燮等人，
甌北顛倒之，致誤。〔註111〕

3：56 〈王莽之敗〉

065

本條云：其（王莽）敗也，一由收天下田名曰王田，禁之不得買賣，一
夫田過一井者分與里族，敢有非議者投四裔。……以賣田、積
錢坐罪者，不可勝數。繼又設六筦之令，令州縣酤酒、賣鹽、
鑄造鐵器，諸采取名山大澤衆物者稅之。（頁71）

校證：按上文，可議處凡三。

王莽下詔曰：「今更名天下田曰『王田』，奴婢曰『私屬』，皆不得買賣。
其男口不盈八，而田過一井者，分餘田予九族鄰里鄉黨。……敢有非井田聖
制，無法惑衆者，投諸四裔。」〔註112〕

是王莽分田，「男口不盈八，而田過一井者」，須分餘田與里族，非甌北
謂「一夫田過一井」者，乃分之。此可議處一。〔註113〕《漢書・王莽傳》又
云：「……及坐賣買田宅奴婢，鑄錢，自諸侯卿大夫至于庶民，抵罪者不可勝
數。」〔註114〕是「賣買田宅」、「鑄錢」，乃坐罪。甌北僅言「賣田」，不妥；

作從兄子。《史記》，頁2839；《漢書》，頁2375。

〔註110〕 參《後漢書・鄧張徐張胡傳》，頁1495。

〔註111〕 傅燮以下各人服喪情況，其順序，可參：〈虞傅蓋臧傳〉，頁1873；〈荀韓鍾
陳傳〉，頁2057；〈桓榮丁鴻傳〉，頁1259；〈李陳龐陳橋傳〉，頁1683；〈桓
榮丁鴻傳〉，頁1258；〈陳王傳〉，頁2172。

〔註112〕 《漢書・王莽傳》，頁4111。

〔註113〕 此點杜維運先生已及之。見前揭書，頁72。

〔註114〕 《漢書》，頁4112。

又改「鑄錢」爲「積錢」，亦不妥。此可議處二。又同傳云：「設六筦之令，命縣官酤酒、賣鹽鐵器、鑄錢、諸采取名山大澤眾物者，稅之。」〔註115〕是「縣官酤酒」，非甌北所云「州縣酤酒」；〔註116〕是「賣鹽鐵器、鑄錢」，非「賣鹽、鑄造鐵器」。此可議處三。

066

同條云：……又摘鑄錢鄰伍坐罪者，男子檻車，兒女步行，鐵鎖琅璫其
　　　　頸，詣軍前，以十萬數，到者易其夫婦。（頁71）

校證：〈王莽傳〉云：「民犯鑄錢，伍人相坐，沒入爲官奴婢。其男子檻
　　　車，兒女子步，以鐵鎖琅當其頸，傳詣鍾官，以十萬數。到者易
　　　其夫婦。」〔註117〕是詣「鍾官前」，〔註118〕非詣「軍前」。

067

同條云：《漢書・匈奴傳》，北邊自宣帝以來，不見烽火，人民繁盛，牛
　　　　馬蔽野。及莽撓亂匈奴，與之搆難，邊民亡死相繼。又十二部
　　　　兵屯久不出。肆行侵暴，于是野多暴骨。（頁71）

校證：《漢書・匈奴傳》載：「……又十二部兵久屯而不出，吏士罷弊。
　　　數年之間，北邊虛空，野有暴骨矣。」〔註119〕是「野有暴骨」是
　　　事實，然此乃由「肆行侵暴」而來否，〈匈奴傳〉無記載。此乃甌
　　　北本人以意度之者。縱使確爲事實，則究係漢屯兵肆行侵暴，抑
　　　匈奴人肆行侵暴，或雙方皆爲之，致使野有暴骨，亦不可知。然
　　　〈匈奴傳〉既無「肆行侵暴」一句，則吾人自不必多作忖度。據
　　　〈傳〉文，吏士既罷弊，則或不免逃亡。因逃亡而死徙荒漠，故
　　　「北邊虛空，野有暴骨」，不亦情理之常乎？〔註120〕

068

同條云：其討句町者，士卒死什之五六。（頁71）

〔註115〕《漢書》，頁4118。
〔註116〕按縣官酤酒，乃稅之。則州官酤酒，當亦不能免，惟《漢書》既無如是說，
　　　　則不宜擅作主張。
〔註117〕《漢書》，頁4167。
〔註118〕師古註：「鍾官，主鑄錢之官也。」《漢書》，頁4168。
〔註119〕《漢書》，頁3826。
〔註120〕杜維運先生對此另有解釋，可參看。上揭書，頁72。

校證：〈王莽傳〉原文作：「死者什六七」。〔註121〕

3：57 〈王莽時起兵者皆稱漢後〉

069

本條云：赤眉樊崇起兵，已屢勝。聞更始立，即往洛陽降。（頁72）

校證：《後漢書·劉玄劉盆子列傳》載：「琅琊人樊崇起兵於莒。……各
　　　起兵，合數萬人，復引從崇。共還攻莒，不能下。轉掠至姑幕，
　　　因擊王莽探湯侯田況，大破之。……赤眉遂大破丹、匡軍，……
　　　赤眉遂寇東海，與王莽沂平大尹戰，敗，死者數千人。……會更
　　　始都洛陽，遣使降崇。崇等聞漢室復興，即留其兵，自將渠帥二
　　　十餘人，隨使者至洛陽降更始。……」〔註122〕

據此，則樊崇降更始前，凡四戰。勝敗各半而已，甌北云「屢勝」，不確。
又其降更始，乃招降之結果，甌北云「聞更始立，即往洛陽降」，亦不確，蓋
招降而降，究與主動投誠有別。

070

同條云：（董）憲、（張）步本特起，不借劉氏爲號者，以永係漢後，遂
　　　受其爵命，爲之盡力。（甌北自注：永及張步等傳）（頁73）

校證：按劉永傳及張步傳（入〈王劉張李彭盧傳〉）未言憲及步「以永係
　　　漢後，遂受其爵命，爲之盡力」。憲受爵命之動機，史未載。至於
　　　張步受命，則與劉永係漢後無關。〈王劉張李彭盧傳〉云：「……
　　　時梁王劉永自以更始所立，貪步兵彊，承制拜步輔漢大將軍、忠
　　　節侯。……步貪其爵號，遂受之。」〔註123〕此則明言步貪爵號，
　　　始受其命。永係漢後（梁孝王八世孫），蓋不爲步所考量者。又步
　　　之貪爵號，於下事更見之。〈本傳〉載：「建武三年，光武遣光祿
　　　大夫伏隆持節使齊，拜步爲東萊太守。劉永聞隆至劇，乃馳遣立
　　　步爲齊王，步即殺隆而受永命。」〔註124〕「東萊太守」與「齊王」
　　　相較，自以後者爲優。「步即殺隆而受永命」，其貪更高爵號，不
　　　亦昭然若揭乎？若以漢後裔論，則光武乃高祖九世孫，永乃文帝

〔註121〕《漢書》，頁4145。
〔註122〕《後漢書》，頁478。
〔註123〕《後漢書》，頁498。
〔註124〕《後漢書》，頁499。

子梁孝王八世孫。兩者相較，光武輩份尚在永之上。步果以「漢後」爲依違從逆之原則，固宜捨永而就光武。故知「漢後」與否，本與步依違進退之原則，不相干也。

甌北本條以「人心思漢」（頁73）之觀點來看待王莽時各起兵者之心態，不免以偏概全。竊以爲個人現實利益之考量或更佔比重也。

3：58　〈王莽自殺子孫〉

071

本條云：……莽欲秘之，乃殺考問者，而賜臨藥。臨不肯飲，自刺死，并其妻亦自殺。是月安亦病死。已而莽孫宗自畫容貌，服天子衣冠，刻三印。……事發，宗亦自殺。（頁74）

校證：按莽孫宗自畫容貌，服天子衣冠及後來自殺乃天鳳五年（公元18年）事。太子臨及臨妻自殺與三子安之病死，乃地皇二年（公元21年）事。是莽孫自畫容貌及自殺事發生在前，而莽子臨及子婦之自殺，與安之病死事在後也。且兩事相隔三年。今甌北先敘莽子事，而後云：「已而莽孫宗……亦自殺」是既顛倒兩事發生之先後；又「已而」一詞更使人以爲後事旋踵前事而生起也。〔註125〕

四、《陔餘叢考》校證　卷五

〈《史記》四〉

072

本條云：……又如冒頓遺呂后書至穢褻，《史記》不載，爲本朝諱也。班《書》則覼縷述之，并報書之醜惡亦詳錄不遺，其無識更甚。遷之優于固，豈特在文字間也！（頁73）

校證：冒頓來書及呂氏報書之爲穢褻、醜惡否，姑不論。然二書乃可謂明瞭當時具體情況之第一手外交史料也。〔註126〕甌北以道德觀爲

〔註125〕參《漢書·王莽傳下》，頁4151～4166。

〔註126〕《史記·匈奴傳》只謂：「冒頓乃爲書遺高后，妄言」，并高后曾報書之事實亦不載，則不賴班固，後人安知「妄言」何指耶？又安知高后亦曾報書耶？見《史記》頁2895。

斷，則史實反隱而不彰。「史如實」乃爲史家第一要義；有識無識，不繫乎此，而轉以道德爲斷，惜哉。二書不見《史記》，原因不便妄推。甌北以爲「爲本朝諱也」，似非是。縱觀《史記》全書，不爲本朝諱，以至抨擊（或直接抨擊，或借歷史人物之口抨擊）本朝者，所在多有。〔註127〕史遷固優于班固，然錄載上述二書與否似不足以爲斷。

二書簡短，茲引錄如下，以省讀者翻檢之勞。冒頓與呂后書：「孤僨之君，生於沮澤之中，長於平野牛馬之城。數至邊境，願遊中國。陛下獨立，孤僨獨居。兩主不樂，無以自虞，願以所有，易其所無。」〔註128〕

呂后報書：「單于不忘弊邑，賜之以書，弊邑恐懼。退日自圖，年老氣衰，髮齒墮落，行步失度，單于過聽，不足以自汙。弊邑無罪，宜在見赦。竊有御車二乘，馬二駟，以奉常駕。」〔註129〕

〈《史記》五〉

073

本條云：其〈自序〉謂擇其言尤雅者，故他書不旁及也。又如周穆王西巡見西王母之事，〈周本紀〉不載，而于趙造父之御見之，亦見繁簡得宜。（頁73）

校證：周穆王西巡狩，趙造父爲御，《史記》雖及之，然不載見西王母事。其事僅見於注中。《史記・秦本紀》云：「造父以善御幸於周穆王，得驥、溫驪、驊騮，騄耳之駟，西巡狩，樂而忘歸。」〔註130〕《史記》正文，僅此而已。惟〈集解〉及〈正義〉則補充說明穆王西狩見西王母事。〔註131〕

074

同條云：子貢已列〈孔子弟子傳〉矣，而〈貨殖傳〉又列之。……此又皆文之失檢者。（頁75）

〔註127〕有關史公史學精神及作史之目的，參徐師復觀，〈論《史記》〉，收入《兩漢思想史》，卷三。台北：學生書局，西元1979年。

〔註128〕《漢書・匈奴傳》，頁3754～3755。

〔註129〕《漢書・匈奴傳》，頁3755。

〔註130〕《史記》，頁175。

〔註131〕見《史記》，頁176，〈注〉13。

校證：按〈貨殖列傳〉中之子貢部份，文不足百字，且以貨殖爲主線而
　　　貫串其他；〔註132〕而〈仲尼弟子傳〉中之子貢部份，則千餘字，
　　　且內容幾全與貨殖無關。〔註133〕內容既不相同，分別兩見未爲不
　　　可。又孔子弟子中，其本人以貨殖顯，并以此而「使孔子名布揚
　　　於天下者」，〔註134〕恐其他弟子無出其右。是子貢傳雖兩見，然
　　　史公未爲失檢也。

075

同條云：觀于〈景〉、〈武〉二紀及〈禮書〉、〈樂書〉、〈漢興以來將相年
　　　表〉、〈日者〉、〈龜策列傳〉、〈三王世家〉，并〈傅靳列傳〉，俱
　　　未卒業，元、成間，褚少孫始補成之，則《史記》本未爲完書
　　　也。（頁75～76）

校證：按《劄記》所言，與此大異。卷一〈褚少孫補《史記》不止十篇〉
　　　條云：「按史公〈自敘〉，……是史公已訂成全書，其十篇之缺乃
　　　後人所遺夫，非史公未及成，而有待於後人補之也。」（頁8～9）
　　　甌北此說是也。同條中，甌北尚引錄《漢書・司馬遷傳・師古注
　　　引張晏注》（頁7）以揭示十篇之篇目。按《叢考》成書在前，《劄
　　　記》成書在後。〔註135〕前者非而後者是，眞可謂前修未密而後出
　　　轉精也。

〈宰我與田常作亂之誤〉

076

本條云：按田常殺子我一事，《史記》于〈齊世家〉則全用《左傳》原文，
　　　應亦知子我之即闞止矣。而于〈田齊世家〉則又以闞止爲監止，
　　　以子我爲監止宗人，下文云田氏之徒，追殺子我與監止。是史
　　　遷既誤闞止、監止爲兩人，又誤闞止、監止、子我爲三人。（頁
　　　79）

〔註132〕見《史記》，頁3258。
〔註133〕參《史記》，頁2195～2201。
〔註134〕〈貨殖列傳〉中語。《史記》，頁3258。
〔註135〕兩書撰述之年份，可參拙著〈綜論趙翼確爲《廿二史劄記》及《陔餘叢考》
　　　之作者〉，《東吳文史學報》，第八號，西元1990年，頁333～335。又可參本
　　　書第一章第一節。

校證：本條可言者有二端：一、按以「闞止爲監止」者，乃〈集解〉之言，〔註136〕《史記·田敬仲完世家》之正文無作此者。二、《史記》（縱使連同〈集解〉計算）亦只是誤闞止與子我爲二人而已。甌北既云〈田齊世家〉「以闞止爲監止」，則何以隔兩句之後，又轉說「史遷既誤闞止，監止爲兩人」？其前後矛盾若是！史遷（實係〈集解〉）既視闞止、監止爲同一人，則甌北所謂「誤闞止、監止、子我爲三人」乃全然不實之指控耳！想甌北見「闞止」、「監止」、「子我（監止宗人）」三名字後，轉忘卻〈集解〉所言，故誤認《史記》（姑連同〈集解〉言之）之三名爲三人矣。

〈齊湣王伐燕之誤〉

077

本條云：……湣王在位二十九年。……《國策》言齊破燕之後二年，燕昭王始立。又〈昭王築宮事郭隗〉篇言：昭王與百姓同甘苦二十八年，然後以樂毅爲將，破齊七十餘城。……蓋宣王破齊之後，不久即卒，湣王嗣位二十九年，乃爲燕所破，計其年歲，正與齊昭二十八年之數約略相符。……〈田齊世家〉則宣、湣兩王俱不載伐燕之事，忽于湣王二十九年突出樂毅爲燕伐齊一段……歷威王三十六年、宣王十九年、湣王二十六七年……（頁79～80）

校證：本條與史實不符者至多，其中尤以各年份爲然。今只就 1 甌北自相矛盾處，2 文中之誤字，3 與《國策》、《史記》〔註137〕不相一致處，指出之而已。至於事實本身之考證，恕從略。一、甌北云「湣王嗣位二十九年」，然下文又云「湣王二十六七年」，不相一致之極！且據〈六國年表〉，湣王在位凡四十年。（按〈六國年表〉此處誤。）二、「宣王破齊」、「齊」字乃「燕」字之誤。三、「齊昭二十八年」，「齊」字乃「燕」字之誤。四、《國策》無〈昭王築宮事郭隗〉篇；又有關史事（昭王與百姓同甘苦二十八年），見〈燕昭王收破燕後即位〉篇。五、〈田齊世家〉作湣王四十年樂毅伐齊

〔註136〕見〈田敬仲完世家〉，「田常成子與監止俱爲左右相」之注文。《史記》，頁1883。
〔註137〕按《史記·六國年表》記威王、宣王、湣王事，繫年多誤。

（〈六國年表〉亦同），非如甌北所云二十九年伐齊。〔註138〕

〈楚漢五諸侯〉

078

本條云：……其從（項羽）入關者，魏王豹親自引兵，燕王韓廣遣其將
臧荼，趙王歇遣其相張耳，齊亦有將田都，此四國在五諸侯數
內無疑。其一則別有齊王建之孫田安，下濟北數城，引兵降羽，
封為濟北王，此乃田齊之嫡孫，當亦在五諸侯之列也。（頁81）

校證：按魏豹、臧荼、張耳、田都，從項羽入關，是也。惟田安，非是。
〈項羽本紀〉載：「趙相張耳素賢，又從入關，……吳芮率百越
佐諸侯，又從入關。……燕將臧荼從楚救趙，因從入關，……齊
將田都從共救趙，因從入關。……」〔註139〕又〈魏豹彭越傳〉
云：「豹引精兵從項羽入關。」〔註140〕是從入關者，上述五人是
也，皆史有明文記載。至於田安，〈項羽本紀〉僅曰：「故秦所滅
齊王建孫田安，項羽方渡河救趙，田安下濟北數城，引其兵降項
羽，故立安為濟北王，都博陽。」〔註141〕未見有任何入關事之
記載。又《史記・田儋列傳》及《漢書・魏豹田儋韓王信傳》記
述田安時，亦不提有從入關之事。以是知五諸侯從入關者，除魏
豹、臧荼、張耳、田都四人外，尚有後來封衡山王之吳芮，田安
不與焉。

〈廣武〉

079

本條云：……此廣武在滎陽。孟康曰：滎陽築兩城相對，名曰廣武，在
敖倉西，三寶山上是也。（頁82）

校證：按「三寶山」，〔註142〕〈集解〉引孟康作「三皇山」。〔註143〕

〔註138〕此點《校證補篇廿二史劄記》已及之，見頁884之〈按語〉。樂毅伐齊事，見
《史記》，頁740～741，1900。
〔註139〕《史記》，頁316；《漢書・陳勝項籍傳》同，頁1810。
〔註140〕《史記》，頁2590。
〔註141〕《史記》，頁316～317。
〔註142〕按台北：世界書局西元1960年之本子及《校證補篇廿二史劄記》之本子均作
「三室山」。前者見卷五，15a；後者見頁886。
〔註143〕《史記》，頁327。

〈《漢書》〉

080

本條云：……然尊羽爲紀，冠於本朝帝王之上，究屬非體。……又《史
記》于〈高祖本紀〉後即繼以〈呂后紀〉，而孝惠御極七年，竟
不書。（頁83）

校證：《史記》中，其人入紀與否，端視是否握有實權爲斷，或是否實質
上君臨天下爲斷。史公裁斷，別有用心，非甌北拘泥於唯帝王始
可入紀及既爲帝王則自當入紀，所能悟解也。〔註144〕

081

同條云：七國反，周亞夫至雒陽，問計于鄧都尉，都尉教以梁委吳。……
是以梁委吳之計，亞夫至雒陽後遇鄧都尉始定也。（頁84）

校證：「雒陽」，《漢書・荊燕吳傳》原文作「淮陽」。〔註145〕按亞夫至淮
陽前曾先至雒陽。蓋甌北讀書承上文直下，故有是誤。

〈漢高祖有後母〉

082

本條云：《史記》于〈王陵傳〉但言太上皇及呂后者，明此二人乃高祖所
急，故不書餘人。（頁86）

校證：按《史記》無〈王陵傳〉。王陵生平僅於〈陳丞相世家〉〔註146〕
見之。但〈世家〉述陵時，不及太上皇與呂后事。〈王陵傳〉，見
《漢書》，卷四十。太上皇及呂后事，亦見〈傳〉內，〔註147〕故
知所謂《史記》者乃《漢書》之誤。

〈《史記》闕文，《漢書》衍文〉

083

本條云：〈劉向傳〉，「上欲用何，輒不爲王氏居位者及丞相、御史所持，
故終不遷。」上『不』字亦衍文也。（頁87）

〔註144〕又可參本文003之校證。
〔註145〕《漢書》，頁1913。
〔註146〕《史記》，頁2059～2060。
〔註147〕《漢書》，頁2048。

校證：〈劉向傳〉，此句下，師古注曰：「持謂扶持佐助也。」〔註148〕由
　　　是言之，持，猶今之支持也。劉向終不得遷，以王氏居位者及丞
　　　相、御史不給予支持故也。「不爲王氏居位者……」之「不」字，
　　　非衍文可知。

〈班書、顏注皆有所本〉

084

本條云：《新唐書‧姚班傳》〔註149〕載：班祖察撰《漢書訓纂》，後之注
　　　《漢書》者往往竊其文爲己說，班乃著《紹訓》，以發明之。（頁
　　　89）

校證：按察乃班之曾祖父，非祖父。〔註150〕

五、結　語

　　以上校證《劄記》三卷（卷一至卷三）及《叢考》一卷（卷五）畢。〔註151〕
　　《劄記》、《叢考》之誤，籠統言之，蓋緣於甌北先生治史之粗心大意也。
然細析之，其致誤之由，則可有數端焉。筆者本欲倣效杜維運先生〈《廿二史
劄記》考證釋例〉〔註152〕一文，匯整歸納各相關條目，盼於杜文外，再獲致
甌北致誤之其他緣由。唯本文既只校證二書之一小部份，其不便據此而作歸
納，不待贅言。歸納釋例之工作，或留待異日焉。

　　　　　　　完稿於一九九二年教師節後五日修訂於同年十月十六日

〔註148〕《漢書‧楚元王傳》，頁1966～1967。
〔註149〕按姚班當作姚珽。參《新唐書》，卷102，頁3988，〈校勘記〉。
〔註150〕見《新唐書》，卷102，頁3982。
〔註151〕按《劄記》三卷，共計五十九條目：《叢考》一卷，計十九條目（按：該卷末
　　　　三條所討論者乃《後漢書》之問題，本文未予校證。）四卷合計共七十八條
　　　　目。此七十八條目中，計有校證問題者多達四十七條。四十七條中，復有同
　　　　一條而有數處須校證者。上文得八十四條校證即以此故。又八十四條校證中，
　　　　時有同一條校證又包含數個校證上之問題者。職是之故，校證條目之總數，
　　　　細析之，恐不下百條矣。
〔註152〕文刊《幼獅學誌》，第一卷第一期，西元1958年10月。